FOCA **INVESTIGACIÓN**

64

Diseño interior y cubierta: RAG

Director de colección
Javier Ortiz

Fotografías: Georges Bartoli

Título original
Hugo Chávez and the bolivarian revolution

© Publicado originalmente por Verso, 2005

© Foca, ediciones y distribuciones generales, S. L., 2006
para lengua española

Sector Foresta, 1
28760 Tres Cantos
Madrid - España

Tel.: 918 061 996
Fax: 918 044 028

www.foca.es

ISBN-10: 84-95440-82-2
ISBN-13: 978-84-95440-82-2

Depósito legal: M. 14.733-2006

Impreso en: Gráficas Cofas, S. A.
Móstoles - Madrid

Richard Gott

HUGO CHÁVEZ
Y LA REVOLUCIÓN BOLIVARIANA

Traducción de
Juan María López de Sa y de Madariaga

Cuentan que un viajero llegó un día a Caracas al anochecer, y sin sacudirse el polvo del camino, no preguntó dónde se comía ni se dormía, sino cómo se iba a donde estaba la estatua de Bolívar. Y cuentan que el viajero, solo con los árboles altos y olorosos de la plaza, lloraba frente a la estatua, que parecía que se movía, como un padre cuando se le acerca a un hijo. El viajero hizo bien, porque todos los americanos deben querer a Bolívar como a un padre. A Bolívar, y a todos los que pelearon como él porque la América fuese del hombre americano.

José Martí, *La edad de oro*

Curaçao
Coro
FALCÓN
La Guaira
Maracaibo
Caracas
Puerto Cabello
Barquisimeto
Valencia
Maracay
ZULIA
lago Maracaibo
LLANOS
Sabaneta
Mérida
Barinas
Puerto de Nutrias
San Fernando de Apure
La Fría
Cúcuta
San Cristóbal
Bruzual
río Apure
río Arauca
Guasdualito
Arauca
Elorza
Puerto Páez
río Orinoco
río Meta
COLOMBIA
Puerto Ayacucho
Bogotá
San Fernando de Atabapo
VENEZUELA
0   50   100   150   200 millas
0   50   100   150   200   250   300 kilómetros
Tierra por encima de 1.000 metros

Margarita
Península de Paria
Carúpano
Cumaná
TRINIDAD Y TOBAGO
Puerto España
río Orinoco
Ciudad Guayana
Cabruta
Ciudad Bolívar
Caicara
Guri
GUYANA
Gran Sabana
río Caroní
río Orinoco
AMAZONAS
B R A S I L

INTRODUCCIÓN

El ex teniente coronel Hugo Chávez Frías, presidente de Venezuela, obtuvo por primera vez la atención mundial cuando fue derrocado por un golpe de Estado en abril de 2002 y dos días más tarde regresó milagrosamente al poder reclamado por el pueblo. Lo que hasta entonces había sido considerado por los observadores extranjeros como un extraño experimento populista en un oscuro país latinoamericano se convirtió de repente en objeto de interés y preocupación internacional. El encarnizado conflicto interno de Venezuela, cuarto país abastecedor de petróleo a Estados Unidos*, comenzó a ser examinado con atención desde fuera del país y analizado en detalle, tanto por la izquierda como por la derecha.

El carácter abiertamente fascista del golpe de abril, a cuya cabeza figuraba como mascarón de proa el presidente de Fedecámeras —la federación patronal del país—, quien rápidamente se deshizo de su cómplice, el secretario general de la principal central sindical venezolana, para suprimir el Parlamento, el Tribunal Supremo, las instituciones de gobierno local y la nueva Constitución promovida por Chávez, recordaba

---

* Sólo por debajo de Canadá, Arabia Saudí y México {N. *del T.*}.

el derrocamiento de Salvador Allende y el inicio del régimen de Pinochet en Chile en septiembre de 1973. Un golpe tan claramente de derechas llevó a mucha gente a considerar que quizá el gobierno de Chávez era más progresista y radical de lo que suponían.

La subsiguiente emisión de un espléndido programa de la televisión irlandesa, «La revolución no será televisada», que trató con perspicacia los acontecimientos que habían tenido lugar en el palacio presidencial de Miraflores en Caracas antes, durante y después del golpe y su derrota providencial, proporcionó a muchos observadores extranjeros una visión oportuna e inolvidable de la naturaleza de la crisis que afectaba a la política, a la sociedad y a la cultura venezolanas. Ese programa también reveló el papel excepcional de los medios de comunicación privados del país, primero en la preparación y orquestación del golpe, y después al negarse a filmar o emitir la movilización popular apoyada por tropas leales que provocó el regreso del presidente.

En 1999, durante el primer año de Chávez en el poder, escribí una versión anterior de este libro —*In the Shadow of the Liberator*— que se publicó en 2000. La finalidad original del libro era presentar a Chávez y su «revolución bolivariana» ante el público exterior, sobre todo anglosajón, en un momento en el que el interés por los acontecimientos latinoamericanos era escaso. Me parecía entonces que la elección de Chávez el 6 de diciembre de 1998, con el 56 por 100 de los votos emitidos, podía señalar el inicio de una era notablemente nueva, no sólo en Venezuela sino más en general en los asuntos interamericanos. Ahí estaba un líder joven e impresionante, que gozaba de apoyo popular, con un programa radical que pretendía cambiar la política del continente.

Entre sus ambiciones destacaba el deseo de restaurar la imagen de las fuerzas armadas del continente, que habían cobrado muy mala reputación tras las dictaduras del periodo comprendido entre 1960 y 1990. Los militares de derechas que tomaron el poder en Argentina, Bolivia, Brasil, Chile y Uruguay desacreditaron tanto las instituciones militares latinoamericanas que la gente comenzó a preguntarse si podrían recuperar algún día el respeto de sus pueblos.

El propio Chávez organizó un golpe de Estado en 1992, con la participación de un grupo de jóvenes oficiales radicales, y pagó el precio de su fracaso. Pero estaba claro, ya en aquel momento, que Chávez pretendía un acto de liberación radical y no era un militarote fascista o infatuado. Su plan consistía en desatascar el sistema político venezolano, que durante mucho tiempo no había sabido o no había podido afrontar los problemas del país. Su vocación esencialmente democrática quedó clara más tarde, cuando decidió presentarse como candidato a la presidencia en 1998, sin ninguna garantía de que el país se mostrara partidario de sus propuestas. Más tarde, se sometieron él mismo y su gobierno a una serie de elecciones y referéndums que testificaron tanto su permanente compromiso con la democracia como su extraordinaria popularidad.

Lo que no pensé cuando escribí la versión anterior de este libro era que Chávez se iba a convertir en una figura tan controvertida, tanto en Venezuela como en el extranjero. ¿Cómo pudo este oficial atractivo, inteligente, bien educado, con buena reputación como profesor en la academia militar del país y que poseía una gran habilidad comunicativa, transformarse para la vieja elite política de Caracas en un ogro comparable a los grandes dictadores del siglo XX? En esta nueva versión, ampliada y actualizada, también afronto el problema de la acogida e interpretación de su gobierno por amigos y enemigos.

En Venezuela se está produciendo lentamente una revolución, para sorpresa tanto de los seguidores como de los adversarios de Chávez. Ésta no es obra del carismático líder por sí sólo –él es sólo la punta visible y audible del iceberg–, sino el resultado, tanto de la insólita combatividad de las clases bajas venezolanas, como de la ineptitud política de la oposición a su gobierno. Ese drama puede todavía acabar en tragedia, y la visión de los guardaespaldas del presidente –media docena de funcionarios de seguridad negros de dos metros de altura, equipados con la última tecnología, que se mantienen atentamente tras él en todas sus apariciones en público– constituye un recuerdo escalofriante de que en Latinoamérica la política se desarrolla a menudo acompañada del fusil. El asesinato político es una posibilidad siempre presente. Pero dejando a un lado eventuales desastres, el rumbo revolucionario de Venezuela está ahora bien establecido, y Latinoamérica contempla el proceso político más extraordinario e insólito desde la revolución cubana hace medio siglo.

Olvidemos Chile y Nicaragua. Salvador Allende, en los años setenta, era en el fondo un hábil político burgués, no un revolucionario. Solía decir, antes de convertirse en presidente, que si llegara a iniciar un

movimiento guerrillero en los Andes chilenos, las autoridades tendrían
que enviar una ambulancia para rescatarlo del frío. En los años ochenta, los sandinistas hicieron un buen trabajo inicial organizando una revolución, pero en un país tan pequeño y con una cultura política tan
atrofiada tenían pocas probabilidades de resistir el inevitable contraataque estadounidense. La Guerra Fría todavía arrojaba su funesta sombra sobre el continente.

La experiencia venezolana es a un tiempo diferente e inesperada. Venezuela, un país rico en petróleo con un peso económico mucho más
allá del que la capacidad actual de su población empobrecida de veinticuatro millones de habitantes podría generar por otros medios, nunca ha parecido un candidato probable para la revolución, aunque en la
década de 1960 se desarrolló un activo movimiento guerrillero procas-
trista. Con la clase media más yanquizada de toda Latinoamérica, y
unas clases bajas (dos tercios de la población) aparentemente aplastadas
a perpetuidad por el hambre y la pobreza, Venezuela desapareció prácticamente del mapa durante las tres últimas décadas del siglo XX. No
suscitaba interés fuera, nunca fue un puesto diplomático deseado, y los
académicos extranjeros especializados en Latinoamérica han menospre-
ciado durante mucho tiempo su historia y su política. En los últimos
años se han publicado muy pocos estudios serios sobre el país.

Pero en un momento en el que pocos observadores extranjeros se in-
teresaban por lo que sucedía en Latinoamérica —durante la década posterior al final de la Guerra Fría—, Venezuela apareció de repente en primer plano. Fue el primer país latinoamericano que sufrió una seria y
extenuante corrupción gubernamental, el primero en reaccionar violentamente contra la política impuesta desde fuera del neoliberalismo
y el llamado Consenso de Washington, y el primero en experimentar
un programa de antiglobalización del todo nuevo y original.

La política reciente en Venezuela comienza con el llamado *Caracazo*
en febrero de 1989, una explosión de cólera política entre las clases más
bajas en Caracas y otras ciudades contra el programa neoliberal impuesto por el presidente Carlos Andrés Pérez, recientemente elegido
por el voto popular para realizar algo totalmente diferente. Durante
dos días Caracas fue víctima de una violencia que no se había visto en
Venezuela desde el siglo XIX, desencadenada por un aumento de las ta-
rifas de autobús, pero que reflejaba un descontento político mucho más

amplio. En la subsiguiente represión a cargo de las fuerzas armadas murieron un millar de personas o más.

Este acontecimiento fue tan importante para Latinoamérica como lo fue la caída del muro de Berlín en Europa pocos meses después. Fue la primera ocasión en que la agenda neoliberal impuesta al continente era espectacularmente rechazada por un levantamiento popular. Subsiguientemente tuvieron lugar rebeliones parecidas en otros países del continente, pero Venezuela fue el primero.

Diez años después, la crisis del neoliberalismo se había extendido a toda Latinoamérica, con escenas de creciente hostilidad frente a esa estrategia económica en casi todos los países. En Brasil entró en funciones en 2003 un nuevo presidente, Luiz Inácio da Silva (Lula), candidato del Partido dos Trabalhadores, con un largo historial de hostilidad a la globalización. Aquel mismo año en Bolivia, el presidente Sánchez de Lozada, un hombre de negocios, tuvo que ser rescatado de su palacio en La Paz en una ambulancia, al caer la ciudad en manos de los insurgentes que protestaban contra la globalización y el «impuestazo» (la imposición de nuevas cargas fiscales). La policía, que también se puso en huelga, se enfrentó a los soldados armados, mientras el pueblo bajaba de los montes para destruir los establecimientos estadounidenses de comida rápida y los supermercados. En Ecuador tuvo lugar un acontecimiento similar en 2000: una alianza de indígenas y jóvenes oficiales radicales derrocaron al gobierno neoliberal que había dolarizado la moneda.

En Argentina se produjeron en los primeros años del milenio escenas de violencia sin precedentes, en las que se movilizó la clase media. Los ciudadanos de Buenos Aires, normalmente flemáticos, golpeaban exasperados las puertas de los bancos quebrados, y las clases bajas se mostraron cada vez más activas en todo el país. Las elecciones, en las que compitieron por la presidencia antiguas figuras políticas sin apoyo popular, dieron finalmente la presidencia a Néstor Kirchner, a quien se veía como alguien diferente y con nuevos planes.

En la vecina Uruguay los herederos de los tupamaros –la guerrilla urbana de los años setenta– llegaron al gobierno en 2004.

En Colombia la guerra civil que se desarrolla desde la década de 1950 sigue viva, exacerbada por la prolongada intervención militar estadounidense. Grandes zonas del país siguen fuera del control del gobierno central, como viene siendo habitual desde hace quinientos años.

Durante todo este último periodo, Venezuela ha sido el centro de esa tormenta continental. Cuando Hugo Chávez fue elegido presidente en diciembre de 1998, el país llevaba ya varios años en crisis. Los sucesivos gobiernos, enfangados en la corrupción, con la riqueza del petróleo disminuida, venían imponiendo programas neoliberales con escaso éxito. Disturbios en 1989, dos intentos de golpe en 1992, la destitución del presidente en 1993, el colapso de los bancos en 1994 y la implosión de los partidos políticos antes dominantes eran diversas señales de un colapso inminente.

Chávez fue el candidato preferido por el pueblo en 1998, y muchas figuras destacadas, decepcionadas de la vieja política, se unieron a él. Los hombres de negocios millonarios y los propietarios de los medios de comunicación esperaban que no fuera demasiado radical, y quizá creían que podría someterse a su influencia. La mayoría de ellos no percibieron su radicalismo intrínseco y se iban a ver desilusionados.

Chávez es una figura muy original en Latinoamérica. No es un marxista como Allende, ni un populista como Perón. Es un nacionalista radical de izquierdas, más cercano en su concepción internacionalista a Fidel Castro que a ninguna otra figura latinoamericana. Proviene de un pequeño pueblo de provincias, sus padres eran ambos maestros de escuela y él ha heredado esa vocación. Fue un profesor descollante y popular en la Academia Militar de Caracas, es un brillante orador y posee los hábitos didácticos de un maestro de nacimiento. Su fisonomía es la de un típico mestizo venezolano, con rasgos africanos e indios. Es un hombre simpático y tratable, siempre con una sonrisa acogedora y dotado de una gran capacidad para hacer que la gente se sienta a gusto con él.

Chávez es un gran comunicador, y habla todos los domingos por la mañana en su propio programa de radio (más tarde transferido a la televisión), «Aló Presidente!». Todo el país conoce sus formulaciones pedagógicas. Habla como un maestro y escucha como un maestro, escogiendo una pregunta implícita y devolviéndosela al interrogador. Por la radio es como mejor despliega sus artes didácticas, ilustrando, explicando y argumentando. Ése es un mundo al que está muy acostumbrado, y no es una casualidad que uno de sus grandes héroes del siglo XIX sea Simón Rodríguez, también conocido como Samuel Robinson, quien trabajó –en Venezuela, Bolivia, Chile y Ecuador– como organizador de un programa educativo radical para los pobres, los indios y los negros.

Es difícil sobreestimar el impacto de las emisiones radiofónicas de Chávez sobre los sectores más pobres de la población venezolana. En la televisión suele aparecer hablando a unos cuantos invitados situados frente a él. Entonces se gira de repente, como a otra cámara, para dirigirse a la audiencia real de las áreas rurales y las barriadas pobres. Siempre es una actuación emocionante, porque habla como si estuviera en comunión inmediata con su propio pueblo, el pueblo que entiende lo que está tratando de decir y de hacer.

La clase media privilegiada de Caracas y una plétora de periodistas hostiles se quejan de ese lenguaje simple y tosco; se le acusa de torpe y provinciano. No llegan a entender que está hablando a gente con la que tiene una estrecha relación, que aprecia lo que está haciendo y se siente animada por una sensación de esperanza de que algo va a suceder, que se va a hacer algo y las cosas van a cambiar. Transmite esa excitación de una forma que las clases medias son incapaces de captar, porque sintonizan una longitud de onda diferente. Durante sus primeros años como presidente, gran parte de la vieja elite política y cultural venezolana, engordada por la renta del petróleo y los petrodólares, y podrida por la corrupción, retrocedió horrorizada por las actividades de aquel militar mesiánico cuyos intereses y preocupaciones estaban tan alejados de las suyas. No podían creer lo que le estaba sucediendo a su país.

El apoyo a Chávez proviene de los sectores más pobres y políticamente desorganizados de la sociedad, los cerros que rodean Caracas y las grandes regiones olvidadas del interior del país. Les habla a diario, con palabras que ellos entienden, con el lenguaje vivaz y con frecuencia bíblico de un predicador evangélico. Dios y Satanás, el bien y el mal, el dolor y el amor son las contraposiciones que suele utilizar, lo que hace que la gran masa del pueblo esté con Chávez, como en otros países de Latinoamérica y en otros tiempos estuvo con Perón, con Velasco Alvarado, con Torrijos, con Allende y con Fidel.

PRIMERA PARTE

RETRATO DE UN PRESIDENTE

I

Un partido de béisbol en La Habana en noviembre de 1999

Una calurosa noche de noviembre de 1999, el comandante Hugo Chávez, entonces con cuarenta y tres años, saltó al campo del principal estadio de béisbol de La Habana, seguido por su equipo venezolano. Junto a él estaba el comandante Fidel Castro, con setenta y tres años, como «entrenador» del equipo cubano. Chávez, el principal lanzador de los venezolanos, vestía los colores de su país: amarillo, azul y carmesí. Junto a él estaba su mujer Marisabel, una guapa rubia con una sonrisa deslumbrante. Castro vestía una chaqueta azul y una gorra roja. Iba acompañado por su vicepresidente Carlos Lage y su ministro de Asuntos Exteriores Felipe Pérez Roque, ambos vestidos con los colores cubanos.

El acontecimiento de aquella noche era un partido amistoso, destinado a estrechar las relaciones entre ambos comandantes, y entre Venezuela y Cuba. Se había acordado de antemano que todos los jugadores serían veteranos de más de cuarenta años, aunque Castro había advertido de una pequeña «sorpresa». Para los miles de espectadores en el estadio de La Habana —y para los millones de telespectadores de toda Latinoamérica— fue un encuentro deportivo histórico entre dos gigantes políticos. Fidel Castro era el mayor y más famoso revolucionario latinoamericano del siglo XX, mientras que a Hugo Chávez se le veía como el «nuevo chico del bloque» con todo a su favor; un oficial radical del Ejército cuya retórica antiimperialista se hacía eco de la de Castro. Sus espectaculares planes para Venezuela y Latinoamérica ampliaban los que el líder cubano había mantenido en otro tiempo.

Por un accidente histórico el juego de béisbol, favorito de ambos presidentes y deporte nacional de ambos países, es también el juego preferido en Estados Unidos, la potencia imperial de la región y paladín de la filosofía neoliberal contra la que ambos líderes radicales dirigen su retórica. El Che Guevara, argentino convertido en cubano, argumentó en determinado momento que la revolución cubana no avanzaría mucho en Latinoamérica a menos que los cubanos aprendieran a jugar al fútbol, mientras que Henry Kissinger, secretario de Estado norteamericano de origen alemán, creía que el futuro de la hegemonía estadounidense en el continente dependía de la capacidad de Estados Unidos de adaptarse a ese mismo juego. En la práctica, cubanos y venezolanos (como también los nicaragüenses) han permanecido fieles al deporte supuestamente imperialista del béisbol, y son muy buenos en él.

Pese a la diferencia de edad entre Castro y Chávez, ambos comparten varias semejanzas. Así como Fidel Castro se convirtió en héroe nacional cubano, tras su fallido intento de tomar el cuartel de Moncada en Santiago de Cuba en julio de 1953, el teniente coronel Chávez saltó a la escena nacional, tras liderar un frustrado golpe militar en febrero de 1992. Moncada, debemos señalar para recordar la diferencia generacional entre ambos hombres, tuvo lugar justo un año antes de que naciera Chávez.

Castro llegó al poder en Cuba en 1959, tras un periodo de prisión, exilio y una guerra de guerrillas durante dos años; Fulgencio Batista, su derrotado predecesor, huyó del país. Chávez también pasó un tiempo en prisión –dos años encarcelado en San Francisco de Yare–, pero emprendió una ruta menos espectacular hacia la cumbre, aunque igualmente sorprendente: constituyó su propio movimiento político cuando fue liberado de prisión y su candidatura a la presidencia en 1998 fue apoyada por oficiales nacionalistas radicales y cierto número de conocidos periodistas e intelectuales de izquierda, muchos de los cuales habían participado en la guerrilla *fidelista* venezolana en la década de 1960. El régimen «democrático» del país se había vuelto tan corrupto y detestado que en diciembre de 1998 Chávez obtuvo una victoria electoral arrolladora sobre las cenizas de un *ancien régime* desfallecido y desmoralizado. Su principal adversario civil en los años noventa, el antiguo presidente Carlos Andrés Pérez, no se exilió en un primer momento, sino que, tras ser juzgado y condenado por malversación de fondos a veintidós meses de prisión –pena que cumplió en su domicilio–, fue elegido senador en 1998; pero al perder la inmunidad parlamentaria con la disolución de ambas cámaras por la Asamblea Constituyente, huyó, primero a la República Dominicana en 2001 y luego a Estados Unidos, donde vive exiliado en Miami*.

La estrecha amistad entre Chávez y Castro, forjada con los años y celebrada con la visita de Estado a La Habana en 1999 y con aquel partido de béisbol, proporcionó a Chávez credenciales revolucionarias incomparables, muy apreciadas en las barriadas pobres de Venezuela donde vive la mayoría de la población, aunque no hayan sido tan calurosamente aprobadas por la minúscula elite de los ricos venezolanos, cuyos amigos cubanos viven en Miami y no en La Habana y cuyas vidas transcurren en un constante estado de alarma sobre el futuro de sus propiedades y de sus cuentas bancarias.

Chávez viene tratando de alentar la pasión nacionalista de la población venezolana con una retórica revolucionaria que durante mucho tiempo había quedado olvidada, tanto en Latinoamérica como en el resto del mundo. Ha tratado de combatir la aceptación acrítica del neoliberalismo y la globalización resucitando el nacionalismo radical, recurriendo a las palabras y acciones de los héroes venezolanos del siglo XIX. Ha exaltado la figura de Simón Bolívar de un modo parecido a como Castro utilizó el ejemplo del patriota cubano José Martí. Tanto Bolívar como Martí combatieron contra el Imperio español, y Castro y Chávez han resucitado la memoria de esas luchas del siglo XIX en su campaña contra la pretensión estadounidense de dominar el mundo.

Durante su visita a La Habana para el partido de béisbol, Chávez se refirió a ese asunto diciéndole a una audiencia asombrada en la Universidad de La Habana: «Venezuela va hacia la misma dirección, hacia el mismo mar hacia donde va el pueblo cubano, mar de felicidad, de verdadera justicia social y de paz». Luego, dirigiéndose a Castro, le llamó «hermano» y se extendió sobre uno de sus temas centrales, la indivisibilidad de la revolución latinoamericana:

---

* En mayo de 2004 declaró desde allí que «sólo queda el camino de la violencia para sacar del poder al presidente Hugo Chávez, porque se han agotado las vías pacíficas al respecto» {N. del T.}.

Aquí estamos, más vivos que nunca, Fidel y Hugo, luchando con dignidad y coraje para defender los intereses de nuestros pueblos y dar vida a las ideas de Bolívar y Martí. En nombre de Cuba y Venezuela, apelo a la unidad de nuestros dos pueblos y de las revoluciones que ambos dirigieron. ¡Bolívar y Martí, un pueblo unido!

Castro, que durante cuarenta años venía buscando aliados en el continente latinoamericano, se sintió más que satisfecho con esa retórica, pero no tenía intención de permitir que esa nueva amistad se transformara en una derrota en el partido de béisbol. Al principio del sexto juego, se materializó la «sorpresa» que había prometido, cuando salieron de la reserva dos de los más famosos profesionales del béisbol cubano, Oresty Kinderlan y Luis Ulasia. Iban disfrazados con pelucas y barbas para parecer veteranos jubilados, pero nadie cayó en la trampa, aunque Chávez asegure que a él sí que le engañaron. Con aquella táctica guerrillera, Cuba ganó el partido sin mucha dificultad por cinco o cuatro.

La visita de Chávez a Cuba no tenía que ver únicamente con el béisbol, y se trataron otras cuestiones más serias. El tradicional intercambio de azúcar por petróleo entre Cuba y Rusia tenía como fecha de caducidad 1999, y los cubanos esperaban obtener petróleo venezolano con un precio preferencial. Había un precedente para esto, el acuerdo firmado en 1980 en San José de Costa Rica entre Venezuela y México para proporcionar petróleo a bajo precio a once países del Caribe y Centroamérica. Cuba se unía ahora a ese grupo selecto.

Entretanto, en otro lugar de Cuba, Héctor Ciavaldini, entonces presidente de Petróleos de Venezuela —la empresa estatal petrolera venezolana—, examinaba qué se podía hacer con la refinería cubana de Cienfuegos, construida por los rusos en los años sesenta y que ahora se hallaba en una situación desesperada. Los cubanos esperaban que Venezuela pudiera invertir doscientos millones de dólares en la refinería, pero el acuerdo final fue más modesto. Petróleos de Venezuela y Cupet, la empresa estatal petrolera cubana, establecerían una empresa conjunta para restaurar la refinería de Cienfuegos, y Venezuela le suministraría 50.000 barriles diarios.

Los periodistas le preguntaron qué consecuencias podría tener ese acuerdo en Estados Unidos. «Nosotros no hacemos preguntas cuando Estados Unidos compra cosas en China. El 30 por 100 de los artículos de consumo que importa Estados Unidos proviene de China. Si ellos tienen ese tipo de relaciones, no veo por qué deberíamos inhibirnos nosotros de tener relaciones con quien queramos, ya sea con China, con Malasia o con Cuba.» Una semana después, Alí Rodríguez, entonces ministro venezolano de Energía y Minas, visitó a Saddam Hussein en Bagdad en busca de apoyo para resucitar la OPEP, la Organización de Países Exportadores de Petróleo.

Durante el pasado medio siglo las relaciones entre Venezuela y Cuba han sido complejas, y conviene comenzar un libro sobre Hugo Chávez explicando la reconciliación entre esos dos países y sus gobiernos, ya que el programa radical emprendido por Chávez se enraíza en los conflictos que han tenido lugar en Latinoamérica durante estos últimos cincuenta años. Durante ese periodo los movimientos revolucionarios venezolanos, inspirados y apoyados directamente por Castro y el Che Guevara, trataron de extender al continente el mensaje revolucionario de la revolución cubana. Castro visitó Caracas en 1959, inmediatamente después de su victoria sobre Batista, para agradecer a los venezolanos su apoyo moral y material. En aquel momento era el hombre más popular en el país, al que dieron la bienvenida miles de personas en una manifestación popular en la gran explanada de El Silencio, en el centro de la ciudad.

En enero de 1958, un año antes de la victoria de la guerrilla de Castro, se produjo un levantamiento popular en Caracas. Una sublevación en la base militar de Maracay, al oeste de Caracas (que más tarde sería la base desde la que Chávez inició su propio golpe en 1992) fue seguida por disturbios en la capital. Una Junta Patriótica de izquierdas convocó con éxito una huelga general que condujo a la renuncia del dictador venezolano Marcos Pérez Jiménez. Venezuela y Cuba parecían seguir caminos paralelos.

Pero el beneficiario final de la sublevación venezolana no fue un revolucionario, sino un político reformista de gran habilidad y dureza, Rómulo Betancourt, y su partido Acción Democrática, que disfrutaron del apoyo activo de Estados Unidos. Los estadounidenses veían la Venezuela de Betancourt como un modelo para Latinoamérica y la apoyaron como alternativa a la Cuba de Castro, pero ésa no era la opinión general de la población de Caracas. Castro fue aclamado cuando llegó para agradecer a los venezolanos su apoyo, mientras que para Betancourt, de pie a su lado, sólo hubo una tormenta de silbidos. Venezuela se convirtió pronto en un bastión de la causa anticubana en América, y su servicio secreto inició una larga colaboración con los exiliados anticastristas de Miami.

Muchos venezolanos de izquierdas, siguiendo el ejemplo de la revolución cubana, se echaron al monte y organizaron en los años sesenta una guerra de guerrillas que duró hasta el final de la década. Algunos de ellos provenían del Partido Comunista y otros de grupos escindidos de Acción Democrática. También había otros que colaboraban con grupos radicales de las fuerzas armadas, algo que arroja luz sobre la historia posterior.

Los activistas civiles del Partido Comunista y de otras agrupaciones participaron en dos rebeliones militares contra el gobierno de Acción Democrática en 1962, en Carúpano y en Puerto Cabello. Esos levantamientos no tuvieron éxito, pero dejaron una profunda huella en la imaginación popular. En una declaración tras el de Carúpano, uno de los dirigentes comunistas, Guillermo García Ponce, describió el programa político de los oficiales rebeldes como «de gran alcance, nacionalista y patriótico», y lo alabó pidiendo a los venezolanos «que trabajaran por la reconstrucción democrática». García Ponce pensaba que los rebeldes habían «hecho a Venezuela un gran servicio». Casi cuatro décadas después, en 1999, era uno de los seguidores de Chávez en la Asamblea convocada para redactar una nueva Constitución.

Chávez no ha salido de la nada; ha heredado las tradiciones revolucionarias de la izquierda venezolana. Muchos supervivientes de la insurrección guerrillera de los años sesenta participan todavía en la política en la primera década del siglo XXI, unos con Chávez y otros en la oposición. Chávez se esforzó por obtener el apoyo de la izquierda civil cuando planeó su golpe de 1992, y una vez llegado al gobierno, ha recurrido a la experiencia de muchos continuadores de esa tradición radical.

En la Asamblea Nacional elegida el 30 de julio de 2000 había media docena de antiguos guerrilleros entre los seguidores de Chávez. Alí Rodríguez Araque, ministro de Energía y Minas que potenció la resurrección de la OPEP, y más tarde ministro de Asuntos Exteriores, combatió en la guerrilla en el estado de Falcón en los años sesenta y más tarde, entre 1983 y 1999, fue uno de los principales dirigentes de un partido de izquierdas, La Causa Radical. Lino Martínez, ministro de Trabajo, fue también en otro tiempo guerrillero.

Chávez recurrió inicialmente al asesoramiento político de dos veteranos políticos civiles, Luis Miquilena y José Vicente Rangel, dos estrellas históricas en el firmamento de la izquierda venezolana. Ambos han formado parte del elenco político durante medio siglo, pasando parte de ese tiempo en prisión o en el exilio. Rangel, una de las grandes figuras de la política latinoamericana, nacido en 1929, fue el candidato presidencial de la izquierda en tres ocasiones y se convirtió en un activo y elocuente adalid del gobierno de Chávez como canciller (ministro de Asuntos Exteriores), luego ministro de Defensa y más tarde vicepresidente. Miquilena, nacido en 1920, fue presidente de la Asamblea Nacional Constituyente y primer ministro de Relaciones Interiores y Justicia de Chávez. Secretario general del Sindicato de Autobuseros y dirigente del Partido Comunista Venezolano (PCV) en los años cuarenta, en 1946 decidió romper con él junto con Eduardo Machado y fundar un partido comunista antiestalinista. Mantenía una fuerte inclinación leninista, que se demostró útil para construir el movimiento político de soldados y civiles –el Movimiento Quinta República– que protagonizó la campaña electoral de Chávez en 1998. Miquilena abandonó a Chávez en diciembre de 2001 y se unió a la oposición.

Había más ministros procedentes de la izquierda venezolana, como Ignacio Arcaya, ahijado de Miquilena e hijo de un antiguo ministro de Asuntos Exteriores destituido en 1960 por no suscribir una moción anticubana inspirada por Estados Unidos en una asamblea de la Organización de Estados Americanos. Jorge Giordani, ministro de Planificación y Desarrollo, fue en otro tiempo responsable económico del Movimiento al Socialismo (MAS), otro partido de izquierdas surgido de una escisión del PCV en 1971, tras el fin de la guerra de guerrillas.

No todos los revolucionarios de los años sesenta apoyan a Chávez. Entre los que se oponen a él desde la derecha hay un grupo de antiguos guerrilleros dirigido por Teodoro Petkoff, antiguo dirigente comunista nacido en 1932 y destacada figura del gobierno reformista que precedió a la primera victoria electoral de Chávez. Petkoff fue también (en 1983 y 1988) candidato presidencial de la izquierda, y durante el primer año de Chávez en el poder dirigió un diario vespertino, *El Mundo*, ferozmente opuesto al presidente. Destituido por el propietario en diciembre de aquel año, Petkoff fundó entonces su propio diario, *Tal Cual*, un formidable periódico panfletario. Entre sus columnistas había varios antiguos guerrilleros que habían recorrido el trayecto desde el socialismo tipo cubano a la socialdemocracia y más allá.

En la oposición a Chávez desde la izquierda estuvo desde el comienzo Douglas Bravo, líder guerrillero en Falcón en los sesenta, comandante de las Fuerzas Armadas de Liberación Nacional (FALN) y quizá el más conocido de los que se han mantenido como izquierdistas acérrimos. Bravo colaboró con Chávez en su proyecto militar revolucionario en la década de 1980, suponiendo que iba a ser una operación genuinamente cívico-militar, pero se apartó de él en 1992 cuando entendió que los civiles sólo desempeñaban un papel de apoyo y que el programa de Chávez era insuficientemente radical.

Hace años, en 1968, pasé un par de semanas en Caracas esperando una llamada para entrevistar a Bravo en las montañas. Como suele suceder, esos contactos nunca llegaron a buen término, pero tres décadas después, en noviembre de 1999, pude hacerlo por fin y vino a verme al apartamento de un amigo. Bravo, cerca de la setentena, seguía siendo un revolucionario jovial y con aguante, aunque no en el campo de Chávez. Me explicó que lo había llegado a conocer muy bien en una época en que el futuro presidente era todavía un joven oficial que conspiraba contra el gobierno. «Chávez es un hombre inteligente —dijo Bravo—, intrépido, carismático y un excelente orador; tiene una capacidad de mando natural.»

Pero el viejo líder guerrillero también tenía críticas que hacerle: «Chávez es propenso a realizar cambios de orientación repentinos. Eso puede ser positivo o negativo. Puede llegar fácilmente a acuerdos con un grupo, y luego abandonarlo cuando llega a un trato con otro. Ésa era una característica muy peligrosa cuando Chávez era un conspirador y lo es mucho más ahora que es presidente».

Cuando hablamos con Rangel, que es de la misma generación que Bravo, se mostró menos crítico: «Es un error demonizar a Chávez, como sería un error sacralizarlo. Si no hubiera aparecido él, habría habido algún otro. Afortunadamente, ésta ha sido la forma más segura de realizar el cambio, pacíficamente y con civiles. Después de todo, podríamos haber tenido un Pinochet».

El debate en la izquierda venezolana sobre las tácticas revolucionarias y sobre las alianzas entre soldados y civiles se ha prolongado en la era de Chávez sin acabar de resolverse, pero su capacidad para mantenerse en el poder y para reforzar su revolución bolivariana ha dejado en dique seco a sus antiguos adversarios izquierdistas, sin argumentos ni seguidores.

II

LA DESINTEGRACIÓN DEL *ANCIEN RÉGIME*

Caracas era en otro tiempo una pequeña ciudad relativamente tranquila, y en los cerros que la rodean sólo se veía algún que otro ranchito*. Por la noche, las luces de los pobres parpadeaban como velas. Pero la riqueza y lujo del centro de la ciudad y la evidente pobreza y miseria de los ranchitos ya mostraban entonces dramáticamente el rasgo más notorio de Latinoamérica, la desigualdad de renta y oportunidades, basada en inveteradas actitudes racistas no reconocidas.

La clase media ya no es tan amplia y privilegiada como lo era entonces, pero los menos afectados por la crisis económica siguen disfrutando de un nivel de vida envidiable. Si uno va a comer el sábado a mediodía a una de las cervecerías de El Rosal o Sabana Grande encuentra un ambiente parecido a los de Barcelona, Turín o Frankfurt, y si visita el centro comercial Sambil podría pensar que se halla en cualquier ciudad del medio oeste estadounidense. Incluso en el punto álgido de una prolongada crisis económica y política, ese grupo social sigue viviendo muy bien, importando comestibles y artículos de consumo de todo el mundo, principalmente de Estados Unidos, y prefiriendo lo cosmopo-

---

* Nombre que se les da a las chabolas *{N. del T.}*.

lita a lo nacional. Un país que durante siglos ha exportado cacao, ahora importa barritas Hershey.

En los últimos años el abanico de la desigualdad ha cambiado, y el peligro derivado de la superpoblación urbana se ha hecho cada vez más evidente. Caracas es ahora una metrópolis de estilo norteamericano, con un aspecto siempre espectacular. El visitante se ve inmerso en una jungla urbana de autovías de hormigón, zonas peatonales señalizadas y centros comerciales. Un bosque de gigantescos rascacielos, de todos los estilos arquitectónicos, refleja medio siglo de desarrollo urbano desenfrenado.

Algunas de las barriadas pobres han sido absorbidas y mejoradas; otras, vistas a distancia, tienen el encanto aparente de una ciudad italiana de montaña. Pero por encima y más allá, en los cerros que se extienden al sur y al este de la ciudad, proliferan chabolas improvisadas de madera, ladrillo y hormigón, extendiéndose a nuevos terrenos, en sucesivos círculos concéntricos de barrios pobres y ciudades dormitorio. Siguen siendo una amenaza permanente e imposible de erradicar para la buena vida que unos pocos disfrutan en el fondo del valle.

Hubo un tiempo en que los ranchitos de lo alto de las laderas recordaban a los ricos venezolanos su existencia, pero ahora la construcción de rascacielos ha vuelto simbólicamente las tornas. Los altos bloques en medio de la ciudad proclaman ostentosamente la riqueza de la sociedad de consumo hacia los cerros de la miseria, donde los pobres se han visto aún más alejados del centro.

Como muchas otras ciudades latinoamericanas, Caracas se caracteriza por la práctica ausencia de ley y orden. Es una ciudad asediada, en la que cada centro comercial se rodea de verjas de acero, cada calle residencial se distingue por sus vigilantes y barreras levadizas, y cada bloque de pisos está protegido por guardianes armados. Los ricos viven tras altos muros con sus propios guardias de seguridad privados; los jóvenes pobres sobreviven organizando sus propias bandas armadas. La clase media, emparedada entre unos y otros, vive en un temor constante por sus propiedades y sus vidas.

Un dramático día de febrero de 1989 se materializaron sus peores pesadillas. Los pobres de los cerros circundantes descendieron a la ciudad y durante toda una semana la saquearon indiscriminadamente. Cientos de personas murieron durante el subsiguiente periodo de feroz represión militar, recordando al país cuán tenue era el barniz de la tolerancia entre las clases. Aquel acontecimiento, al que pronto se conoció como el *Caracazo,* tenía una causa muy simple: el precio de la gasolina y con él el de los billetes de autobús se había duplicado de un día para otro, y la cólera se convirtió en rebelión activa. La policía, que además estaba en huelga en aquel momento reivindicando un aumento de salario, no estaba preparada para aquellos disturbios urbanos. Cuando las pantallas de televisión comenzaron a mostrar los saqueos en Caracas mientras la policía se limitaba a mirar y dejar hacer, los habitantes de otras ciudades lo entendieron como una invitación a sumarse a los disturbios. Aún hoy, años después de aquellos días extraordinarios y espantosos, muchos caraqueños de clase media no se sienten realmente «a salvo».

El *ancien régime* del país, como el de la Unión Soviética de la época, buscaba a tientas nuevos modelos, y la revuelta urbana de febrero de 1989 se vio estimulada en parte por las iniciativas reformistas. Desde finales de los años cincuenta Venezuela exhibía todos los atributos de un Estado de un solo partido, no muy diferente de los que entonces existían en la Europa oriental. La peculiaridad venezolana, compartida por la vecina Colombia, era que había dos partidos y no uno con la posibilidad de controlar por turno el Estado. El mayor y más importante, Acción Democrática, tenía el papel predominante y hegemónico, pero, para mantener la apariencia de que Venezuela era una «democracia», a veces ganaba las elecciones un partido alternativo de orientación cristianodemócrata, Copei (Comité de Organización Política Electoral Independiente). Esos dos partidos políticos establecieron en 1958 un cínico Pacto de Punto Fijo que evitaba que ningún otro partido de izquierda o de derecha pudiera llegar al poder.

Acción Democrática y Copei contaban con gran número de miembros y simpatizantes. Pertenecer a uno u otro facilitaba la consecución de un empleo. Los dirigentes de ambos partidos y los jefes de sus sindicatos anejos se acostumbraron a los privilegios del poder y, en particular, a los pellizcos que les proporcionaban las industrias estatales creadas con la renta del petróleo. La corrupción, a una escala casi inimaginable, se hizo endémica, particularmente en las filas de Acción Democrática, pero también en la comunidad bancaria y comercial, y con los años fue adquiriendo un efecto de bola de nieve. La corrupción y el consumo de lujo de la elite política venezolana se hicieron famosos en todo el continente. También generaron un profundo rencor y un deseo inextinguible de venganza entre las capas más pobres de la sociedad.

Durante los años de expansión de la década de 1970 todo parecía ir muy bien. El presidente Carlos Andrés Pérez, de Acción Democrática, un líder arquetípico del Tercer Mundo con cierta inclinación a llenarse los bolsillos robando al Estado, gobernó entre 1974 y 1979 emprendiendo la fuerte línea estatalista tan popular en aquella época. Shell, Exxon y otras empresas petrolíferas extranjeras fueron nacionalizadas, y el dinero del Estado se vertió en el desarrollo de la industria, con el aplauso de los nacionalistas de izquierda en todas partes. En aquellos años el flujo de dinero del petróleo era tan grande que todavía hoy quedan muchas huellas de él, sobre todo en la región oriental de Guayana: extracción de mineral de hierro, altos hornos, plantas de producción de acero y aluminio, complejos industriales y la gigantesca presa hidroeléctrica de Guri en el río Caroní, capaz de satisfacer las necesidades de electricidad de toda Venezuela y de gran parte del norte de Brasil.

Pero con el paso de los años el sector estatal comenzó a esclerotizarse. Se demostró ineficiente y poco competitivo, con exceso de personal y corrupto. Sin nuevas inversiones, las grandes empresas industriales comenzaron a oxidarse. Proyectos ya iniciados fueron rápidamente abandonados. El Estado —como en otros países latinoamericanos—, alentado por codiciosos banqueros internacionales, acumuló una inmensa deuda exterior, cargando a las futuras generaciones los costes que hoy se están pagando de aquel desenfrenado dispendio. Durante la década de 1980 el país se precipitaba económica y políticamente hacia el desastre.

Finalmente, en 1989 se hicieron planes para reestructurar la economía siguiendo líneas neoliberales. Carlos Andrés Pérez, que volvió a la presidencia aquel año con la esperanza de resucitar la atmósfera de los «buenos viejos tiempos» de su anterior presidencia, cambió inesperadamente de actitud. Sin aviso previo, su gobierno introdujo la economía en las difíciles y turbulentas aguas del mercado libre, la economía liberalizada y la competencia internacional.

El nuevo programa económico pronto socavó el sistema político establecido, encontrando una encarnizada oposición en la calle y en los propios partidos tradicionales. Los pueblos de Latinoamérica, pese al aspecto opulento de los sectores de clase media en las ciudades, están mucho más cerca del umbral de la pobreza que sus homólogos de Europa oriental. Los viejos jefes de partido se opusieron, comprensiblemente, a la *perestroika* de estilo venezolano. Aparte de la intrínseca dificultad para hacer más competitivo al país, había que desmantelar todo el edificio de intereses creados.

En febrero de 1992, tres años después del *Caracazo,* hizo su dramática aparición el teniente coronel Chávez –un oficial de treinta y ocho años que prometía eliminar a los políticos corruptos, mejorar la situación de los pobres e imprimir al país un curso nuevo. Era entonces el oficial al mando de un regimiento paracaidista en Maracay, a una hora camino de Caracas, lo que suponía una buena posición para desafiar al *ancien régime* mediante un golpe de Estado.

Aunque la rebelión tuvo éxito en otras guarniciones del país, el intento de apoderarse del palacio presidencial en Caracas fracasó. Chávez se rindió y apareció en televisión para pedir a sus compañeros de conspiración que depusieran sus armas. «Compañeros, lamentablemente, por ahora, los objetivos que nos planteamos no fueron logrados en la ciudad capital.» Quizá, podía deducirse, tendremos más suerte la próxima vez.

La expresión «por ahora» prendió en la imaginación popular. No se habían conseguido los objetivos de la rebelión, pero mucha gente escuchó ese mensaje de forma optimista, como una señal de que Chávez regresaría más adelante a la lucha. «Por ahora» se convirtió en su lema idendificativo y la boina roja del regimiento paracaidista en su símbolo. José Vicente Rangel me comentaba la aparición en televisión explicando su convicción de que Chávez sería siempre un firme defensor de la libertad de prensa: «Sabe que la palabra es mucho más poderosa que el fusil. Fracasó cuando utilizó el fusil y triunfó cuando tuvo acceso a los medios de comunicación. Pasó diez años preparando un golpe de Estado que fracasó militarmente, pero el único minuto que le permitieron aparecer en televisión le bastó para conquistar el país».

La intervención de Chávez, en un momento de desintegración nacional, lo convirtió en un héroe nacional de la noche a la mañana, celebrado en todo el país en poemas y canciones. En un continente en el que las sectas evangélicas han venido creciendo exponencialmente durante los últimos veinte años, rivalizando en poder e influencia con la Iglesia católica, la llegada del teniente coronel Chávez fue saludada como si se tratara del segundo advenimiento.

Chávez pasó dos años en prisión, pero las noticias del proyecto revolucionario en el que había estado trabajando junto a otros oficiales pronto se filtraron fuera. Chávez, impulsando la resurrección de tres héroes sudamericanos del siglo XIX —el propio Bolívar, su maestro revolucionario Simón Rodríguez y Ezequiel Zamora, líder de los campesinos contra la oligarquía terrateniente en las guerras federales de las décadas de 1840 y 1850—, comenzó a esbozar los perfiles de una política nacionalista revolucionaria, destinada a obtener un notable apoyo popular. Desde el país latinoamericano más profundamente inmerso en la cultura y la política estadounidense, lanzó un implacable contraataque contra el programa globalizador impuesto al mundo por Estados Unidos tras la Guerra Fría. Pronto encabezaba las encuestas de opinión pública y en diciembre de 1998 fue elegido presidente del país.

III

Infancia en Barinas, lejos de la capital

La pequeña y calurosa ciudad de Barinas está situada entre la cordillera de los Andes y las grandes llanuras de la cuenca del Orinoco. Llegué allí en autobús desde Caracas, en un viaje de ocho horas por una buena carretera que pasa por Maracay, Carabobo y Acarigua. Aquí comienza la vasta extensión de Los Llanos, las tierras bajas ganaderas del centro-sur del país, donde innumerables ríos bajan desde los Andes hacia el Orinoco. Los Llanos se extienden desde más allá de la frontera colombiana hasta los afluentes del Amazonas en Brasil.

Barinas es una ciudad sin edificios altos, y desde su atestada estación de autobuses llegué caminando a un pequeño hotel en la plaza Zamora, junto al río Santo Domingo, en el que me alojé. El nombre de la plaza es el de Ezequiel Zamora, el dirigente revolucionario de las fuerzas federalistas en la década de 1850, que obtuvo una gran victoria no lejos de aquí en la batalla de Santa Inés en 1859. Zamora ha sido durante mucho tiempo uno de los héroes en los que encontró inspiración el presidente Chávez. Los Llanos fueron escenario de muchas otras batallas fratricidas durante el siglo XIX y en estas latitudes fue donde Simón Bolívar reunió a los *llaneros* para su triunfal ataque contra las fuerzas españolas en Colombia en 1819.

Me hallo, pues, en la Latinoamérica provinciana más atractiva, a sólo ocho horas de la capital en autobús, pero a años luz en muchos otros aspectos. Mi *Guía del viajero* dice que «hay poco que hacer o que ver aquí», y así es como debería ser. Pronto descubro un restaurante al aire libre donde sirven pollo asado y yuca, así como la cerveza regional de Maracaibo. Las paredes están cubiertas de murales utópicos con colores chillones en los que pájaros exóticos sobrevuelan, abandonando el bosque, una gran extensión de agua, desde un antiguo tocadiscos de monedas se oyen las evocadoras canciones de los *llaneros*.

Pero la modernidad no está del todo ausente. Tras la inmensa estatua de Bolívar en la plaza mayor, se ve un gigantesco mástil de telecomunicaciones, que parece emerger del palacio relativamente humilde del gobernador. La estatua pretendía dominar desde su altura todo el entorno, pero ha quedado muy disminuida por ese elemento esencial del mundo contemporáneo. Incluso en mi hotel, adecuadamente llamado Hotel Internacional, se reciben varias docenas de canales de televisión recogidos por la antena, de los que sólo cuatro se producen en Venezuela. La disparidad entre el respeto concedido a la figura histórica de Bolívar y la realidad de un mundo del siglo XXI con trucos tecnológicos inimaginables hace dos siglos es una de las razones por las que los venezolanos ilustrados tienen todavía dudas sobre el proyecto en el que se ha embarcado el presidente Chávez. Invocar hoy los pensamientos y ambiciones de Bolívar puede sonar bastante... digamos pintoresco.

Barinas, el estado donde nació el presidente Chávez, tiene como gobernador desde noviembre de 1998 a su padre, miembro del movimiento político de aquél. Hugo Chávez nació a unos pocos kilómetros, en el pueblecito de Sabaneta, pero fue a la escuela en Barinas y permaneció aquí durante algunos años cuando ya era soldado. Parecía un lugar adecuado para empezar.

Chávez nació el 28 de junio de 1954. Sus padres, Hugo de los Reyes Chávez y Elena Frías, eran ambos maestros de escuela con inquietudes políticas. Su padre participaba en la política educativa del Estado y estuvo afiliado durante un tiempo al partido social cristiano Copei. También el hermano mayor del presidente, Adán Chávez, profesor en la Universidad de Mérida, se ha sentido desde joven atraído por la política, y fue miembro de la Asamblea Constituyente en 1999. La segunda mujer del presidente, Marisabel Rodríguez, fue también miembro de esa Asamblea*.

Chávez estuvo casado antes con Nancy Colmenares, una chica de Barinas, y tuvieron un hijo, Huguito, y dos hijas, Rosa Virginia y María Gabriela, estudiantes universitarias durante sus primeros años como presidente. Con Marisabel Rodríguez, que ya tenía un hijo, Raúl, ha tenido una hija, Rosa-Inés. Un rasgo significativo de la vida política latinoamericana son las relaciones familiares casi tribales que a menudo existen en la cumbre del Estado. Adán Chávez fue presidente del Instituto Nacional de Tierras (INTI), a cargo de la reforma agraria, y ahora ocupa la embajada en La Habana.

La historia reciente todavía permanece a flor de piel en esta región, y la familia Chávez es heredera de las tradiciones revolucionarias del siglo XIX. El tatarabuelo de Chávez fue el coronel Pedro Pérez Pérez, jefe guerrillero, que fue convocado por Ezequiel Zamora para que se uniera a su Ejército del Pueblo Soberano en la década de 1840, para luchar contra la oligarquía terrateniente. El hijo del coronel Pérez, el general Pedro Pérez Delgado, conocido como Maisanta, también fue una figura legendaria que se rebeló en 1914 contra la dictadura del general Juan Vicente Gómez. Al comenzar el siglo XX, Maisanta había unido su suerte a la del general Cipriano Castro y se había establecido en Los Llanos como representante de Castro en Sabaneta. Se casó con una mujer del pueblo, Claudina Infante, y tuvo con ella dos hijas, una de las cuales, Rosa Inés, fue la abuela paterna de Hugo Chávez.

Maisanta organizó luego un movimiento guerrillero contra Gómez en Los Llanos, pero fue capturado y encarcelado. Se confiscaron sus tierras y murió en prisión, pero su hijo continuó la lucha. Su abuela Rosa Inés le contó a Chávez historias de cómo los soldados habían llegado a su hacienda con machetes para matar a los campesinos y quemar todos los establos y edificios. También hubo quien le dijo —así son los persistentes odios políticos de la región— que Maisanta era un asesino al que más valía olvidar. Sólo más tarde, cuando ya era adulto, entendió que su bisabuelo era en realidad un luchador por la libertad.

---

* Hugo Chávez y Marisabel Rodríguez se divorciaron en enero de 2004 {*N. del T.*}.

Esa historia local y personal tuvo un considerable impacto sobre el joven Hugo, que reflexionaría sobre ella en años posteriores cuando era un joven oficial en Barinas y otros puntos de Los Llanos. Maisanta y Ezequiel Zamora, soldados-revolucionarios arquetípicos, han permanecido hasta la fecha junto a Bolívar como sus principales héroes.

IV

De Barinas a Caracas:
LA IRRESISTIBLE HUIDA DEL CAMPO

Cuando entrevisté por primera vez a Hugo Chávez en 2000, estaba de pie en el jardín de La Casona, la residencia presidencial en Caracas, dándole la espalda a la casa, mirando hacia el bosquecillo de bambúes y palmeras que limita el otro lado del parque. Dado que aparece continuamente en televisión, con discursos improvisados, saludando a los visitantes en el palacio de Miraflores o abriéndose paso estrechando manos entre los habitantes de un barrio pobre, todos conocen su aspecto. Estamos familiarizados con su rostro de pugilista, sus labios generosos, su sonrisa radiante y el tic asmático casi imperceptible en su boca cuando toma aliento o busca una palabra en el flujo retórico. Siempre parece decidido e irradia confianza y optimismo.

Pero solo sobre el césped parecía más vulnerable, una escultura monocroma y ambigua vestida con un traje gris. Permaneció absolutamente inmóvil durante varios minutos, como tomando fuerza para el largo día que le esperaba y aparentemente indiferente a la llegada de un extraño. Finalmente se dio la vuelta y caminó sobre la hierba para saludarme.

Es un maestro de los ademanes y florituras retóricas, con un sentido teatral considerable. Recordé por un momento *Yo el Supremo,* la novela del gran escritor paraguayo Augusto Roa Bastos sobre José Gaspar Rodríguez de Francia, el ascético presidente robespierriano de Paraguay a principios del siglo XIX, que aisló a su país durante treinta años de las corrientes globalizadoras de la época, estableciendo las sólidas bases de su desarrollo económico. Chávez tiene un toque mesiánico parecido.

El calor húmedo de la mañana, el colorido lujuriante del jardín tropical y las columnas del porche de un edificio diseñado a imagen de las haciendas coloniales del siglo XVIII, todo contribuía a crear la ilusión de un salto atrás en el tiempo. Nuestra prolongada conversación –gran parte de ella dedicada a su ambicioso plan de estimular el desarrollo en el campo– parecía tener una calidad intemporal, como recordando que esa cuestión viene agobiando desde hace siglos a presidentes y virreyes coloniales en Latinoamérica.

En una entrevista Chávez se convierte en un híbrido entre un narrador locuaz tras una agradable cena y un profesor universitario a cargo de un seminario, contando a veces largas historias sobre acontecimientos distantes, y a veces analizando pormenorizadamente problemas actuales. José Vicente Rangel, su vicepresidente, me había dicho que Chávez era «un jefe de Estado muy diferente a cualquier otro». Mientras que «la mayoría de ellos tienen un estilo lacónico y mantienen un perfil bajo, Chávez es todo lo contrario: acepta un reto en cualquier área; disfruta realmente la confrontación permanente; es un comunicador extrovertido y excelente, le gusta la polémica y la busca». Me pregunté si yo sería un entrevistador lo bastante estimulante. Rangel también me dijo que Chávez era mucho más intelectual de lo que piensa la gente, con una gran creatividad. «Es un romántico pragmático, una mezcla entre pasión y cálculo.»

En aquella primera ocasión su estilo fue eminentemente profesoral, explicándome con detalle la historia de Venezuela durante el siglo XX, y cómo la explotación del petróleo en los años veinte había conducido al colapso de la economía rural. Esto, a su vez, había puesto fin al viejo «modelo equilibrado y armonioso» de Venezuela, en el que el cultivo de café, azúcar y cacao en el campo había marchado al mismo ritmo que el desarrollo industrial de las ciudades. «El gobierno simplemente renunció al campo y comenzó lo que los libros de historia llaman el éxodo campesino.» Chávez insistió en que «esto no se debió a que los campesinos quisieran emigrar, sino a que las áreas rurales fueron abandonadas por el gobierno».

Utilizó un ejemplo personal. «Esto es algo que yo he sentido siempre desde que era niño; nunca quise irme de mi pueblo natal, pero tuve que hacerlo, y llegué a la capital atraído por su fuerza centrípeta.» El propósito de su política, explicó, era «hacer que esa fuerza funcione en dirección opuesta».

Cuando terminó el sexto grado en la escuela de Sabaneta, tuvo que dejar su pueblo natal para trasladarse primero a Barinas y luego a Caracas. Me explicó las causas de esa mudanza, una explicación que constituye el núcleo de lo que piensa que está equivocado en el desarrollo del país, y que quiere enderezar.

«Si quería seguir estudiando, como hice, ya que mi padre era maestro, tenía que ir a Barinas, que es una ciudad más grande, la capital del estado. Pero si hubiera habido una escuela secundaria en Sabaneta, no habría tenido que irme.»

Más adelante tuvo que volver a trasladarse porque en Barinas no había universidad. «Todos mis hermanos tuvieron que ir a la universidad en Mérida, y yo tuve que venir a Caracas, a la academia militar. Los que no se iban, se quedaban atrás y se estancaban.»

Las mismas fuerzas que afectaban a la educación condicionaban los cuidados sanitarios en Sabaneta y Barinas. «La gente que necesitaba atención tenía que ir a Barquisimeto o a Caracas. Hasta nuestros deportistas locales tenían que irse. Los campesinos se fueron cuando perdieron sus tierras a manos de los grandes hacendados, y se produjo un éxodo masivo.»

Los militares estaban sometidos a la misma fuerza centrípeta que los arrastraba hacia la capital. Cuando estaba en el Ejército, dice, «siempre había una lucha con los muchachos que provenían de las áreas rurales para hacer el servicio militar obligatorio».

«Llegaban a las ciudades, a los cuarteles de Caracas, y cuando veían la ciudad –cuando les daban algún día de permiso– veían todo lo que ésta les podía ofrecer y ya no querían regresar al campo, porque allí no tendrían tierra ni trabajo, nada más que una choza como casa. El servicio militar fue otro de los factores que contribuyeron a hacer emigrar a la gente a las ciudades.»

Los venezolanos han venido emigrando durante muchos años. Chávez apuntó a la estrecha franja costera en el centro-norte del país: «El 80 por 100 de la población se concentra ahora ahí», dijo. Lo que quería hacer, aseguró, era invertir esa tendencia. La finalidad principal de su revolución era «ocupar el espacio geográfico del país de una forma más armoniosa y equilibrada».

Durante su primer año como presidente, Chávez propuso un atrevido plan para trasladar a cientos de miles de personas desde las ciudades atestadas del norte de Venezuela a los nuevos centros económicos en el este y sur del país, escasamente poblados. Planeaba desarrollar proyectos agroindustriales «integrados» en esas tierras vacías, y esperaba que eso animara a la gente que vivía en las barriadas pobres a iniciar una nueva vida en las áreas rurales. Aunque algunos informes anteriores sugerían que la mayoría de la gente prefería quedarse en su entorno urbano, otros indicaban que había gente ilusionada con la perspectiva de que les ofrecieran tierra y nuevos hogares y con la posibilidad de un nuevo comienzo.

Los políticos y planificadores urbanos han discutido durante años qué hacer con las gigantescas aglomeraciones urbanas de Latinoamérica, las viejas capitales que albergan a millones de personas para las que hay pocos hogares reales, no mucha comida y poco trabajo. Trasladar a los venezolanos urbanizados de nuevo al campo sería una tarea hercúlea, enfrentada a la experiencia histórica y a lo que se considera posible, porque a poca gente le apetece la aburrida vida del campesino; pero poblar las áreas rurales con la propia población del país, en lugar de traer nuevos colonos de fuera, es una ambición que se remonta a las propuestas de Simón Rodríguez, el tutor de Bolívar, a principios del siglo XIX. Los planes utópicos de Chávez cuentan, pues, con antecedentes muy venerables.

SEGUNDA PARTE

LA PREPARACIÓN DE UNA REBELIÓN BOLIVARIANA

V

El desarrollo de una conspiración militar

Chávez se enroló como soldado a los diecisiete años, y suele asegurar que fue su entusiasmo por el béisbol lo que le convenció de incorporarse al Ejército. Pronto se convirtió en uno de los principales jugadores del equipo del Ejército, aunque finalmente mostró más inclinación por la política que por el deporte. Ingresó en la Academia Militar de Caracas en 1971, durante la primera presidencia de Rafael Caldera –el fundador de Copei–, en el momento en que algunos de sus futuros seguidores abandonaban la guerra de guerrillas en las montañas. Caldera se propuso la pacificación del país tras la insurrección revolucionaria de los años sesenta, permitiendo que los antiguos guerrilleros se reincorporaran a la vida civil tras cierto periodo de tiempo.

El pensamiento político del joven Chávez se vio influido por su temprano amor por la historia, suscitado por la peculiar experiencia de su familia, pero pronto iba a adquirir un conocimiento de primera mano de los asuntos contemporáneos. En 1974, cuando todavía era cadete, viajó a Perú con una docena de camaradas de armas para participar en la celebración internacional del sesquicentenario de la batalla de Ayacucho, que tuvo lugar en los alrededores de la vieja ciudad colonial.

Esa batalla supuso la liberación de Perú del dominio español por las fuerzas de Bolívar y Sucre.

En años más recientes, Perú pasó por un experimento radical del gobierno dirigido por las Fuerzas Armadas. El general Juan Velasco Alvarado, un oficial desacostumbradamente progresista, tomó el poder en Lima en 1968, inició un programa radical de reformas, apoyado por revolucionarios dentro de las propias Fuerzas Armadas y por algunos partidos de izquierda peruanos. Ése fue el primer encuentro de Chávez con un régimen militar radical, y Perú era además un país en el que todavía se honraba el nombre de Bolívar.

Chávez y los demás cadetes venezolanos recibieron un pequeño regalo del presidente Velasco, un librito de discursos con el título *La revolución nacional peruana*. Todavía recuerda la visita, el librito y el apoyo entusiasta de los cadetes peruanos a su presidente. El experimento peruano ha seguido influyendo de forma importante sobre su pensamiento político.

En 1975, un año después de su viaje a Lima y Ayacucho, Chávez se graduó en la academia militar como subteniente, recibiendo su espada de mando de manos del presidente Carlos Andrés Pérez en el desfile anual del 5 de julio, aniversario de la independencia de Venezuela en 1811. Ese mismo presidente Pérez era el que él iba a intentar derrocar dieciséis años después, en febrero de 1992.

Chávez pasó los dos años siguientes en Barinas, en un batallón de contrainsurgencia acampado allí desde la guerra de guerrillas de los años sesenta. En 1976 su batallón fue enviado a Cumaná para ayudar a aplastar un nuevo estallido guerrillero, organizado por Bandera Roja, uno de los grupos ultraizquierdistas que habían permanecido fieles a la estrategia guerrillera de la década anterior. En aquel momento, según sus propias palabras, Chávez comenzó a sentir cierta simpatía por la guerrilla que su batallón debía combatir. También cobró conciencia por primera vez, dice, de cómo se extendía también a las Fuerzas Armadas la corrupción generalizada del mundo político. Los oficiales se quedaban con parte del presupuesto y hurtaban equipo militar para su propio uso personal.

En 1977, con veintitrés años y sólo dos de experiencia como teniente, Chávez decidió formar su propio grupo revolucionario armado. Reunió a un grupo de amigos para soñar con la revolución, denominándolo Ejército de Liberación del Pueblo de Venezuela (ELPV).

«¿Con qué propósito?», le preguntó años después Gabriel García Márquez, el novelista colombiano. Chávez respondió: «Era muy simple. Nos preparábamos para el caso en que sucediera algo». No era sin duda más que el entusiasmo juvenil de un mozo de veintitrés años, y como recuerda ahora, «en aquella época no teníamos la menor idea de lo que íbamos a hacer», pero era un importante presagio.

Poco después conoció a otro joven oficial, Jesús Urdaneta Hernández, con actitudes radicales parecidas a las suyas. Pronto se hicieron muy amigos y Chávez le contó a Urdaneta lo desilusionado que estaba de su experiencia en el Ejército y que había formado un pequeño grupo revolucionario. «No voy a seguir así en el Ejército toda mi vida», le dijo.

Chávez sugirió que quizá debían intentar algo diferente. «¿Por qué no creamos un movimiento dentro del Ejército?», dijo, rechazando la posibilidad de organizar un movimiento guerrillero. «No nos vamos a unir a la guerrilla, que está vencida, y en cualquier caso nuestra perspectiva y nuestra educación no se acomoda a eso.»

Reveló a Urdaneta lo que tenía en mente, que era algo totalmente diferente. Organizarían «un movimiento dentro de las Fuerzas Armadas». Cuando Urdaneta fue ascendido a general, seguía siendo un fiel aliado de Chávez; desempeñó un papel central en el primer gobierno chavista como jefe de la Policía Secreta, la Dirección de los Servicios de Inteligencia y Prevención (DISIP). Una de sus principales tareas fue desalojar a los exiliados cubanos y a los israelíes instalados en ella durante muchos años.

Chávez fue transferido en 1978 a un batallón acorazado en Maracay y dos años después, llevado por su interés por el béisbol, regresó a la Academia Militar de Caracas como instructor jefe de deportes. Permaneció allí durante cinco importantes años, entre 1980 y 1985, pasando del deporte a la cultura y convirtiéndose en profesor de historia y política. Las autoridades subestimaron el impacto que aquel tutor inteligente y carismático iba a tener sobre sus alumnos en la academia.

Durante aquel periodo sus ambiciones políticas se consolidaron en una firme creencia de que los oficiales de su generación serían llamados en algún momento futuro a dirigir el país. Los setenta fueron los años de gloria de la «Venezuela saudita», cuando los venezolanos llegaron a creer que pronto vivirían en un país occidental rico y desarrollado, pero a principios de los ochenta esos sueños se vieron finalmente desplazados por la dura realidad de la devaluación y la deuda externa, que condujo a una espiral de pobreza. Los dirigentes civiles comenzaron a mostrarse cada vez más incompetentes y vulnerables. Durante la década de 1970 el gobierno de Carlos Andrés Pérez había vivido de las rentas del petróleo, inmensamente acrecentadas tras la subida de los precios a partir de 1973 y los créditos en petrodólares que ésta trajo consigo, pero sus sucesores de la década de 1980 no contaban con nada sustancial como reemplazo.

A partir de 1982 Chávez comenzó a organizar una conspiración política seria. Junto con otros dos oficiales, profesores como él en la academia militar, creó una célula política dentro del Ejército, a la que llamó Movimiento Bolivariano Revolucionario-200 (MBR-200). El «200» se añadió para indicar las celebraciones durante todo un año del bicentenario del nacimiento de Bolívar en 1783. Los otros dos oficiales eran Felipe Acosta Carles y el amigo de Chávez, Jesús Urdaneta. Mientras que este último sobrevivió y llegó a desempeñar un importante papel en el gobierno de Chávez, Acosta murió durante el *Caracazo* de 1989.

El 17 de diciembre de 1982 aquellos oficiales revolucionarios pronunciaron un juramento bajo el gran samán de Güere, cerca de Maracay, repitiendo las palabras del compromiso de Simón Bolívar en el Monte Sacro en Roma en 1805, cuando juró dedicar su vida a la liberación de Venezuela del yugo español: «Juro delante de usted; juro por el Dios de mis padres, juro por ellos, juro por mi honor, juro por la patria, que no daré descanso a mi brazo, ni reposo a mi alma hasta que haya roto las cadenas que nos oprimen [...]».

El Movimiento Bolivariano Revolucionario comenzó más como un círculo de estudios políticos que como una conspiración subversiva, pero a medida que los jóvenes oficiales analizaban la historia y los problemas contemporáneos de su país, comenzaron a pensar en algo así como un golpe de Estado. Sabían que tendrían que derrocar el sistema político existente, ya que creían que la versión venezolana de la «democracia» era una farsa. Chávez expresó sus reservas sobre el sistema existente cuando fue entrevistado por Agustín Blanco Muñoz en junio de 1999:

> Lo que se ha denominado sistema democrático en Venezuela no difería mucho en los últimos años de lo que había antes: la dictadura de Marcos Pérez Jiménez; los tres años de gobierno de Acción Democrá-

tica entre 1945 y 1948; los gobiernos de Isaías Medina y López Contreras; e incluso el gobierno de Juan Vicente Gómez, lo que nos retrotrae hasta 1908. Todo ha seguido siendo poco más o menos igual; ha permanecido el mismo sistema de dominación, con un rostro diferente, ya sea el del general Gómez o el del doctor Rafael Caldera. Tras esta figura o aquel caudillo, con boina militar o sin ella, a caballo o en un Cadillac o en un Mercedes Benz, ha permanecido el mismo sistema –en la economía y en la política– y la misma denegación de los derechos humanos básicos y del derecho del pueblo a decidir su propio destino.

Chávez y sus amigos, desde sus puestos en la academia militar, estaban bien situados para reclutar a otros jóvenes oficiales descontentos para su causa. En marzo de 1985 se les unió el mayor Francisco Javier Arias Cárdenas, antiguo alumno de un seminario católico que regresaba de un curso de posgrado en Colombia. Arias Cárdenas provenía de Zulia y estaba destinado a desempeñar un importante papel en el intento de golpe que se realizó finalmente en febrero de 1992. Tenía muchos amigos en la izquierda civil, y más tarde, en los años noventa, se unió a uno de los pequeños partidos radicales, La Causa R, y fue elegido gobernador de su estado natal. Se le consideró en algún momento como el intelectual más destacado dentro del movimiento chavista, aunque le faltaba la autoridad y el encanto carismático de Chávez.

Los participantes en el Movimiento Bolivariano Revolucionario, alentados por Chávez, buscaron un respaldo histórico para su proyecto en ideas de tres figuras conocidas, aunque someramente, por todos los escolares venezolanos: Ezequiel Zamora, el líder de Los Llanos con cuya historia Chávez se había familiarizado desde la infancia; Simón Bolívar, el Libertador de Venezuela y de gran parte de Latinoamérica; y Simón Rodríguez, recordado a menudo como el tutor de Bolívar aunque era un hombre con una carrera infinitamente más interesante de lo que ese simple hecho sugiere.

Desde un principio la conspiración en ciernes tenía una marcada inclinación de izquierdas en su proyecto. Pronto comenzaron a utilizar el lenguaje de la izquierda civil que algunos de ellos habían frecuentado cuando estudiaban en la Universidad Central de Caracas. Una característica interesante y peculiar de los militares venezolanos en los años ochenta fue su relación con el mundo civil. Los oficiales jóvenes eran enviados a estudiar ciencias sociales a las universidades venezolanas y en esa relación con la sociedad civil muchos de ellos acabaron entrando en contacto con los supervivientes de los movimientos guerrilleros de los años sesenta.

A medida que los oficiales revolucionarios ascendían lentamente en la jerarquía militar, comenzaron a pensar cuándo estarían en condiciones de realizar un golpe revolucionario. El año 1992 parecía la ocasión más cercana y más adecuada, ya que aproximadamente en ese momento dispondrían de mando directo de tropas. Entretanto, se fueron dando a conocer como la organización MACATE, acrónimo de «mayores, capitanes y tenientes», que eran los grados que ostentaban. Más tarde, ese grupo se llamó COMACATE, cuando algunos de los oficiales de más edad se convirtieron en (tenientes) coroneles.

Habría sido imposible mantener en secreto aquella organización, y la Dirección de Inteligencia Militar (DIM) llegó a tener conocimiento de lo que estaba sucediendo. La DIM sabía qué tipo de clases radicales se daban en la academia militar, pero no qué tipo de conspiración se estaba preparando, ni la extensión que había alcanzado. Sabía que se trataba de algunos de los oficiales jóvenes más competentes y populares y con una carrera militar más prometedora, y castigarlos o expulsarlos habría causado graves problemas con el resto de sus compañeros.

Chávez era claramente conocido por las autoridades y militares como un subversivo potencial, y la solución que imaginaron para ese problema fue trasladarlo tan lejos de Caracas como fuera posible. En 1986 fue transferido de su influyente posición en la academia militar a Elorza, en el estado de Apure, un lugar distante cerca de la frontera con Colombia.

VI

Alejado a Elorza: experimentos de cooperación entre civiles y militares

Viajé a Elorza en un pequeño autobús local, en un viaje de doce horas desde Barinas. La carretera es pésima, con una superficie metalizada que se desintegró hace tiempo. Elorza está al sureste de Barinas, y la carretera cruza dos de los grandes afluentes del Orinoco, el Apure y el Arauca. Un puente sobre el Apure une Ciudad de Nutrias con Bruzual, y el presidente Chávez –fiel a sus primeros sueños utópicos– planea convertir algún día esos pueblos remotos en el corazón de un gran plan de desarrollo para Los Llanos.

Elorza queda aún más al sur, al otro lado del río Arauca, tras cruzar otro estrecho puente. Cuenta con un solo hotel, una calle mayor y una base militar fuera de la ciudad. Estamos en la Venezuela rural. Las tiendas pertenecen a sirios, los restaurantes a colombianos, y en las afueras del pueblo vive un grupo heterogéneo de indígenas –cuivas y yaruros–. El poderoso Arauca se enfurece un poco más allá del extremo norte del pueblo. Chávez es todavía recordado por sus habitantes con gran afecto, por haber puesto su nombre en el mapa. Hice una comida de vaca y yuca y hablé con el propietario del restaurante, un refugiado, como muchos otros residentes locales, huido de la violencia en Colombia, a pocos kilómetros al otro lado de la frontera. Se había trasladado aquí desde Tolima, y Venezuela le parecía relativamente pacífica comparada con los horrores de la larguísima guerra civil colombiana.

El entonces teniente Chávez estaba al mando de una unidad motorizada de la base de Elorza y aprovechó aquellos años para poner en práctica algunas de las ideas que más tarde iban a constituir su programa político y social para el país. Impulsó planes experimentales de cooperación entre soldados y civiles, con los que aquel teniente radical se hizo pronto enormemente popular en todo el estado de Apure. En un primer momento proporcionó apoyo militar para el desarrollo social y económico en el área, pero pronto amplió sus actividades, vinculándose a la vida de la comunidad mediante la organización de cabalgatas históricas en las fiestas patronales y alentando el registro de testimonios históricos orales.

Alguien debió de olvidar sus pasadas actividades o de perder su ficha, porque en 1988, en los últimos meses de la presidencia de otro político de Acción Democrática, Jaime Lusinchi, Chávez fue llamado de nuevo a Caracas para trabajar en el palacio presidencial de Miraflores. Se convirtió en asistente del Consejo de Seguridad Nacional. Finalmente estaba en el puesto que le convenía, y aquel año fue enviado de visita oficial a Centroamérica, entonces en lo más encarnizado de la guerra de la contra en Nicaragua y de las campañas de contrainsurgencia en Guatemala.

En Elorza, Chávez había estado aislado de sus camaradas revolucionarios en el ejército. Ahora, de regreso a Caracas, estaba mejor situado para proseguir el desarrollo del Movimiento Bolivariano Revolucionario. No le quedaba mucho tiempo; al año siguiente, en febrero de 1989, estalló en Caracas una rebelión espontánea inesperada. Chávez había pensado siempre que algo así podía «suceder», pero cuando sucedió, los conspiradores bolivarianos no estaban todavía ni remotamente preparados.

VII

Febrero de 1989 (1): la rebelión conocida como el *Caracazo*

Guarenas es una ciudad dormitorio, a unos treinta kilómetros al oeste de Caracas, donde miles de trabajadores de los servicios de la capital han establecido sus hogares. Los primeros signos de los disturbios comenzaron aquí a primeras horas del lunes 27 de febrero de 1989. La gente que trabajaba en Caracas se encontró aquella mañana con que el precio del billete del autobús se había duplicado y comenzó a protestar espontáneamente. La agitación llegó pronto a Petare, ya en el área metropolitana, y a media mañana se había extendido, gracias a la radio y a la televisión, a las principales ciudades del país: Maracay, Valencia, Barquisimeto, Ciudad Guayana y Mérida.

Se volcaron y se quemaron autobuses, pero aquello no fue más que la fase inicial de la revuelta. Al cabo de unas horas, la rebelión había subido de tono, con saqueos y destrucción de tiendas y supermercados. Bandas de jóvenes de los suburbios, pobres y encolerizados, invadieron el centro comercial de Caracas y llegaron hasta las áreas residenciales privilegiadas de los ricos en la falda del monte Ávila, cerca del corazón de la ciudad. Los disturbios y los saqueos se prolongaron durante la noche y el día siguiente en una prolongada y poderosa sublevación —el *Caracazo*— seguida por varios días de represión militar brutal.

El teniente Chávez yacía enfermo aquel lunes por la mañana, ya que el médico del palacio de Miraflores le había recomendado irse a casa para no contagiar a todo el palacio presidencial. Durante todos aquellos años de conspiración, los jóvenes oficiales del Movimiento Bolivariano Revolucionario habían hablado a menudo de la posibilidad de una explosión popular que podrían aprovechar para sus planes, pero cuando sucedió efectivamente no estaban en absoluto preparados para ello, e incluso se vieron obligados a participar en la represión.

El impacto de la revuelta urbana, tanto sobre la población en general como sobre los soldados que participaron en su aplastamiento, tuvo un efecto dramático sobre el desarrollo de los acontecimientos políticos de la década siguiente. De hecho, la historia actual de Venezuela comienza con aquel acontecimiento cardinal, porque convenció a los oficiales implicados en la conspiración bolivariana de que debían acelerar sus planes.

1989 fue también un año importante en otros lugares. La caída del muro de Berlín en otoño y el subsiguiente colapso de los gobiernos prosoviéticos de Europa oriental fueron rápidamente percibidos como presagio del fin de la era comunista. Del mismo modo, el *Caracazo* marcó el comienzo del fin del *ancien régime* en Venezuela. El pueblo había tomado las calles treinta años antes, en enero de 1958, y bajo la dirección de la Junta Patriótica había abierto la vía para el derrocamiento de la dictadura del general Jiménez. Ahora lo hacía de nuevo, casi por casualidad, para indicar su deseo de liberarse de un gobierno corrupto y burocrático con fachada democrática. Pero mientras que el levantamiento de 1958 había sido organizado, deliberado e inspirado políticamente, el *Caracazo* de 1989 fue anárquico, caótico y sin dirigentes.

Aquella explosión espontánea cogió por sorpresa a los servicios de inteligencia del gobierno. El servicio secreto militarizado, la DISIP (Dirección de los Servicios de Inteligencia y Prevención), se había dedicado durante muchos años a la infiltración en los grupos políticos de extrema izquierda, pero esos grupos casi habían desaparecido a finales de la década de 1980 y no desempeñaron ningún papel en el *Caracazo*. La DISIP nunca se había preocupado por estudiar la posibilidad de una rebelión espontánea en los ranchitos de las áreas suburbanas de la capital. La Dirección de Inteligencia Militar (DIM) no estaba mejor informada. Sabía que se estaba cociendo algo y había advertido al gobierno de que el 27 de febrero podía ser un día difícil, pero sus advertencias no llegaron al palacio de Miraflores o fueron simplemente ignoradas.

Heinz Sonntag, profesor de sociología en el Centro de Estudios del Desarrollo de Caracas que realizó un estudio del *Caracazo,* me contó que «hubo disturbios en la ciudad satélite de Guaranas el primer día y la policía no intervino. Tampoco lo hizo al día siguiente. Se ordenó entonces la intervención de la Guardia Nacional, pero ésta se negó a subir a los cerros. El gobierno recurrió entonces al Ejército».

Los soldados entraron en los barrios de ranchitos y acordonaron los grandes bloques de viviendas construidos por el gobierno de Pérez Jiménez en los años cincuenta. Disparaban contra cualquier cosa que se moviera. «La cifra oficial de víctimas fue de 372, pero probablemente fueron más de dos mil tan sólo en Caracas.» Hubo además miles de heridos.

Sonntag cree que «la represión pretendía servir como advertencia para los pobres, para que no volvieran a hacerlo de nuevo». De hecho, así funcionó durante bastante tiempo: «La gente se asustó». Aquel acontecimiento arrojó una larga sombra sobre la década de 1990, prolongando un clima de desesperación y apatía política que sólo comenzó a disiparse con la elección de Chávez en 1998.

El presidente Carlos Andrés Pérez acababa de entrar en funciones a principios de febrero. Aquél era su segundo mandato, y conocía el terreno –había sido presidente antes, en los años setenta–, pero no estaba preparado para aquella explosión popular. A mediodía del martes 28 de febrero mantuvo una reunión con su Consejo de Ministros en la que decretó el estado de emergencia, una disposición constitucional que implicaba la aplicación de la ley marcial y la suspensión de todas las libertades civiles. El Ejército impuso el toque de queda.

La causa inmediata de la rebelión fue el aumento del precio de la gasolina, parte del nuevo «paquete» económico neoliberal que Pérez había anunciado diez días antes, el 16 de febrero. Se había previsto un aumento del 100 por 100 en el precio de la gasolina desde el domingo 26 de febrero, pero precisamente con el fin de evitar los eventuales disturbios el gobierno había decidido que la repercusión sobre el precio de los billetes de autobús se realizara progresivamente: a los propietarios se les indicó que podrían aumentar el precio un 30 por 100 el primer día laborable tras el aumento del precio de la gasolina, aquel lunes fatal, y que tres meses más tarde se les permitiría un nuevo aumento del 30 por 100.

Muchos propietarios de autobuses repercutieron todo el aumento del precio de la gasolina sobre sus pasajeros desde el primer día, duplicando el precio de los billetes para cubrir su incremento de costes. Ésta fue la causa de la inevitable explosión de cólera de los usuarios más pobres, con los bolsillos vacíos a fin de mes. La subida también afectaba particularmente a los estudiantes, a los que se retiró el descuento de los billetes a mitad de precio.

Al cabo de pocos días la aterrorizada capital había regresado a cierta normalidad. Los barrios más pobres cuidaban a sus heridos y alimentaban un terrible rencor contra el régimen. Cientos de cuerpos fueron enterrados en fosas comunes. Los barrios más ricos reforzaron sus verjas de acero y sus dispositivos de seguridad y se felicitaron por haber escapado con suerte.

Pero el impacto más significativo e inmediato del *Caracazo* fue el que tuvo sobre las fuerzas armadas encargadas de la represión. Aunque algunos de los soldados que habían tenido que disparar contra sus conciudadanos se sentían sin duda avergonzados por las acciones que les habían ordenado, el grupo de oficiales políticamente motivados asociados a Chávez y al Movimiento Bolivariano Revolucionario sintieron afligidos que el momento —y la oportunidad que esperaban— se les había pasado sin posibilidad de intervenir. Sus contactos con grupos civiles, incluidos los partidos de izquierda y algunos de los supervivientes de los grupos guerrilleros de los años sesenta, no les habían permitido prever lo que iba a ocurrir.

Varios de los principales conspiradores militares estaban en la capital durante el *Caracazo,* pero su experiencia de los acontecimientos fue muy diferente. El propio Chávez estaba fuera de servicio, enfermo, pero a dos de sus principales cómplices en la conspiración, Francisco Arias Cárdenas y Felipe Acosta Carles, se les ordenó la represión de los barrios. Acosta murió en un incidente todavía no aclarado. Alguna gente, incluido el propio Chávez, cree que la DISIP conocía su participación en la trama militar y es más probable que lo matara la Policía Secreta que los insurrectos. Probablemente Chávez fue muy afortunado al poder quedarse en casa aquella semana.

Más tarde, en una entrevista con Ángela Zago, Arias Cárdenas expresó su malestar al comprobar que el movimiento revolucionario en el que participaba no estaba preparado para «situarse junto al pueblo en una rebelión civil y militar». Sintió que el Ejército estaba en el lado equivocado en aquel combate, y se esforzó por que sus soldados no dispararan contra la multitud. Se sintió horrorizado por lo que vio:

> Tan pronto como llegué al lugar que iba a ser mi centro de operaciones, comprobé que el oficial al que tenía que relevar había estado disparando contra los bloques de viviendas, de una forma absolutamente irresponsable e inhumana. También oí comentarios sobre los excesos cometidos por la Policía Política, la DISIP.
>
> Reuní inmediatamente a mis tropas y les dije: «¡Que levanten la mano los que pertenezcan al Country Club!». Pude ver sus caras de sorpresa y que todos permanecían inmóviles y en silencio. Repetí el requerimiento de otro modo: «¡Que levanten la mano los que vivan en Alto Prado, en Lagunita Country Club o en Altamira!». Nadie se movió.

Esos nombres correspondían a los barrios más ricos y selectos de Caracas.

> Entonces les dije que eso significaba que todos veníamos de barrios pobres como aquél. La gente que vive aquí son como nosotros, son el pueblo, nuestros hermanos; y eso significa que nadie debe disparar sin autorización; nadie debe disparar a menos que seamos atacados.

Chávez regresó a su puesto en el palacio presidencial de Miraflores pocas semanas después. Al entrar le salieron al paso los guardias del palacio, quienes aunque no formaban parte de su conspiración, barruntaban algo. «Mire, mayor —le inquirió uno de ellos—, ¿es verdad eso del Movimiento Bolivariano? Nos gustaría saber más de ese asunto; no estamos dispuestos a ir a matar a la gente del pueblo.» Eran soldados de la Guardia Presidencial, recuerda Chávez, gente en la que el gobierno confiaba. Era obvio que la conspiración estaba cobrando velocidad, y no se podía posponer indefinidamente el momento para una acción decisiva.

Pero las autoridades seguían su pista. A finales de aquel año, el 6 de diciembre de 1989, día en que se debían elegir nuevos gobernadores de los estados, Chávez y algunos mayores de su promoción fueron convocados para presentarse ante el alto mando del Ejército. Fueron acusados de conspirar contra el gobierno y de planear el asesinato del presidente y de varios generales el día de Navidad. La información era falsa, y como no se podía demostrar nada preciso contra ellos, las autoridades no pudieron tomar ninguna medida. Se decidió que la mayoría de los mayores sospechosos fueran destinados a lugares diferentes y distantes entre sí. Chávez recibió permiso para matricularse en la Universidad Simón Bolívar de Caracas, con el fin de conseguir un título en Ciencias Políticas. Habría que posponer cualquier intento de golpe.

Unos dieciocho meses después, en agosto de 1991, tras seguir un curso en el estado mayor, Chávez recibió el mando de un batallón de paracaidistas en Maracay. Por fin, con mando de tropa, estaba en condiciones de emprender la acción para la que se venía preparando tanto tiempo.

VIII

Febrero de 1989 (2): el «paquete» neoliberal que hundió el gobierno de Pérez

Una tarde de 1990, un año después del *Caracazo,* llamé al presidente Carlos Andrés Pérez al pequeño edificio blanco del siglo XIX en el centro de Caracas que llaman palacio de Miraflores. A Pérez le gustaba encontrarse con periodistas extranjeros y siempre era extremadamente amable. Le pregunté cómo alguien tan comprometido con determinada forma de desarrollo económico desde el Estado en la década de 1970 podía haber cambiado de opinión en la de 1990 abrazando la doctrina económica del Fondo Monetario Internacional (FMI) a la que se había opuesto tanto tiempo, especialmente con las medidas que había impuesto en 1989 y que habían conducido directamente al *Caracazo.*

Pérez admitió que el *Caracazo* había sido un sorpresa desagradable, y que su nueva política había generado graves problemas. También reconoció que había provocado un aumento del costo de la vida:

> Las decisiones que tomé fueron extremadamente difíciles y en general son todavía muy impopulares. La gente se resiente de las duras medidas que hemos tomado. El malestar del pueblo se expresa mediante manifestaciones y protestas, pero debemos entender que son inevitables. No había otra vía.

Los tiempos han cambiado mucho en estos últimos quince años. La economía se ha hecho más global y mejor organizada, y las relaciones económicas deben entenderse de otro modo. Con esta globalización de la economía, nuestro pueblo entenderá mejor la necesidad de inversiones extranjeras.

Venezuela necesitaba ahora desesperadamente tales inversiones, dijo el presidente, ya que la renta del petróleo ya no bastaba para impulsar la economía. Incluso en el caso del refino del petróleo, que antes se concebía como un área de inversión exclusiva del Estado, ahora pensaba que sería necesario negociar «la participación de capital extranjero».

Pérez estaba igualmente preocupado por el papel futuro del propio Estado. Se habían aprendido las lecciones, decía, de la tendencia intrínseca de las instituciones del Estado a degenerar. Su gobierno planeaba abolir «todos los elementos que hacían posible la corrupción», aunque comprensiblemente no se refirió a su propio papel en el fenómeno. Con un tipo de cambio libre para el bolívar y la abolición de las licencias para las operaciones de comercio exterior, esperaba que la corrupción simplemente desapareciera. «Lo mejor para nosotros —dijo con el entusiasmo de un converso— es reducir la intervención del Estado a un mínimo.»

Gran parte de la retórica política de Chávez desde los años noventa se dirige contra el «neoliberalismo», contra los «programas de ajuste estructural» impuestos a Latinoamérica por el gobierno de Washington, y aceptados de buena gana por Pérez. La aplicación de esos programas se vio posibilitada en gran medida por el control estadounidense sobre agencias financieras como el FMI y el Banco Mundial, pero también gracias a que una elevada proporción de los economistas y políticos latinoamericanos se habían convertido a las nuevas doctrinas estadounidenses.

Aunque Chávez objetaba genéricamente esos programas —siempre se refiere al fenómeno como neoliberalismo «salvaje»—, sus argumentos atienden en particular a la triste experiencia de Venezuela durante los años posteriores a 1989. Su blanco principal es el giro impulsado por Pérez que condujo directamente al *Caracazo,* y que iba a provocar más tarde, en 1993, la caída del propio Pérez.

Como se indicó en el capítulo anterior, el aumento del precio de la gasolina, y en consecuencia el de los billetes de autobús, que fue la causa inmediata de la rebelión de Caracas, formaba parte de un cambio más amplio en la política económica, emprendido por el gobierno semanas antes, y al que se calificó como «el gran viraje».

Las políticas neoliberales aplicadas en Latinoamérica (y otros lugares) durante la década de 1990 se suelen englobar bajo la denominación de «Consenso de Washington», un programa en diez puntos diseñado y codificado originalmente en 1989 por John Williamson, antiguo asesor del FMI en los años setenta. Ese programa, aprobado por Washington, estaba destinado especialmente a países con una gran deuda externa, consecuencia de los créditos otorgados por los bancos internacionales en las décadas de 1970 y 1980. Su finalidad consistía en reformar los mecanismos económicos internos de los Estados deudores de Latinoamérica (y otros lugares) para que pudieran pagar las deudas que habían contraído, normalmente con bancos estadounidenses.

Venezuela, con su gran acumulación de deudas, contraídas con altos tipos de interés por una sucesión de gobiernos corruptos e incompetentes, era un blanco primordial para las reformas del Consenso de Washington. Era evidente que se necesitaba alguna reforma para que se reanudaran las inversiones extranjeras, pero la prevista tenía un serio inconveniente: mientras que atendía a las exigencias de los bancos extranjeros, ignoraba las necesidades de los habitantes más pobres de los países deudores. En la práctica, como cabía suponer, su agenda era mucho más amplia que los problemas de un puñado de bancos internacionales.

John Williamson, el artífice del Consenso de Washington, lo explicó en una conferencia sobre el tema en 1994. Aseguraba que había localizado «diez áreas donde los dirigentes políticos y técnicos de "Washington" podían supuestamente promover un amplio consenso en cuanto al carácter de las reformas que los países deudores debían emprender».

Su programa, con el frío lenguaje de los economistas imperiales, podía parecer bastante inocuo, pero en la práctica imponía a los países deudores una nueva forma de colonialismo. Las ventajas que los Estados deudores debían ofrecer a las empresas transnacionales basadas en Estados Unidos bajo el programa neoliberal iban mucho más allá de una simple política de recuperación de la deuda.

Las «diez áreas» del Consenso de Washington definido por Williamson obligaban a los gobiernos deudores a poner en práctica las siguientes reformas:

1. Garantías de disciplina presupuestaria, para acabar con el déficit.
2. Reducción del gasto público, particularmente de los gastos militares y de la Administración pública.
3. Reforma tributaria, destinada a la creación de un sistema con una amplia base y una recaudación eficaz.
4. Liberalización financiera, permitiendo que el mercado determinara los tipos de interés.
5. Tipos de cambio competitivos, para incentivar el crecimiento basado en las exportaciones.
6. Liberalización del comercio, con la abolición de las licencias a las importaciones y una reducción de los aranceles.
7. Supresión de trabas a la inversión extranjera directa.
8. Privatización de las empresas estatales, con el fin de mejorar su gestión y rendimiento.
9. Desregulación de la economía.
10. Protección de los derechos de propiedad.

Éste era el programa de reforma económica que el gobierno de Pérez se creyó obligado a imponer a Venezuela en febrero de 1989. El presidente, ideológicamente desarmado, aceptó sin rechistar la opinión prevaleciente. Rodeado de una multitud de jóvenes economistas formados en Estados Unidos y modelados por la disciplina de la escuela de Chicago, anunció su nuevo «paquete» económico dos semanas después de la ceremonia oficial de toma de posesión.

A las dos figuras principales de su gobierno, responsables del programa de reformas, los términos del Consenso de Washington les sonaban a gloria. Moisés Naím, ministro de Desarrollo, y Miguel Rodríguez, ministro de Planificación, eran jóvenes genios del Instituto de Tecnología de Massachusetts y de Yale. Estaban cortados por el mismo patrón que el checo Václav Klaus y el polaco Leszek Balcerowicz en Polonia, los economistas que constituyeron la punta de lanza del libre mercado en Europa oriental en la década de 1990.

Todos ellos se habían empapado a conciencia de las doctrinas neoliberales y estaban familiarizados con el mundillo de los equipos de reflexión académicos, las aulas universitarias y las instituciones financieras internacionales. Eran las tropas de choque del nuevo fundamentalismo económico, pero también compartían un mismo talón de Aquiles, una notable falta de conocimiento o comprensión de la esfera política en sus progres países. Como las recetas económicas a aplicar eran –para ellos–, evidentes, la política tendría que cuidar de sí misma.

Durante los últimos meses de la presidencia de Jaime Lusinchi, que duró de 1984 a 1989, todo el mundo en Caracas era consciente de la amenaza de una crisis económica, que llegó efectivamente en enero de 1989, y el último acto de Lusinchi como presidente fue la suspensión de pagos de la deuda externa. Tras veinte años de gastos majestuosos y corrupción sin límites, las reservas de divisas estaban a punto de agotarse. Tras esa decisión, la gente especulaba con la política que impulsaría el nuevo gobierno de Pérez cuando entrara en funciones en febrero. Se le recordaba como el hombre que estuvo al frente del Estado durante los días de la «Venezuela saudí» en los años setenta, cuando el país parecía asombrosamente rico. La población había votado por su regreso al palacio presidencial con la esperanza de que repitiera aquella experiencia por segunda vez.

Pérez mantuvo al país a la espera. Como presidente electo, pasó algunas semanas visitando los principales países de la OPEP –Arabia Saudí, Kuwait y Argelia–, sugiriendo quizá que planeaba reemprender la participación de Venezuela en la política internacional del petróleo. Cuando regresó por fin a Caracas había tomado una decisión. Había decidido, para sorpresa de muchos, adherirse a la política neoliberal de la época, que todavía no se había convertido en aquel momento en la nueva ortodoxia de los años noventa. Posiblemente no veía otra vía de escape.

Proyectaba una drástica revisión del papel y el tamaño del viejo Estado venezolano, tan presente en la economía y en la política durante el medio siglo anterior. Las empresas estatales serían privatizadas. El gobierno no trataría de seguir generando empleo y crecimiento económico mediante su propio impulso, sino que recurriría a la «acelerada expansión del sector privado». «Liberalizaría» los precios y los tipos de interés y aboliría los tipos de cambio variables.

Miguel Rodríguez era el principal autor de ese programa de ajuste estructural. Unos años después, ya fuera del gobierno, resumió orgullosamente en qué había consistido. Había seguido las instrucciones del Consenso de Washington hasta la última coma, elaborando un programa totalmente contrario a lo que la mayoría de los venezolanos esperaban o deseaban:

El programa tenía un diseño general. Incluía una reforma total del comercio, la eliminación de todas las restricciones comerciales y reducción de los aranceles a una estrecha banda; la eliminación de todos los controles de cambio y la adopción de una flotación libre de la moneda que permitiría un tipo de cambio compatible con el desarrollo de exportaciones no tradicionales; liberalización de precios; reestructuración del sector público con amplia descentralización y privatización de las empresas paraestatales; una reforma tributaria general; una nueva política para situar a un nivel eficiente los precios del sector público; la reestructuración del sector financiero, caracterizada por la liberalización, una competitividad acrecentada y el refuerzo del marco regulatorio; modernización de la legislación laboral, incluyendo la creación de fondos de pensiones y la reestructuración del sistema de seguridad social; eliminación de las restricciones a la inversión extranjera; reestructuración de la deuda externa; revisión de la política de financiación externa; y una nueva política social que eliminaría el sistema de subvenciones masivas y generalizadas (muchas de los cuales iban a parar a los ricos) en favor de subvenciones dirigidas a los sectores más pobres de la población.

Ésta fue la nueva estrategia económica emprendida en Venezuela en febrero de 1989, y para coronarla Pérez anunció con cierta satisfacción y alivio que su equipo económico había conseguido de Washington algo a cambio: un préstamo del FMI de 4.500 millones de dólares durante un periodo de tres años. En una época anterior y más feliz, cuando reclamaba el liderazgo del Tercer Mundo en los años setenta, Pérez había denunciado a los economistas del FMI como «genocidas en la nómina del totalitarismo económico». Ahora tenía que arrastrarse pidiendo dinero a una institución que había descrito en otro tiempo como «una bomba de neutrones económica» que «mataba a la gente pero dejaba en pie los edificios».

El *Caracazo* frenó sus ambiciosos planes. Durante el primer año no se privatizó ni una sola empresa estatal. Pérez firmó un decreto en favor de la privatización en agosto de 1989, pero el Congreso no se pudo poner de acuerdo en la definición de las «empresas básicas y estratégicas» que debían permanecer en el sector público. Muchos congresistas preferían demorar las reformas, pero Pérez no aprovechó el tiempo perdido para preparar al país para los cambios que se iban a producir. En 1990 estaba claro que, cualesquiera que fueran los contratiempos temporales del proceso, Venezuela iba a participar en la contrarrevolución global del pensamiento económico. La receta era la misma que en Praga o en Varsovia, aunque las condiciones locales podían ser bastante diferentes.

Cuando entrevisté aquel año a Miguel Rodríguez, lo encontré sentado en mangas de camisa bajo el obligatorio retrato de Bolívar y hablando por dos teléfonos a la vez. A los jóvenes economistas les puede faltar experiencia política, pero Rodríguez disfrutaba claramente del ejercicio del poder, desplegando su superioridad intelectual y su mordacidad hacia los zoquetes que le rodeaban.

Pensaba que era una desgracia que el país se hubiera acostumbrado al petróleo y la electricidad baratos, «vendidos al consumidor (en el caso de la electricidad) muy por debajo de los costes». Su programa de ajuste estructural, me dijo, iba a «conseguir un precio eficiente en el sector público en un periodo muy corto de tiempo». Creía –con el elegante desdén del tecnócrata– que había llegado el momento de ser duros. Cuando le mencioné el *Caracazo,* no le dio mayor importancia: «No es el hombre de la calle el que se queja del aumento de precio de la gasolina, son los políticos y dos o tres agitadores en las universidades e institutos. El pueblo entiende esas cosas».

Su principal preocupación era el lento ritmo con el que el gobierno estaba haciendo aprobar su programa en el Congreso. La demora privaba al gobierno de la iniciativa, según decía; permitía a la oposición reagruparse y que prevaleciera la inercia. Sabía que tanto él como Naím eran impopulares entre los caciques tradicionales de Acción Democrática, y la falta de apoyo político para su programa por parte del partido gobernante era un serio lastre al impulso de la reforma económica. Aquellos jóvenes turcos querían actuar más rápidamente, mientras que los jefes pedían precaución.

A largo plazo, la falta de prudencia política de los jóvenes turcos creó las condiciones para un golpe militar y provocó la caída de su presidente. La crisis política derivada de su programa económico tuvo dos consecuencias que nadie había considerado ni remotamente en un principio.

Espoleado por el horror del *Caracazo,* el teniente coronel Chávez redobló sus esfuerzos en la preparación de su Movimiento Bolivariano Revolucionario para la acción, y en febrero de 1992 se dispuso a hacer lo que el grupo dominante de Acción Democrática llevó a cabo un año después: derrocar al presidente.

Al cabo de tres años, antes de que concluyera el mandato presencial de Pérez, su partido decidió arrojarlo a los lobos. En 1993, Pérez fue acusado de corrupción, destituido por el Congreso y puesto bajo arresto domiciliario.

En febrero de 1996, cuando todavía estaba vigilado en su casa, volví a hablar con él. Había perdido los atributos del poder, pero desde su atalaya de El Hatillo, al sureste de Caracas, todavía daba la impresión de esperar el llamamiento del pueblo exigiendo su regreso.

«Venezuela sufre una tremenda crisis estructural», me dijo desde el otro lado de su enorme escritorio. «Una de las razones es que los partidos están en crisis, y llevan así desde hace algún tiempo. En Copei, la estructura del partido estaba en manos de un hombre —Rafael Caldera— que no podía permitir que nadie que no fuera él mismo optara a la presidencia.»

Pérez era igualmente crítico hacia su propio partido, Acción Democrática: «Desgraciadamente se trata de un partido dominado por el clientelismo y el aparato partidario. Fui excluido de él, pero sigo teniendo el apoyo de la gente que lo vota. De hecho es por eso por lo que sigo prisionero aquí, me mantienen aislado de forma que no tenga acceso a mi base política. Esas limitaciones a mi actividad son serias, ya que no puedo ejercer una influencia directa sobre los acontecimientos».

Pérez estaba acertado en cuanto a que Venezuela se hallaba en estado de crisis, aunque era incapaz de reconocer que él era en gran medida responsable de lo que había sucedido. El pueblo no pedía su regreso, sino su cabeza, y en febrero de 1992 estuvo a punto de perderla.

IX

EL DEBATE ENTRE LOS REVOLUCIONARIOS MILITARES Y CIVILES

El camino que lleva desde Barinas, la capital del estado natal de Chávez, a la ciudad universitaria de Mérida es uno de los más espectaculares de Latinoamérica, subiendo en zigzag desde el calor de las llanuras del Orinoco a la límpida atmósfera de los valles andinos por bosques y cascadas. Encontré un *por puesto* en la estación de autobuses de Barinas, y esperé a que se completara el pasaje. El *por puesto* es un taxi o pequeño autobús que no inicia el viaje hasta que se ocupan todos sus asientos. Poco después de partir, el motor del ómnibus se detuvo, y el conductor no pudo hacer nada por resucitarlo. Todos salimos a la carretera y permanecimos en pie junto a ella durante una hora o así hasta que llegó otro autobús para rescatarnos y llevarnos cordillera arriba atravesando las nubes por los puertos de montaña hasta Mérida.

Mérida es una ciudad andina, extendida en un amplio valle y rodeada por montañas verdes. No queda apenas nada de la vieja estructura colonial, pero todavía mantiene el encanto de una pequeña ciudad universitaria, donde la joven población estudiantil llena las calles por la mañana, al anochecer y a la hora de la comida. Es el corazón intelectual de Venezuela, un oasis de paz y calma tras la pesadilla urbana de Caracas. La gente viene aquí de vacaciones para cargar baterías, y los profesores de la Universidad de los Andes suelen quedarse aquí, considerando a Caracas algo peor que Babilonia.

Mérida siempre ha sido una ciudad de izquierdas y, tras el colapso de la guerrilla de los años sesenta, muchos antiguos guerrilleros vinieron a vivir aquí o cerca de la ciudad. Algunos de los supervivientes de la guerrilla se reagruparon en la década siguiente en el Movimiento al Socialismo (MAS), mientras que otros se unieron al Partido Revolucionario Venezolano (PRV), una organización creada por Douglas Bravo —el líder guerrillero del estado de Falcón—, tras su ruptura con el Partido Comunista en 1966. El PRV era una organización política legal y uno de sus miembros en la Universidad de Mérida era Adán Chávez, el hermano mayor del coronel, profesor en la facultad de Ciencias. A principios de los años ochenta, Adán Chávez pensó que podía resultar conveniente organizar un encuentro entre Douglas Bravo, su amigo revolucionario, y Hugo, su hermano revolucionario.

Bravo recuerda aquella reunión, que al parecer tuvo lugar en 1982 o 1983. «El movimiento que participó en esas discusiones iniciales con Chávez fue el PRV.» Bravo dice que habló con Chávez y «con otros oficiales» que participaban «en la estructura revolucionaria que estábamos preparando». Su propósito era construir «un movimiento cívico-militar, con el objetivo a largo plazo de preparar una insurgencia revolucionaria».

En una entrevista con Alberto Garrido, Bravo ofreció un informe bastante completo de lo que planeaban: «No preparábamos un levantamiento inmediato, todos estábamos de acuerdo en eso, tanto los militares como los civiles...». Ambas partes acordaron que, a menos de que se produjera algún acontecimiento político significativo en el país —algo que suscitara una «gran expectación en las masas populares»—, no sucedería nada hasta que los conspiradores militares dispusieran de mando de tropa. Esto no sucedería hasta 1992, cuando todos ellos estuvieran en torno a los cuarenta años.

El *Caracazo* de febrero de 1989 resultó ser el «acontecimiento decisivo» que habían estado esperando, aunque ni los civiles ni los militares estaban preparados cuando tuvo lugar.

Durante la crisis política y económica de la década de 1980, varios grupos civiles y militares habían mantenido contactos esporádicos. Un amplio espectro de grupos civiles hostiles al sistema político corrupto y atrofiado de Venezuela se sentía dichoso de poder contactar con oficiales subversivos de las fuerzas armadas.

El Movimiento Bolivariano Revolucionario de Chávez no era el único grupo politizado dentro de las fuerzas armadas en aquella época. Había también una célula subversiva en la Armada, de la que poco se ha hecho público, excepto que no estaba relacionada con el grupo dirigido por el almirante Hernán Grüber, que organizó el segundo golpe en 1992. También había un grupo en la Fuerza Aérea, alentado por el teniente William Izarra, un oficial revolucionario de tendencias trotskistas que había estudiado en Harvard.

A principios de los años ochenta, en la época en que Chávez estaba organizando su Movimiento Bolivariano Revolucionario en el Ejército, Izarra había formado una célula revolucionaria en las Fuerzas Aéreas llamada Alianza Revolucionaria de Militares Activos (ARMA). Al igual que Chávez, mantuvo reuniones con políticos civiles: con Teodoro Petkoff, del MAS, y con José Vicente Rangel, ambos candidatos presidenciales de la izquierda. De esas discusiones no salió nada concreto.

Izarra se unió más tarde a Chávez tras el golpe de 1992 y se encargó de las relaciones internacionales del Movimiento Quinta República (MVR) de Chávez. En noviembre de 1998 fue elegido senador, pero, tras algunos desacuerdos con Luis Miquilena en diciembre de 1998, se separó de Chávez, dimitiendo de su escaño en el Senado en mayo de 1999 para crear su propio partido, el Movimiento de Democracia Directa. Más tarde regresó al entorno de Chávez, y su hijo, Andrés Izarra, se ha convertido también en un protagonista importante del chavismo como ministro de Comunicación e Información y presidente de Telesur.

Chávez ha estado siempre convencido de la necesidad de que los civiles participen en su proyecto. Influido en los años setenta por la revolución militar en Perú, entendía bien, por su estudio de la historia, que el fracaso final del gobierno del general Velasco Alvarado fue consecuencia de la ausencia de participación de los civiles, que se había acabado convirtiendo en falta de apoyo popular. Tanto Chávez como el almirante Grüber creían que el apoyo civil era necesario para el éxito final de sus «intervenciones militares» y que desde un principio debían participar grupos políticos civiles bien seleccionados.

Chávez no limitó sus discusiones con los civiles revolucionarios hacia el grupo de Bravo. También estableció relaciones desde una fase muy temprana con los dirigentes políticos de La Causa Radical, una organización de izquierdas entonces activa en Caracas y en el estado de Bolívar, y se reunió con su fundador, Alfredo Maneiro, poco antes de su muerte en 1983. Maneiro era otro de los revolucionarios carismáticos surgidos de la lucha guerrillera de la década de 1960.

Los seguidores de La Causa R podrían cooperar con una rebelión militar, y Chávez tenía una idea de cómo aprovechar su apoyo. Se había interesado por la organización creada por el gobierno militar de izquierdas del general Torrijos en Panamá. Torrijos y después de él Manuel Noriega habían organizado una especie de grupo civil paramilitar, conocido como Batallón Dignidad, capaz de actuar en apoyo de los militares.

Chávez vio cómo se entrenaba ese batallón en Panamá y quedó impresionado por su capacidad para actuar como una unidad irregular, bloqueando carreteras y llevando a cabo otras tareas, junto con fuerzas insurreccionales más regulares. Abordó a los líderes de La Causa R con ese proyecto:

> Sugerimos durante años a esa gente que formaran «Batallones Dignidad», compuestos por civiles de los ranchitos y dirigidos por auténticos líderes de la comunidad. Les proporcionamos material sobre diferentes armas y les dimos clases sobre su uso, aunque no les pudimos proporcionar armas por razones obvias. Estábamos bajo constante vigilancia.

De esos contactos embrionarios de Chávez con La Causa R no salió apenas nada, y al parecer le dejaron con dudas sobre su capacidad para actuar. Chávez temía que algunos grupos izquierdistas esperaran simplemente que una alianza táctica con los militares les ayudara a llegar al poder, al tiempo que percibía que a otros les disgustaba en el fondo la idea de confiar en los militares para llevar a cabo la revolución.

Cualquier discusión entre civiles de izquierda y oficiales potencialmente revolucionarios planteaba cuestiones intranquilizadoras. Más importante que el papel que podrían desempeñar los civiles en el desarrollo de un golpe militar estaba la cuestión del tipo de participación que podían esperar en un futuro gobierno, y no se trataba de una discusión académica. Gran parte de la izquierda venezolana se había sentido históricamente traicionada por lo que había ocurrido tras el levantamiento cívico-militar organizado por el Frente Patriótico en 1958. Las esperanzas del pueblo se habían visto defraudadas. Muchos participaron luego en la guerra de guerrillas de los años sesenta para tratar de recuperar lo que creían que se les había estafado.

Tras el *Caracazo,* cuando Bravo reanudó sus contactos con Chávez, asegura que éste comenzó a alejarse de «los elementos revolucionarios» con los que había estado antes en contacto. Tras varios desacuerdos, la última reunión entre ambos tuvo lugar en octubre de 1991, cuatro meses antes del golpe de Chávez, e hicieron un último intento de atenuar sus diferencias. Según cuenta Bravo:

> Nos reunimos para hablar sobre los planes de un levantamiento [...]. Dijimos que antes de nada debía haber una acción civil, como la huelga general organizada por la Junta Patriótica el 23 de enero de 1958. La acción militar se produciría a continuación, lo que permitiría que la sociedad civil tuviera una participación activa en el movimiento revolucionario, pero eso era exactamente lo que Chávez no quería. ¡De ninguna manera! Chávez no quería que los civiles participaran como fuerza concreta. Quería que la sociedad civil aplaudiera, pero no que participara, que es algo muy diferente...

Bravo cuenta una historia bastante dolorosa de un incidente en aquel periodo:

> Se reunieron veinte o veinticinco guerrilleros y Chávez les planteó su plan de acción para un golpe militar. Aquel golpe no se parecía en absoluto a la idea que antes habíamos discutido de que la población civil participara activamente [...]. En consecuencia, cuando anunció su plan, uno de los presentes en la reunión dijo: «José María –ése era su nombre en la clandestinidad–, puedo ver todas las unidades militares que se movilizarán, de Maracaibo, de Valencia, de Carora, de Barquisimeto, de Yaracuy, de Maracay, de Caracas. ¿Pero dónde estamos el resto de nosotros, los civiles, cómo entramos en ese plan?». Chávez le respondió con firmeza: «Los civiles entrarán en acción después. Los convocaremos cuando estemos en el poder».

Bravo piensa que no era sólo una táctica por parte de Chávez: «era su posición política».

Tras romper relaciones con Bravo, Chávez siguió celebrando reuniones con otros viejos revolucionarios del PRV, en particular con Kléber

Ramírez, un antiguo guerrillero que se había convertido en asesor del coronel Arias Cárdenas. Ambos se habían educado en un seminario católico y tenían mucho en común. Ramírez desempeñó un papel en los preparativos del golpe de febrero de 1992, pero fue finalmente acusado, probablemente de forma injusta, de traicionar involuntariamente el plan anterior de llevar a cabo el golpe en diciembre de 1991.

Uno los problemas que presentaba la estrategia de permitir la participación civil en un golpe militar, aunque no percibido por Chávez en las primeras fases, era que los revolucionarios civiles raramente tenían el tipo de disciplina hermética asociada a las conspiraciones militares. Cuantos más civiles participaran en los planes del Movimiento Bolivariano Revolucionario, mayor era el riesgo de que se descubriera.

Chávez quedó finalmente bastante decepcionado de muchos de los viejos izquierdistas, y ellos de él. Más tarde reflexionó sobre el impacto adverso que la estrategia de guerrillas de los años sesenta había tenido sobre el desarrollo político del país:

> Uno de los efectos desdichados de la guerra de guerrillas en Venezuela fue el aislamiento de líderes políticos que de otro modo podrían haber contribuido al desarrollo de una mentalidad y perspectiva diferentes en el país. Muchos de ellos permanecieron en las montañas o se pasaron al campo opuesto. Creo que esto aisló y separó a toda una generación que podría haber creado nuevas corrientes políticas.
>
> Ha habido un enorme vacío de liderazgo en el movimiento obrero, entre los campesinos, en los ranchitos y en toda la sociedad. Dada esta situación histórica, tenemos que dedicarnos a transformar la conciencia colectiva mediante la acción. Tenemos que llenar el vacío, creando un nuevo liderazgo...

Este análisis, con su precisa descripción de gran parte de izquierda venezolana, no era muy diferente al de Alfredo Maneiro y La Causa R. Aunque Chávez no obtuvo mucho apoyo de los viejos dirigentes guerrilleros, sus opiniones indudablemente influyeron sobre su pensamiento.

X

La «intervención militar» de Chávez en febrero de 1992

En febrero de 1992 el teniente coronel Chávez se hallaba al mando de un regimiento paracaidista con base en Maracay, a unos ochenta kilómetros de Caracas. Durante la noche del lunes 3 al martes 4 cinco unidades del Ejército dirigidas por él se trasladaron por carretera a la capital. Su objetivo era detener al presidente Carlos Andrés Pérez y arrestar al alto mando de las Fuerzas Armadas. A partir de ese momento se daría la orden a los comandantes de las guarniciones en todo el país de obedecer los decretos del nuevo gobierno.

Una unidad atacó el ministerio de Defensa, otra avanzó hacia La Carlota, el aeropuerto militar dentro de la ciudad, mientras que una tercera se dirigió al palacio de Miraflores. El propio Chávez se dirigió al Museo Histórico, cerca del palacio, donde se habían hecho planes para instalar el equipo de comunicaciones. Desde allí dirigiría las operaciones en todo el país del plan que había preparado.

El presidente Pérez estaba fuera del país, pero los contactos dentro del palacio habían informado a los conspiradores que se esperaba que regresara aquel mismo día, llegando al aeropuerto de Maiquetía, cerca del puerto de La Guaira. Según explicó más tarde Chávez a Agustín Blanco Muñoz, «la idea era detener a Pérez en el aeropuerto y llevarlo por carretera al Museo Histórico; nuestros chicos habían organizado un comando en el aeropuerto que lo habría capturado, pero no consiguieron entrar, porque había sido puesto bajo vigilancia desde mediodía».

La conspiración había sido en realidad traicionada el día anterior, aunque las autoridades no conocían los detalles de la rebelión ni sus dimensiones. El general Fernando Ochoa Antich, ministro de Defensa, conocedor de que algo estaba en marcha, fue en persona a encontrarse con el presidente Pérez en Maiquetía, organizando una pequeña fuerza formada por guardias nacionales y marines que debía movilizarse allí.

«El segundo intento –proseguía Chávez– consistía en bloquear el túnel de la autovía con un automóvil incendiado; pero había demasiados guardias y nuestras fuerzas eran insuficientes. Otro de nuestros planes consistía en apresarlo en La Casona, donde hubo un serio ataque, pero las fuerzas de la DISIP contraatacaron. Pérez llegó allí, pero pocos minutos antes de que fuera rodeado escapó al palacio de Miraflores. Cuando llegó allí nuestros tanques atacaron, pero escapó por una entrada no vigilada.»

Chávez y los principales conspiradores de su Movimiento Bolivariano Revolucionario pensaron siempre que 1992 sería el momento más adecuado para un golpe de Estado. Como esperaban, todos ellos habían sido promovidos al mando de tropa en 1991. Como se ha mencionado antes, Chávez se hizo cargo del regimiento paracaidista en agosto de 1991; Jesús Urdaneta y Joel Acosta Chirinos recibieron el mando de sus respectivos regimientos una semana antes. A Francisco Arias Cárdenas, que trabajaba en inteligencia y había conseguido mantener siempre un bajo perfil conspirativo, se le había conferido un regimiento de artillería en Maracaibo el año anterior.

Chávez se dio cuenta de que las autoridades militares conocían parte de sus actividades, aunque no su amplitud. Como se ha mencionado en el capítulo VII, en diciembre de 1989 él y otros oficiales habían sido convocados ante un consejo de generales que creían que estaba organizando un golpe, pero había escapado indemne. Ahora sabía que debía actuar rápidamente. Su plan inicial era desencadenar el golpe en diciembre de 1991, pero al parecer los detalles fueron traicionados, posiblemente por sus colaboradores civiles.

En febrero de 1992, la estrategia acordada era avanzar sobre Caracas y capturar al presidente y a los principales generales. Si los conspiradores no conseguían detener al presidente, su movimiento insurreccional habría muerto al nacer. Chávez sabía que aproximadamente el 10 por 100 de las fuerzas armadas estarían claramente de su parte, pero si el presidente Pérez no era capturado en las primeras horas y permanecía libre para dar órdenes a los cuarenta comandantes de batallones que probablemente le serían leales, el gobierno ganaría inevitablemente.

«Estábamos alerta desde el jueves 30 de enero», prosigue el informe de Chávez. El domingo se había realizado una reunión final, en una gasolinera de la autopista panamericana, con los conspiradores bolivarianos de la Fuerza Aérea Francisco Visconti Osorio y Luis Reyes Reyes.

> Recuerdo que el domingo 2 de febrero, casi a medianoche, nuestra gente en el palacio de Miraflores me llamó y me dijo, en lenguaje codificado, la fecha y hora del regreso de Pérez. Ése fue el momento en que comenzamos a activar la operación, y el lunes nos despertamos y comenzamos a poner a la gente en movimiento.

Chávez dijo adiós a sus hijos y a su mujer, dejándole un cheque y dinero en efectivo que había sacado de su cuenta bancaria en Maracay.

Por la tarde del lunes 3 de febrero los conspiradores tenían el control de los cuarteles de Maracay, Maracaibo y otras ciudades, un preliminar esencial para el avance hacia Caracas. Pero un intercambio de mensajes telefónicos con otras bases militares, con un código muy simple, reveló que no todo iba bien:

—No puedo hacerlo.

—El partido es hoy, enviadme el whisky.

—No, no podemos enviar el whisky, no hemos conseguido el dinero.

—Okey, no me enviéis nada.

Los conspiradores no percibieron en aquel momento que ya habían sido traicionados. Aquel mismo lunes, a mediodía, un capitán de la Academia Militar de Caracas, a quien Chávez había encargado detener a sus superiores, decidió contar al director lo que estaba en marcha. El alto mando militar sabía ahora que se enfrentaba a un intento de golpe, pero no de dónde provendría. Tenían sólo veinticuatro horas para descubrirlo y recuperar el control sobre el país.

A las ocho de la tarde, la columna de soldados de Chávez subió a una flotilla de autobuses alquilados y emprendieron el viaje hacia Caracas desde Maracay. El propio Chávez llegó a la posición que había previsto en el Museo Histórico a la una de la madrugada. Esperaba dirigir las operaciones desde dentro del museo, pero se encontró con una desagradable sorpresa. Sus tropas fueron recibidas con fuego de ametralladora. Por primera vez se vio obligado a reconocer que sus planes habían sido traicionados. Mediante una hábil estratagema consiguió entrar en el museo, convenciendo al coronel al mando de que sus hombres llegaban para reforzar la posición, pero cuando entró se encontró con que el equipo de comunicaciones que esperaba usar no estaba disponible. Sin contacto con las unidades rebeldes del resto del país, se veía solo y acorralado.

En otros lugares de la capital, un grupo de soldados había atacado el palacio presidencial, pero fueron incapaces de tomarlo. La situación de los conspiradores era ahora crítica y se iba deteriorando. Los refuerzos quedaron bloqueados en los alrededores de Caracas, los generales de la Fuerza Aérea que formaban parte de la conspiración decidieron que era demasiado arriesgado permitir que sus aviones despegaran, y un grupo civil que se suponía que debía tomar las emisoras de radio televisión no lo hizo. Los conspiradores afrontaban un desastre total.

Tras el golpe se debatió mucho entre las filas de los conspiradores militares sobre el papel de sus apoyos civiles. En Valencia, al parecer, los civiles que apoyaban el golpe llegaron al cuartel y les dieron armas y vehículos; contribuyeron a tomar la ciudad. En Caracas y Maracaibo esto no sucedió. Según Chávez:

> Los civiles no aparecieron. Yo tenía un camión cerca de Miraflores lleno de fusiles para entregárselos. Aunque es cierto que no controlamos los medios de comunicación y que no fuimos capaces de obtener el apoyo popular, también es cierto que había gente que sabía que aquélla era la noche de la operación, gente que conocía la contraseña, «Páez, Patria», para pedir armas, pero no aparecieron. No somos los únicos a los que culpar. Había gente que sabía que la operación estaba en marcha, y que simplemente no apareció.

A primera hora de la mañana del 4 de febrero, el presidente Pérez apareció en la televisión y anunció a una nación asombrada que se había producido una rebelión militar en Maracay y que estaba siendo aplastada. Al verlo, Chávez se dio cuenta de que su golpe había fracasado. A las 9 de la mañana decidió rendirse.

En aquel momento sucedió algo extraordinario. Para evitar derramamiento de sangre, Chávez pidió que se le permitiera hablar en televisión de forma que los coroneles que se habían apoderado de los cuarteles y ciudades en otras partes del país también pudieran rendirse pacíficamente. Algunos oficiales, como Arias Cárdenas en Maracaibo, mantenían todavía el control de sus regiones, pero dado que el golpe había fracasado en Caracas, no había ninguna probabilidad de éxito en el país.

La aparición de Chávez en televisión no duró más que un minuto. Su resultado inesperado fue convertirlo, de un teniente coronel prácticamente desconocido, en una figura nacional. Un minuto de emisión, en un momento de desastre personal, lo convirtió en alguien que se percibió como salvador potencial del país.

Sus palabras iban dirigidas principalmente al Regimiento Paracaidista de Aragua y a la Brigada de Tanques de Valencia. Esas dos fuerzas habían ocupado con éxito sus ciudades, y no mostraban signos de desear rendirse. Chávez entendió que si no lo hacían, habría un baño de sangre. Habló con confianza y espontáneamente, sin notas:

> Primero que nada, quiero dar los buenos días a todo el pueblo de Venezuela, y este mensaje bolivariano va dirigido a los valientes soldados que se encuentran en el Regimiento de Paracaidistas de Aragua y en la Brigada Blindada de Valencia.
>
> Compañeros, lamentablemente, por ahora, los objetivos que nos planteamos no fueron logrados en la ciudad capital. Es decir, nosotros acá en Caracas no logramos controlar el poder. Ustedes lo hicieron muy bien por allá, pero ya es tiempo de evitar más derramamiento de sangre. Ya es tiempo de reflexionar, y vendrán nuevas situaciones, y el país tiene que enrumbarse definitivamente hacia un destino mejor. Así que oigan mi palabra, oigan al comandante Chávez, quien les lanza este mensaje para que, por favor, reflexionen y depongan las armas, porque ya en verdad los objetivos que nos hemos trazado a nivel nacional es imposible que los logremos. Compañeros, oigan este mensaje solidario. Les agradezco su lealtad, les agradezco su valentía, su desprendimiento, y yo, ante el país y ante ustedes, asumo la responsabilidad de este movimiento militar bolivariano. Muchas gracias.

Dos frases de aquella corta emisión produjeron un notable impacto. Nadie en Venezuela había oído a un político pedir perdón por nada antes. Pese a los fracasos políticos y económicos en los años recientes —la devaluación de la moneda, las quiebras de los bancos, los juicios por corrupción, el declive económico—, nadie en una situación de poder había dicho nunca «lo siento», ni había expresado una autocrítica. Y ahora veían ante sí a un militar diciendo que aceptaba la responsabilidad por algo que había funcionado mal. Esto era algo totalmente nuevo.

La otra expresión que quedó grabada en la imaginación popular fue «por ahora». Como se ha mencionado antes, la mayoría de la gente lo entendió como una señal de que Chávez regresaría a la lucha al cabo de algún tiempo. Su proyecto revolucionario de derrocar al gobierno había sido desbaratado, pero resucitaría. El propio Chávez recuerda que las palabras que pronunció fueron simplemente las primeras que le vinieron a la mente; no tenía ningún otro motivo para decir «por ahora». Años después, esa frase fue su signo distintivo, como una promesa implícita de que regresaría.

El golpe había fracasado y los conspiradores se vieron entre rejas, pero el país había cambiado espectacularmente: la institución antes monolítica de las Fuerzas Armadas estaba ahora seriamente dividida, y la gran masa de la población se alineaba unánimemente tras el dirigente del golpe.

Los políticos tuvieron que ajustar su discurso a esa nueva realidad. El antiguo presidente real Rafael Caldera, en una sesión de emergencia del Congreso celebrada inmediatamente después del golpe, pronunció un enérgico discurso que estuvo a unos centímetros de respaldarlo. Sus palabras fueron entendidas así por la población. Fue reelegido presidente dos años después, en diciembre de 1993, probablemente porque mucha gente pensó que era la única figura política importante que había entendido el estado de ánimo del país.

En su discurso, Caldera hizo responsable de la división en las Fuerzas Armadas al presidente Pérez y a su programa económico neoliberal. Hizo varias afirmaciones rotundas:

Debemos reconocerlo, nos duele profundamente pero es la verdad: no hemos sentido en la clase popular, en el conjunto de venezolanos no políticos y hasta en los militantes de partidos políticos ese fervor, esa reacción entusiasta, inmediata, decidida, abnegada, dispuesta a todo frente a la amenaza contra el orden constitucional. Y esto nos obliga a profundizar en la situación y en sus causas. En estos momentos debemos darle una respuesta al pueblo y tengo la convicción de que no es la repetición de los mismos discursos que hace treinta años se pronunciaban cada vez que ocurría algún levantamiento y que vemos desfilar por las cámaras de la televisión, lo que responde a la inquietud, el sentimiento, a la preocupación popular. El país está esperando otro mensaje.

Yo quisiera decirle desde esta tribuna con toda responsabilidad al señor presidente de la república que de él principalmente, aunque de todos también, depende la responsabilidad de afrontar de inmediato las rectificaciones profundas que el país está reclamando.

Es difícil pedirle al pueblo que se inmole por la libertad y por la democracia, cuando piensa que la libertad y la democracia no son capaces de darle de comer y de impedir el alza exorbitante en los costos de la subsistencia, cuando no ha sido capaz de poner un coto definitivo al morbo terrible de la corrupción, que a los ojos de todo el mundo está consumiendo todos los días la institucionalidad. Esta situación no se puede ocultar.

El golpe militar es censurable y condenable en toda forma, pero sería ingenuo pensar que se trata solamente de una aventura de unos cuantos ambiciosos que por su cuenta se lanzaron precipitadamente y sin darse cuenta de aquello en que se estaban metiendo. Hay un entorno, hay un mar de fondo, hay una situación grave en el país y si esa situación no se enfrenta, el destino nos reserva muchas y muy graves preocupaciones.

Caldera no estaba solo en ese discurso, que fue entendido como un mensaje codificado de apoyo al golpe. Fue seguido por otro de Aristóbulo Istúriz, antiguo dirigente del Sindicato de Maestros y congresista por La Causa R. Como Caldera, Istúriz fue premiado por el electorado por su franqueza: en 1993 fue elegido alcalde del municipio Libertador de Caracas, y más tarde, en 1999, vicepresidente de la Asamblea Constituyente, como miembro del Polo Patriótico que apoyaba a Chávez. Actualmente es ministro de Educación y Deportes.

Durante el golpe murieron catorce soldados y cincuenta fueron heridos; también resultaron heridos unos ochenta civiles atrapados en el fuego cruzado. Más de un millar de soldados fueron inmediatamente detenidos.

Durante algunos meses hubo un gran debate sobre el papel del ministro de Defensa, el general Ochoa Antich. Chávez lo conocía desde hacía muchos años y hubo sospechas de que tenía algo que ver con el golpe. Aunque nunca se demostraron, algunos creían que se había movido con mucha lentitud contra oficiales que se sabía que estaban conspirando. En el incestuoso mundo de la elite política venezolana era bien conocido que su hermano Enrique era un hombre de izquierdas, destacado miembro y más tarde secretario general del MAS, que apoyó con todas sus fuerzas la campaña presidencial de Chávez en 1998. El general Ochoa, un hombre decente pero incompetente, fue transferido del Ministerio de Defensa al de Asuntos Exteriores, y finalmente enviado a México como embajador. Pero en febrero de 1992 cayó sobre sus hombros la tarea de investigar el estado de opinión en las fuerzas armadas. ¿Por qué había estado tan cerca de triunfar el golpe? ¿Qué se podía hacer para evitar que hubiera otro?

XI

El fallido golpe de Estado del almirante Grüber en noviembre de 1992

Con el teniente coronel Chávez entre rejas tras su «intervención militar» de febrero de 1992, el nuevo intento de golpe a finales de ese mismo año pareció casi como una coda del anterior, aunque fue considerablemente más violento. El 27 de noviembre se realizó un segundo intento de capturar al presidente Pérez y el palacio de Miraflores fue bombardeado desde el aire. Se produjeron duros combates, tanto en Caracas como en Maracay, y resultaron muertas más de ciento setenta personas.

El principal organizador del golpe fue el almirante Hernán Grüber Odremán, secundado por el general de la fuerza aérea Francisco Visconti Osorio, miembro de la conspiración bolivariana de Chávez cuyos planes no habían llegado a ponerse en práctica en febrero. Ambos hombres iban a desempeñar luego un papel político relevante en el gobierno de Chávez de 1999, Grüber como gobernador de Caracas y Visconti como miembro de la Asamblea Constituyente.

El almirante Grüber no era rebelde por naturaleza. Nacido en Upata en 1940, provenía de una familia inmigrante alemana establecida desde hacía mucho tiempo en el país, que cultivaba en el estado de Bolívar unas tierras que habían sido propiedad en otro tiempo de los misioneros franciscanos del Caroní. Se incorporó a la Armada en 1958, mientras que su hermano Roberto lo hacía al Ejército de Tierra, en el que alcanzó al grado de general. Grüber participó en la supresión de las guerrillas de izquierda en los estados de Lara y Anzoátegui en los años sesenta, y más tarde fue nombrado para ocupar puestos de importancia en zonas fronterizas, en particular en Puerto Páez, junto a la frontera con Colombia.

Tras el golpe de febrero, tanto en el gobierno como en las fuerzas armadas se habían mantenido largas discusiones sobre lo que podía suceder a continuación. ¿Quién estaba tras la conspiración? ¿Hasta dónde se había extendido? ¿Qué medidas se podían tomar para impedir el contagio?

En marzo, el ministro de Defensa, el general Ochoa, convocó al almirante Grüber para mantener una discusión privada. Se les unió otro alto oficial de la Armada, el almirante Luis Enrique Cabrera Aguirre. Uno de los temas a tratar era el persistente mar de fondo de descontento entre los militares. Un agravio particular, de gran importancia, era la forma en que se había ascendido rápidamente a determinados oficiales según el antojo de los políticos civiles, sin atender a los procedimientos establecidos.

Grüber escribió una versión de aquella reunión, claramente destinada a ganar simpatías para su causa, pero que proporciona un escalofriante informe de la insatisfacción en las Fuerzas Armadas y evidencia hasta qué punto los oficiales de alta graduación estaban dispuestos a comunicar sus preocupaciones a sus titubeantes dirigentes políticos.

El general Ochoa les dijo a los dos almirantes que estaba preocupado por la situación en las Fuerzas Armadas. Le parecía que era «todavía muy delicada». Había oído «informes de un serio descontento entre los oficiales más jóvenes e intermedios», según dijo, y quería saber la opinión de los dos almirantes al respecto.

El almirante Cabrera respondió: «Mire, debe usted entender que los mandos han perdido toda credibilidad y confianza. Es así de simple. Los subordinados ya no creen en sus generales y coroneles».

—¿Cómo puede estar usted tan seguro? –preguntó Ochoa–. ¿Los pone usted a todos en el mismo campo?

—De unos generales y coroneles ascendidos como premio por llevar las carteras de algún senador, ¿qué puede usted esperar? –respondió Cabrera.

—En tal caso, ¿qué se puede hacer? –preguntó Ochoa, dirigiéndose ahora a Grüber.

—¿De verdad quiere que se lo diga? –respondió Grüber concisamente (así es como él mismo lo cuenta)–. Habría que pedir a todo el alto mando que dimitiera. Deberían pasar inmediatamente al retiro, y ser sustituidos por oficiales con auténticas cualidades militares.

—Pero eso llevaría al caos... –objetó Ochoa.

—Mire –prosiguió Grüber–, el caos empeorará a medida que se acumule el descontento entre los militares. ¿Cómo es posible que en la Unión Soviética hayan destituido al ministro de Defensa y otros mandos cuando un joven piloto alemán aterrizó con su pequeño aeroplano en la Plaza Roja de Moscú, mientras que en Venezuela el mando supremo del Ejército se mantiene en su puesto después de que la mitad de sus fuerzas han participado en una rebelión, y todo el mundo pretende pretende que parezca que no ha pasado nada?

Era una buena pregunta, pero el general Ochoa no tomó ninguna medida. No podía destituir al alto mando, ni castigar a los oficiales jóvenes que claramente estaban planeando otro golpe. Como un conejo hipnotizado por los faros de un automóvil, todo el gobierno estaba paralizado, incapaz de actuar.

Ochoa consiguió poner en marcha la elaboración de un informe académico sobre la situación en las Fuerzas Armadas, porque quería tener una clara panorámica de las dimensiones del descontento. Se confió al almirante Cabrera esa importante tarea, para la que contaría con el apoyo de un equipo de investigadores universitarios. Entrevistaron a gran número de políticos y generales, tanto en el retiro como en el servicio activo, y también enviaron cuestionarios a cinco mil militares destinados en las más importantes guarniciones del país, en Aragua, Táchira, Zulia, Monagas y Caracas.

Ese informe, firmado por Cabrera, estaba concluido a mediados de julio. Revelaba la existencia de cinco serios motivos de queja sobre el estado de las Fuerzas Armadas y de la nación, y adjuntaba varios comentarios y recomendaciones. Algunas de las quejas se referían a las condiciones del servicio: la escasa dotación de los servicios sanitarios en las Fuerzas Armadas, la ineficacia del sistema de seguridad social y el inadecuado sistema de ascensos y compensaciones por la pérdida de antigüedad. Otras quejas que indicaban un descontento más general (y por tanto menos remediables) eran la falta de liderazgo y la corrupción, tanto entre los políticos como entre los militares, que había llegado hasta las más altas esferas del país.

El jefe del Alto Estado Mayor, el general Iván Jiménez Sánchez, recibió el informe y tomó nota de él. Incluso prometió que crearía una comisión para asegurar la puesta en práctica de sus recomendaciones. Inevitablemente, quizá, dada la parálisis política del país, el informe quedó guardado en un cajón.

En agosto, sin garantías de que se llevara a cabo ninguna reforma a raíz del golpe de febrero, y dado que no parecía que se prestara atención al informe de julio, el grupo del almirante Grüber comenzó a planear un nuevo golpe, en cuya preparación participaron el almirante Cabrera, Visconti, de la Fuerza Aérea, y varios contactos civiles, principalmente de La Causa R. El grupo de Grüber también contaba con apoyo de miembros del Movimiento Bolivariano Revolucionario de Chávez, dirigidos por éste desde su celda en la prisión de Yare. El grupo se denominó «Movimiento 5 de julio», en homenaje a la fiesta nacional de Venezuela y a la lucha por la independencia.

Al parecer dedicaron más tiempo a planear lo que debían hacer si triunfaba su golpe que a planificar de forma más eficaz la nueva sublevación. El plan político inicial consistía en la formación de un Consejo de Estado compuesto por civiles y militares, con un civil como presidente, que se mantendría durante un año, poco más o menos, tratando de poner orden en el país. Su modelo era el de la Junta Patriótica de 1958, aunque también tuvieron en cuenta lo que sucedió con ocasión del golpe de Rómulo Betancourt contra el general Medina Angarita el 18 de octubre de 1945, cuando se instaló una «Junta Revolucionaria» en el palacio de Miraflores.

Sus planes tuvieron que sufrir innumerables retrasos y varios de los conspiradores perdieron su entusiasmo a medida que pasaban las semanas. En diciembre debían tener lugar las elecciones para gobernadores y alcaldes y los conspiradores se dieron cuenta de que sus acciones podrían ser mal entendidas si el golpe tenía lugar durante o después de ese acontecimiento. Decidieron que debían actuar rápidamente, en noviembre. El almirante Grüber, cuyo seudónimo era «Julio César», describe en sus memorias cómo se tomó la decisión «de cruzar el Rubicón».

El 25 de noviembre dio los últimos toques a sus preparativos, grabando un vídeo con el discurso que planeaba difundir a la nación el día del golpe. Practicó ante las cámaras y los técnicos parecieron satisfechos con el resultado.

Dos días después, en la madrugada del 27 de noviembre, llegó a su cuartel general para ponerse al frente de lo que esperaba que fuera un golpe bien organizado; pero como en el caso del golpe de Chávez, hubo varios errores y omisiones serias y destacados participantes no cumplieron sus promesas. Lo peor de todo fue el fracaso del equipo de comunicaciones. Como Chávez antes que él, Grüber no consiguió mantener el contacto con los oficiales de otras zonas del país. También él estaba destinado a quedar aislado y fuera de juego.

Pero hubo una diferencia. Esta vez los conspiradores consiguieron apoderarse de una emisora de televisión y Grüber puso sus esperanzadas en un levantamiento civil. Si aparecía su vídeo en las pantallas de televisión en todo el país, pidiendo el apoyo para su programa de reconstrucción nacional, imaginaba que las masas se levantarían y apoyarían su rebelión.

Pero volvió a ser un desastre, y nadie parece saber exactamente cómo sucedió. En lugar de la grabación del almirante anunciando un golpe de Estado y pidiendo apoyo popular, en las pantallas de televisión aparecieron imágenes borrosas y enmarañadas de hombres enmascarados volcados en saqueos que recordaban los del *Caracazo;* se podían oír ocasionales fragmentos retóricos en la voz del teniente coronel Chávez.

Quizás alguien confundió deliberada o involuntariamente los vídeos, o el operador eligió uno equivocado en el momento de introducirlo en su aparato reproductor. Nadie pidió luego responsabilidades por lo que había ido mal. Los televidentes que se disponían a acudir al trabajo no sabían si reír o llorar. Evidentemente no tenían intención de salir a las calles para apoyar una revolución organizada de forma tan incompetente.

Más avanzada la mañana, como había sucedido en febrero, el presidente Pérez apareció en la pantalla para anunciar que todo iba bien y a mediodía el almirante Grüber se rindió. En aquel momento, un avión de las Fuerzas Aéreas pasó sobre Caracas rompiendo la barrera del sonido. El vídeo de Grüber, que nunca se mostró, mencionaba ese momento como señal para que el pueblo tomara las calles, pero nadie se movió. El general Visconti embarcó prudentemente a sus conspiradores de las Fuerzas Aéreas en un avión de transporte Hércules y cruzó Colombia para buscar refugio en Perú. En las prisiones de Yare y de San Carlos un nuevo grupo de conspiradores militares fracasados se unió al coronel Chávez tras las rejas.

XII

El Frente Patriótico de revolucionarios civiles

El teniente coronel Chávez y el almirante Grüber no actuaron solos. Los planificadores de los dos intentos de golpe de 1992 habían previsto un cambio revolucionario de gobierno efectuado por soldados que actuarían de consuno con grupos civiles. Contaban esencialmente con las fuerzas de la izquierda venezolana y con su larga tradición de participación en la subversión militar. La mayoría de los los intentos de golpe durante el medio siglo anterior, en particular el de 1944 (contra Medina Angarita), el de 1958 (contra Pérez Jiménez) y el de 1962 (contra Rómulo Betancourt), habían contado con la participación de civiles.

A raíz del *Caracazo* de febrero de 1999, un grupo de activistas civiles deseosos de aprovechar la explosión popular intentó renovar esa tradición. Se unieron para formar un nuevo frente patriótico, un instrumento político que brota de cuando en cuando en la historia venezolana cuando la gente de buena voluntad de todo el espectro político se une para tratar de cambiar el curso de los acontecimientos en tiempos turbulentos. En 1958 el Frente Patriótico desempeñó un importante papel en la caída de Pérez Jiménez, y en un pasado más distante, en los tiempos de Ezequiel Zamora a mediados del siglo XIX, también se creó un frente similar.

A la elite venezolana le gusta imaginar su país como «una democracia», pero esa democracia es relativamente reciente. En Venezuela han gobernado mucho tiempo dictadores militares durante la primera mitad del siglo XX, así como durante gran parte del XIX. Con esa historia detrás no puede sorprendernos que los políticos trataran de implicar a militares en sus planes, y la izquierda no ha sido una excepción a esa regla. «Los venezolanos están tan acostumbrados a convertir al ejército en árbitro de sus discrepancias políticas —escribía Rafael Caldera en la década de 1970—, que en cualquier momento los grupos más variados, y para los fines más diversos, intentan implicarlo en nuevas aventuras para cambiar nuestra realidad política.»

Durante la Segunda Guerra Mundial el gobierno del general Isaías Medina Angarita disfrutó del apoyo del Partido Comunista, y el golpe militar que derrocó su gobierno en 1944 fue organizado por los políticos civiles de Acción Democrática, incluido Rómulo Betancourt, y como subordinado, en un papel menor, Carlos Andrés Pérez. En 1958 el gobierno militar fue derrocado por el Frente Patriótico de la época, un grupo de izquierda que conspiraba con secciones del Ejército. La izquierda otorgó después su apoyo a la campaña presidencial de almirante Wolfgang Larrazábal. Finalmente, en 1962, durante la campaña de las guerrillas izquierdistas contra el régimen de Betancourt, hubo civiles de izquierdas estrechamente relacionados con las dos rebeliones militares de Carúpano y Puerto Cabello.

El nuevo Frente Patriótico que se constituyó tras el fracaso de 1989 estaba presidido por Luis Miquilena, secretario general del Sindicato de Autobuseros en los años cuarenta y uno de los grandes supervivientes de la izquierda venezolana. Se convirtió en el principal asesor político del teniente coronel Chávez, y en 1999, con ochenta años, en presidente de la Asamblea Constituyente. Finalmente, se alejó de Chávez a finales de 2001.

Los participantes en el Frente Patriótico estaban todos ellos interesados en la creación de una alianza política entre civiles y militares, y gran parte del debate interno surgido en Venezuela desde la entrada en funciones del gobierno de Chávez tiene que ver con el legado de esa relación. Frente a la crítica de que su gobierno debe su origen a un golpe militar fracasado, aunque tuviera lugar varios años antes de ser elegido presidente, Chávez recuerda a menudo que el gobierno progresista del general Medina Angarita, por el que siente cierto afecto, fue derrocado por un golpe organizado por Betancourt y Acción Democrática, un agrupamiento político por el que siempre ha sentido un desprecio apenas disimulado. Betancourt, por supuesto, es recordado cariñosamente por sus seguidores como «el padre de la democracia venezolana», pero su llegada al poder se produjo mediante un golpe militar.

Luis Miquilena es un testimonio viviente de las discusiones de aquella época. «Hubo cierto proceso de desarrollo político en Venezuela —recuerda—, que comenzó con la sustitución del dictador Juan Vicente Gómez por el general López Contreras; más tarde, avanzó considerablemente con Medina Angarita, que fue quien abrió las puertas a la democracia.»

El general Medina gobernó Venezuela durante los años del *boom* de la Segunda Guerra Mundial, cuando las potencias aliadas deseaban asegurar su abastecimiento de petróleo venezolano. Obtuvo importantes concesiones de las compañías petroleras y contó con el apoyo del Partido Comunista. Parte de la izquierda conserva todavía un recuerdo positivo de su gobierno, pero aquella política relativamente progresista no fue apoyada por los trabajadores del petróleo, cuyos derechos sindicales fueron restringidos a fin de asegurar que las huelgas no interfirieran con la producción durante la guerra. Acción Democrática, que defendía los derechos de esos trabajadores, se convirtió pronto en la fuerza política dominante en los campos petrolíferos. Temiendo que los comunistas pudieran hacer causa común con el sucesor designado por Medina Angarita, Betancourt y Acción Democrática optaron por un golpe en octubre de 1944.

Miquilena, a quien le gusta describirse a sí mismo como «un combatiente por los derechos sociales que participó activamente en la lucha sindical», adoptó una actitud benigna hacia Medina Angarita, aunque, a diferencia de los comunistas ortodoxos de la época, no apoyó activamente su gobierno. Pero cuando éste se vio amenazado, sí se mostró activamente hostil al levantamiento militar contra él: «Yo desempeñé mi parte en el apoyo a Medina, contra el levantamiento de Acción Democrática, para tratar de evitar que triunfara aquella acción militar».

Medina Angarita fue derrocado, pero, como señala Miquilena, el golpe no llegó a ser un triunfo total para sus organizadores. Betancourt y Acción Democrática (y su presidente, Rómulo Gallegos) gozaron de los frutos de su golpe durante un breve intervalo de tres años, de 1945 a 1948, pero su gobierno fue a su vez derrocado en 1948 por Pérez Jiménez, quien gobernó durante una década. «Acción Democrática tuvo que sufrir las desastrosas consecuencias del golpe bajo una dictadura que duró diez años y que denegó todas las libertades civiles.»

Estos desvíos a las oscuridades del pasado son casi inevitables para entender la historia actual. La trayectoria de Miquilena, un político con una larga historia de oposición, es particularmente ilustrativa, porque aunque acabó desilusionado fue él quien ayudó a resucitar la tradición del nacionalismo socialista que late en el corazón del proyecto de Chávez. En 1945, cuando todavía era un líder sindical, Miquilena formó parte de un grupo comunista antiestalinista conocido como *Los Machamiquis,* en un momento, al final de la guerra, en que el Partido Comunista ortodoxo había unido sus fuerzas a las de Medina Angarita bajo la presión de los comunistas estadounidenses dirigidos por Earl Browder (y del aliado de Estados Unidos en Moscú, Iosif Stalin). Moscú no quería que se desarrollaran actividades que pudieran molestar a su aliado occidental.

Miquilena y los hermanos Machado (de ahí el nombre de *Los Machamiquis*), Gustavo y Eduardo, ambos comunistas, se opusieron a esa política del PCV. Pensaban que la política de la clase obrera venezolana se debía elaborar en Venezuela, no en Moscú, y menos todavía en Estados Unidos. Miquilena contribuyó a crear un nuevo Partido Comunista antiestalinista en 1946, el Partido Comunista Venezolano Unitario, conocido en la época como «los negros», porque al distribuir los colores electorales (algo esencial en una población en gran medida analfabeta), el Partido Comunista ortodoxo se había quedado con el color rojo.

El principal organizador de «los negros» e impulsor del nacionalismo socialista en Venezuela fue Salvador de la Plaza, un profesor de historia de la Universidad Central de Caracas (murió en 1970 a la edad de setenta y cuatro años). Esta olvidada figura, conocida por los estudiantes como «el monje rojo», fue uno de los autores intelectuales del proyecto de Hugo Chávez. De hecho, resulta imposible entender las raíces históricas del éxito de Chávez sin referirse al poderoso comunismo antiestalinista de la Plaza y Miquilena, que iba a influir sobre importantes sectores de la izquierda venezolana en los años posteriores a la década de 1940. Miquilena fue el portavoz más destacado de esa tradición, aunque alcanzó a muchos otros participantes en el Frente Patriótico de 1989.

Además de Miquilena, el núcleo del Frente Patriótico estaba formado por Douglas Bravo, Manuel Quijada —abogado que participó en las rebeliones militares de 1972–, Lino Martínez —otro antiguo combatiente guerrillero– y el teniente William Izarra.

El Frente Patriótico publicó una serie de folletos, con el título genérico *Tres décadas de frustración,* que despertaron el interés de los periódicos. Entre sus propuestas más concretas estaba la de convocar una Asamblea Constituyente para elaborar una nueva Constitución, recomendación que finalmente se convirtió en un punto esencial del programa político de Chávez. Pero los miembros del Frente Patriótico eran demasiado diferentes y políticamente divididos como para que durara más de un año, y Chávez lo describió más tarde como un «aborto»: «Un frente patriótico no es algo que se pueda inventar: no se puede reunir a un centenar de distinguidas figuras y decir "nosotros somos el frente". No creo en eso».

Aun así, la formación del Frente Patriótico en 1989 fue importante para los años siguientes, porque varios de sus miembros iban a convertirse en apoyos clave del gobierno de Chávez en 1999. Otro de los miembros de la izquierda civil era Pedro Duno, profesor de filosofía en la Universidad Central de Caracas, influyente figura de la izquierda. Duno, que provenía de una familia militar, mantuvo sus contactos con el Ejército durante años. Murió en noviembre de 1998, después de haber sido elegido senador por el estado de Miranda en la lista de Chávez. Su artículo del 23 de junio de 1991 en *Últimas Noticias,* dos años después del *Caracazo,* se puede considerar una justificación intelectual del golpe en ciernes:

Venezuela es un país en un avanzado estado de descomposición, cuyas características de corrupción y pillaje, incompetencia, irresponsabilidad y cinismo definen el triste panorama del presente. En esta deprimente situación se sugiere que las fuerzas armadas deberían intervenir. Dado que es imposible utilizar la fuerza de la argumentación razonable o de la ley, los derechos o la Constitución, porque el Estado y el gobierno no ofrecen garantías, queda justificado el uso del argumento razonable de la fuerza, la *última ratio.*

Seis meses después, el 4 de febrero de 1992, el teniente coronel Chávez le tomó la palabra.

XIII

LA TRADICIÓN LATINOAMERICANA DE REBELIONES MILITARES RADICALES

En 1974, hace ya muchos años, fui a visitar al general Omar Torrijos cuando gobernaba Panamá. Volé hasta su residencia en la costa del Pacífico y pasamos todo el día hablando. Éramos cuatro: el jefe del Servicio Secreto, el rector de la Universidad, Torrijos y yo mismo. El general permaneció tumbado en su hamaca la mayor parte del día, en un patio sombreado desde el que se veía el mar, a veces locuaz y a veces taciturno. Hablamos durante mucho tiempo del campesinado y de la reforma agraria, y de lo que había sucedido en las áreas rurales de China, Chile, Vietnam, Perú y Cuba. Torrijos era un gran admirador de Castro, pero me dijo que no estaba de acuerdo con todo lo que se hacía en Cuba. «Deberían haber dejado a los campesinos una parcela de tierra que pudieran llamar suya.»

Como iba a descubrir Graham Greene, era difícil no quedar cautivado por aquella encantadora figura, la auténtica antítesis del militar latinoamericano con gafas oscuras. Torrijos llegó al poder en 1968 e iba a gobernar Panamá durante trece años hasta que falleció en un sospechoso accidente aéreo en 1981. Tenía un programa radical de reformas, relacionado principalmente con la zona del canal, el territorio panameño expropiado por los estadounidenses en 1903. La zona del canal fue controlada subsiguientemente por el Departamento de Defensa estadounidense y más tarde por el Pentágono, y utilizada para la construcción de un canal interoceánico e innumerables bases militares. Pero el programa político de Torrijos iba más allá de la reivindicación nacionalista del canal. Se rebeló contra la corrupción de la elite política y pretendía llevar a cabo una reforma agraria para beneficiar a los campesinos.

La historia de Latinoamérica durante las décadas de 1970 y 1980 estuvo tan dominada por la proliferación de dictaduras militares de derechas, que resulta fácil olvidar la existencia de otra tradición; de hecho, en muchas ocasiones, tanto en el siglo XIX como en el XX, han surgido oficiales radicales con los intereses del pueblo del corazón, dispuestos a combatir a los terratenientes locales o a los capitalistas extranjeros. Manuel Isidoro Belzú en Bolivia, Ezequiel Zamora en Venezuela, Luis Carlos Prestes en Brasil, Marmaduke Grove en Chile... Una lista dilatada e infinitamente fascinante.

Cuando los miembros de la vieja elite política venezolana se reúnen para discutir el fenómeno Chávez, les gusta examinar los ejemplos de países donde oficiales nacionalistas de izquierda impusieron un gobierno militar a las sociedades civiles, tanto en Latinoamérica como en otros lugares. Los ejemplos preferidos son los de Kemal Atatürk en Turquía y Gamal Abdel Nasser en Egipto, con ocasionales referencias a Charles de Gaulle en Francia. Más cerca de casa, los «sospechosos habituales» en la lista son Omar Torrijos en Panamá, Juan Velasco Alvarado en Perú y Juan Domingo Perón en Argentina. El gobierno del teniente coronel Chávez, se supone siempre, seguirá el camino marcado por alguno de ellos.

Aunque durante la década de 1990 la práctica dominante en Latinoamérica fue la democracia más que los gobiernos militares, no siempre fue así. Pocos han sido los periodos en la historia del continente en los que los militares no hayan desempeñado un papel central, aunque la mayoría lo hicieron desde la derecha y no desde la izquierda.

Las elites dominantes del continente han mantenido siempre una opinión ambivalente sobre sus Fuerzas Armadas. Por un lado, las recuerdan como el baluarte histórico esencial contra las rebeldes poblaciones indígenas cuyas tierras fueron robadas por los colonos durante siglos. En ese contexto, los soldados aparecen como los salvadores de la nación a los que los descendientes de aquellos colonos deben eterna gratitud. Dado que los descendientes de la población indígena han invadido ahora las superpobladas y explosivas concentraciones urbanas del continente y siguen suponiendo una amenaza similar, aunque diferente, para la clase de los herederos de los colonos, la gratitud hacia las Fuerzas Armadas sigue teniendo gran importancia.

Por otro lado, aunque los militares pueden ser útiles, incluso esenciales, para las elites dominantes, también se percibe que representan una clase social inferior que siempre ha gozado de baja estima. Los militares son a menudo objeto de burlas sin fin. Los excesos de las dictaduras militares durante las décadas de 1970 y 1980 les dieron en todas partes mala fama, y las elites políticas del siglo XXI, ya sean de antiguo linaje o recién surgidas de las universidades, tienden a considerar a las Fuerzas Armadas como un mal necesario que debe mantenerse en sus cuarteles. Esa opinión se vio reforzada por la actitud del gobierno estadounidense en los años noventa, en total contradicción con anteriores políticas de Estados Unidos que preferían fuertes dictaduras militares a regímenes civiles vulnerables.

Estados Unidos temía que los gobiernos democráticos se vieran dominados por nacionalistas, izquierdistas o socialdemócratas, gente insuficientemente atenta hacia los intereses económicos estratégicos de Estados Unidos, y así fue muchas veces. Durante las décadas de 1970 y 1980 Estados Unidos vio con agrado que gran parte de Latinoamérica cayera bajo el dominio de gobiernos militares conservadores y a menudo alentaron activamente ese proceso, iniciado en Brasil en 1964 y que culminó en Chile en septiembre de 1973, cuando el general Augusto Pinochet derrocó democráticamente el gobierno elegido de Salvador Allende. Esa tradición se mantuvo en Bolivia y Uruguay en la década de 1970 y fue perdiendo impulso hasta marzo de 1976, con el golpe en Argentina del general Jorge Videla, que derrocó al gobierno de María Estela Martínez, la viuda del general Perón.

Esos regímenes destacaban por su flagrante desprecio hacia los derechos humanos, pero los generales disfrutaban del cálido apoyo de los sucesivos gobiernos de Washington. La firme actitud de los militares en defensa de los intereses económicos tradicionales de Estados Unidos, y su posición ferozmente anticomunista en la Guerra Fría, disolvieron cualquier recelo hacia su represión doméstica. El gobierno duro y centralizado ejercido por los militares, que prohibía a los trabajadores asociarse en sindicatos, era muy apreciado por el capital extranjero.

Durante la década de 1990, en cambio, con el desarrollo de un nuevo tipo de economía neoliberal que no precisaba gobiernos militares, y con el fin de la emergencia estratégica impuesta por la Guerra Fría, Washington comenzó a favorecer la democracia. El signo distintivo de las gafas oscuras de los dictadores militares ya no estaba de moda.

Pero había otra tradición distinta, y el teniente coronel Chávez siempre se ha interesado por la experiencia del general Torrijos en Panamá y el general Velasco en Perú. Conoció al hijo de Torrijos cuando hacía un curso de entrenamiento militar en Venezuela, y leyó parte del material político relacionado con las transformaciones realizadas en Panamá que éste llevaba consigo. Parte de la antigua retórica de Torrijos encuentra eco hoy día en la de Chávez.

Entrevistado en agosto de 1975, Torrijos justificó su golpe de Estado arguyendo que los miembros de la Guardia Nacional panameña, que él dirigía, se habían transformado en «esclavos asalariados de la oligarquía»:

> Nuestra misión consistía en mantener el *statu quo* a sangre y fuego, ya fuera mediante el despliegue militar oportuno, o con un golpe de Estado. Yo me vi obligado a participar en actos de represión, hasta que me harté de tanta represión. Como consecuencia directa, la Guardia Nacional decidió rebelarse y descolonizar el país. Por encima de todo queríamos resolver el problema del canal, algo que para los panameños era casi una religión.

Como sucedería más tarde en Venezuela, los oficiales panameños se rebelaron contra lo que entendían como incompetencia y corrupción de los gobernantes civiles:

> Nosotros fuimos los perros guardianes de la oligarquía hasta que los errores de los políticos se hicieron tan graves que no había perspectiva de rectificación. Una generación de jóvenes oficiales, graduados en la Escuela Militar panameña, decidió no sólo organizar un golpe de Estado, sino borrar todo el sistema de aparente «democracia» en el país. La gente se había acostumbrado a mezclar la política con su actividad económica, utilizando su libertad democrática de la misma forma que las mujeres utilizan los cosméticos.

En 1979 Torrijos consiguió arrancar un nuevo tratado del canal al gobierno estadounidense de Jimmy Carter, por el que el canal de Panamá sería entregado finalmente a los panameños veinte años después, en diciembre de 1999. Pero Torrijos no vivió lo suficiente para ver ese acontecimiento decisivo; como ya se ha mencionado, murió en un accidente aéreo en agosto de 1981. Su sucesor, Manuel Noriega, manejó los asuntos de Estado con menos sensatez diplomática y en 1989 sufrió la humillación de una invasión estadounidense –la Operación Causa Justa– en la que murieron más de mil panameños. Noriega fue capturado, acusado de tráfico de drogas y blanqueo de dinero y sigue hoy día encerrado en una prisión estadounidense cumpliendo una condena a cadena perpetua.

Tan influyente como Torrijos en la formación política del teniente coronel Chávez fue el experimento nacionalista de los militares peruanos durante el gobierno del general Velasco Alvarado entre 1968 y 1976. Chávez visitó Perú como cadete en 1974, en un momento en el que el gobierno revolucionario de las Fuerzas Armadas peruanas estaba ya en claro declive. Asegura que aquella experiencia le influyó, aunque no guarde gran parecido con el proyecto que él impulsa en Venezuela; aun así, todavía pueden serle útiles algunas de sus lecciones.

Como en Venezuela o Panamá, un grupo de inteligentes militares peruanos, irritados con la corrupción y el estado del país, discutieron la posibilidad de una intervención militar. Algunos de ellos conocían de cerca lo sucedido en Francia durante la guerra de Argelia. Como en Venezuela, aquellos oficiales desconfiaban del principal partido político del país –en Perú el APRA, como en Venezuela Acción Democrática– por su actitud abiertamente antinacionalista y proestadounidense. Como en Venezuela, los militares peruanos habían pasado por la experiencia de una guerra contra la guerrilla y eran más conscientes que los políticos civiles de la miserable situación de la población en las áreas rurales.

Cuando tomaron el poder en 1968, los militares peruanos anunciaron su intención de construir un nuevo orden «ni capitalista ni comunista». Su preocupación particular en aquel momento era la corrupción del régimen civil de Fernando Belaúnde Terry, la devaluación de la moneda y una cláusula del contrato que había firmado el gobierno con una compañía petrolera estadounidense, Standard Oil, que les parecía contrario a los intereses nacionales. La inflación, baja para lo que es normal en Latinoamérica, pero desacostumbradamente alta para Perú, era del 19 por 100 anual.

El celo reformista del general Velasco Alvarado provenía en parte de su experiencia en el aplastamiento del movimiento guerrillero peruano durante los años sesenta. Su conocimiento de primera mano del sufrimiento de la población rural de los Andes, que las guerrillas de Hugo Blanco y Luis de la Puente Uceda habían tratado de mitigar, le condujeron a adoptar como propio gran parte del programa de los guerrilleros. Velasco era un oficial de gran inteligencia, influido, por ejemplo, por el general de Gaulle, ya que había servido en Francia como agregado militar en los años inmediatamente posteriores al final de la guerra de Argelia.

Velasco nacionalizó las empresas petrolíferas, expropió las plantaciones de caña de azúcar y llevó a cabo una amplia reforma agraria; convirtió el quechua, la lengua mayoritaria en los Andes, en lengua oficial del país junto al español. También expropió los periódicos conservadores y alentó la participación obrera en la gestión de las industrias estatales. Con gran enojo de Washington restableció las relaciones diplomáticas con Cuba y emprendió un creciente comercio bilateral con la Unión Soviética.

Retrospectivamente, como recordaba Richard Webb, gobernador del Banco Central peruano en el régimen que siguió al de Velasco, el programa económico de éste no era tan radical como a algunos les había parecido:

> El régimen militar llevó a cabo profundas reformas sociales, institucionales y económicas, muchas de ellas aplaudidas por el Consenso de Washington de la época. De hecho, gran parte de la agenda de reformas, en particular la reforma agraria, la educativa o el fortalecimiento de los mecanismos de planificación, parecían provenir directamente de los libros de la antigua Alianza para el Progreso y de las prescripciones habituales del Banco Mundial en aquella época.

El gobierno de Velasco tenía dos deficiencias fundamentales: tras un periodo inicial de entusiasmo, le faltó apoyo popular; y trató de llevar a cabo una revolución con dinero prestado. Esos dos fallos, aunque en un primer momento no se hicieron explícitos, fueron la causa de su caída.

En el gobierno no participaban civiles: estaba totalmente compuesto por militares y no contaba con más apoyo que el de los beneficiarios inmediatos de las reformas de Velasco. La falta de dinero le afectó también gravemente: en 1976, Perú había agotado sus reservas de divisas y tuvo que solicitar un crédito a un consorcio de bancos estadounidenses. Las condiciones impuestas fueron draconianas: congelación de salarios, devaluación, reducciones presupuestarias en el sector público, restricción del derecho de huelga, destitución de los miembros más radicales del gobierno, levantamiento de la prohibición de contratos petrolíferos con empresas extranjeras y venta de las estatales al sector privado.

No es pues sorprendente que el régimen tuviera que hacer frente a serios problemas. Después de la muerte de Velasco en 1977 hubo graves disturbios y una prolongada huelga de la policía. Su sucesor, el general Francisco Morales Bermúdez, al percibir la profundidad de la hostilidad pública, se convenció de la necesidad de abandonar todo el proyecto y devolver el país a un gobierno civil. En las elecciones celebradas en 1980 fue reelegido presidente Fernando Belaúnde Terry, político tan violentamente depuesto en 1968, y la memoria de la revolución militar quedó pronto borrada.

Los gobiernos militares de Perú y de Panamá han sido a menudo ridiculizados por periodistas y politólogos. Tanto Velasco como Torrijos pretendían redimir la situación de los pobres y «hacer frente» a la gran potencia estadounidense. Ambos eran líderes serios e inteligentes con un considerable carisma. Sus muertes fueron sentidas como una catástrofe nacional. No se les puede reprochar su ambición, aunque fueran incapaces de llevar a buen término los programas revolucionarios que habían concebido.

El teniente coronel Chávez sigue sus pasos, pero con una agenda diferente y habiendo aprendido de sus errores. Es un presidente electo, no un dictador militar. Sabe que no se puede hacer una revolución con dinero prestado y reconoce que las fuerzas armadas no pueden gobernar sin colaboración civil, es más, necesitan el apoyo de la gran mayoría del pueblo.

TERCERA PARTE

LA RECUPERACIÓN DE LAS TRADICIONES REVOLUCIONARIAS DEL SIGLO XIX

XIV

EL LEGADO DE SIMÓN BOLÍVAR, EL LIBERTADOR

Vaya uno adonde vaya en Venezuela, y en casi toda Sudamérica, siempre hallará una imagen de Simón Bolívar, el «Libertador» de Venezuela (y de gran parte del continente) del dominio español. Puede ser una estatua en la plaza del pueblo, un cuadro en el despacho de un ministro o una pintada en un muro: nunca se puede escapar del todo del noble ceño, la curva ligeramente altanera de la sonrisa y, si el artista es honrado, el color oscuro de la piel que revela que se trataba de un *pardo,* esto es, de un mestizo.

Las historias venezolanas tradicionales han insistido en los orígenes aristocráticos de Bolívar más que en sus antepasados negros, pero él sí los tuvo presentes. Durante la lucha por la independencia, en 1816 buscó y obtuvo la ayuda del presidente de la República libre de Haití, Alexandre Pétion, quien le puso como condición la promesa de liberar a los esclavos de Venezuela. Bolívar había dejado en libertad a los de su propia hacienda, pero no pudo imponerse a la clase dominante venezolana, propietaria de esclavos, y la liberación de éstos tuvo que esperar hasta 1854.

El culto laico de Bolívar ha permanecido intacto en Venezuela durante muchas generaciones. Sucesivos presidentes y generales, tanto corruptos y holgazanes como patriotas, todos han rendido homenaje al Libertador. Chávez no es una excepción, y ha elevado el ejemplo y los pensamientos de Bolívar al rango de ideología, rebautizando al país como «República Bolivariana» de Venezuela.

No se trata de un ejercicio atolondrado de nacionalismo. Su propósito no es sólo venerar a una figura a la que la mayoría de sus predecesores sólo han homenajeado de boquilla, sino también desembarazar al personaje y los logros históricos del Libertador de las excrecencias del mito y la fábula.

Y no ha sido el único en hacerlo. En los últimos años varios autores han emprendido una tarea parecida. Un intento internacionalmente famoso fue la novela *El general en su laberinto,* escrita por Gabriel García Márquez y publicada en 1989. Se trataba de un informe imaginario sobre los últimos meses de la vida del Libertador, en 1830, cuando ya estaba alejado del poder y la obra de toda su vida parecía derrumbarse en torno suyo. Esa novela daba una dimensión humana a la acostumbrada estatua de bronce.

Otro libro influyente en los círculos intelectuales de Venezuela y Colombia fue *El culto a Bolívar,* del historiador venezolano Germán Carrera Damas, un esfuerzo por desmitificar la carrera de Bolívar, que no fue bien recibido por los mandos de la academia militar de Caracas. Chávez, por el contrario, dio la bienvenida a esa revisión de la historia heredada e hizo uso del debate sobre el papel de Bolívar en el pasado en las clases que dio en la academia a principios de la década de 1980, tratando de recuperar aquellas características del Libertador que pudieran ser de valor político en el presente. Su intención era recurrir a las tradiciones históricas del país a fin de establecer una pauta para el futuro.

La investigación sobre la carrera de Bolívar le vino que ni pintada a Chávez en su análisis de un posible papel para Venezuela en los asuntos del continente. Muchos políticos latinoamericanos han reconocido desde hace tiempo que sus Estados-nación son demasiado débiles para actuar cada uno por su cuenta. Ésa ha sido una opinión generalizada en el continente durante muchas décadas, y proporcionó el impulso político para la integración económica. Bolívar tuvo que afrontar un problema similar, sacando la conclusión de que se precisaría una campaña continental contra el dominio imperial español, uniendo a toda Latinoamérica contra el poder del otro lado del Atlántico.

Chávez ha pretendido algo similar, dando un nuevo impulso al sueño bolivariano y aspirando a la unificación política de Latinoamérica sobre una base nueva: la integración interna de cada país. Su objetivo final es la celebración de una gran conferencia de los Estados «bolivarianos», los liberados por Bolívar, como reedición de la que el propio Bolívar organizó en Panamá en 1826. Chávez viene argumentando desde hace tiempo que «un proyecto válido para el siglo XXI [sería] unir [...] a los países balcanizados de Latinoamérica».

Bolívar no es la única figura del siglo XIX que ha hecho renacer Chávez. Durante la década de 1980, en la discusión con sus colegas del Ejército, comenzó a rescatar los pensamientos y escritos de otros protagonistas venezolanos, en particular los de Simón Rodríguez y Ezequiel Zamora, pronto incluidos en el panteón de su embrionario movimiento revolucionario. Esa reflexión lo introdujo en el debate histórico que se venía desarrollando en la izquierda venezolana desde la década de los sesenta.

La opinión original de la izquierda marxista, tanto en Venezuela como en otros países, era de extrema hostilidad hacia Bolívar. Remitiéndose a los escritos del propio Marx, la mayoría de los escritores marxistas veían al Libertador como una figura típicamente burguesa cuyas acciones sólo habían servido a los poderes emergentes de la época. Según esa lectura, Bolívar había obtenido la independencia de España con apoyo británico y había entregado el continente a la explotación del capitalismo inglés. Durante décadas, esa caricatura de Bolívar como cipayo imperialista impidió a la izquierda examinar sus características más positivas. En la izquierda nadie podía imaginarlo como un modelo revolucionario para el siglo XX.

En Venezuela esa opinión comenzó a modificarse durante la década de 1960, cuando los movimientos guerrilleros dieron a sus unidades militares los nombres de héroes del pasado: José Leonardo Chirinos, cabecilla de una rebelión de esclavos en Coro en el siglo XVIII, o Ezequiel Zamora, líder del campesinado de Los Llanos en el XIX. Más tarde, cuando algunos de esos grupos se separaron del Partido Comunista ortodoxo, comenzaron a reexaminar lo que habían aprendido sobre el pasado, con la pretensión de elaborar un proyecto para la izquierda con una dosis mayor de nacionalismo, como iba a hacer Chávez en años posteriores.

Entre esos dirigentes de la izquierda estaba Douglas Bravo, comandante del grupo guerrillero «José Leonardo Chirinos» en el estado de Falcón. Bravo asegura hoy día que su expulsión del Partido Comunista en junio de 1965 se debió en parte a sus argumentos en favor de las ideas de los héroes del siglo XIX, entre ellos Bolívar, Simón Rodríguez y Ezequiel Zamora. Esas ideas eran totalmente contrarias a la ortodoxia soviética.

Bravo creó un nuevo partido político en abril de 1966, el Partido de la Revolución Venezolana (PRV), impregnado de las ideas de esas figuras del pasado. Recuerda que el principal ideólogo del partido, Pedro Duno, publicó en 1969 un texto titulado «Marxismo-leninismo-bolivarianismo», con la intención de «nacionalizar» la ideología de la izquierda latinoamericana. Al tiempo que resucitaba la figura del Libertador, el partido de Bravo también se sentía atraído por la idea clave de Simón Rodríguez de que «América no debía imitar sumisamente, sino que debía tratar de ser original».

Cuando Chávez comenzó a organizar su conspiración militar en la década de 1980 y estableció sus primeros contactos con la izquierda revolucionaría, halló que ya hablaban el mismo lenguaje. La resurrección de Bolívar como precursor importante y necesario de cualquier revolución radical futura era asumida por los izquierdistas con los que mantuvo conversaciones.

Aunque Bolívar es ampliamente reconocido como una de las grandes figuras del siglo XIX, fuera de Latinoamérica poca gente recuerda algo más que unos pocos detalles anecdóticos sobre su vida y su obra. Probablemente sea más conocido por las tristes reflexiones al final de su vida de que había «arado en el mar». Dado que ha cobrado tanta importancia en el proyecto político de Chávez y es mencionado tan frecuentemente en sus discursos, puede resultar útil incluir aquí un breve resumen de su vida y sus logros.

Nacido el 24 de julio de 1783 en Caracas, Bolívar murió en Colombia antes de cumplir los 50 años, el 17 de diciembre de 1830. Fue el principal dirigente de las rebeliones latinoamericanas contra el Imperio español y luchó por la independencia de Venezuela y Colombia, así como de Ecuador, Perú y el Alto Perú (Bolivia); sus campañas se desarrollaron durante un periodo de más de diez años. Combatió por toda Venezuela, de un lado a otro de Colombia, y luego realizó una inspirada marcha atravesando los Andes hacia Ecuador y Perú. Desde las batallas de la primera oleada de conquistadores en el siglo XVI ningún general había cubierto un terreno tan amplio con resultados tan relevantes.

Bolívar era también, en cierto modo, un intelectual. Había leído con detenimiento los clásicos y la reciente literatura emancipadora de la Francia revolucionaria, mantuvo una vasta correspondencia que revela un agudo espíritu observador. Muchas de sus «cartas abiertas» y discursos reflejan el pensamiento político más avanzado de su época.

También fue un hombre de opiniones destempladas e intransigentes, a menudo cruel e impredecible en sus acciones. Cometió muchos errores, tanto tácticos como estratégicos, y todo su proyecto estuvo varias veces al borde de la catástrofe. Creía firmemente que estaba al frente de un continente anárquico que precisaba un fuerte liderazgo. Arrogante y hasta cierto punto insoportable, no tenía ninguna duda de que él era ese líder imprescindible.

Los padres de Bolívar murieron cuando él era muy joven y vivió durante un tiempo en casa de su tutor, Simón Rodríguez, quien volverá a aparecer en el próximo capítulo. De joven viajó a Europa, primero a España entre 1798 y 1801, y luego a Francia e Italia entre 1804 y 1807. Estimulado por el ambiente revolucionario de la época, devoró las obras de Voltaire y Rousseau, y al regresar a Venezuela en 1807 se dedicó a consolidar el embrionario movimiento independentista clandestino de su país.

El 19 de abril de 1810 se produjo un levantamiento en Caracas que obligó a renunciar al gobernador español. Una junta revolucionaria asumió el poder en la ciudad y envió a Bolívar a Inglaterra en busca de apoyo británico para su régimen. Al llegar a Londres en julio, en el momento culminante de las guerras napoleónicas, Bolívar no consiguió atraer el interés del gobierno británico hacia el destino de su país, pero sí persuadió a Francisco de Miranda, exiliado en Londres, para que regresara con él a Caracas para ponerse al frente de las fuerzas revolucionarias. Miranda, que había participado en la Revolución Francesa, había realizado un intento en 1806 de organizar una rebelión contra España.

A su regreso a Caracas, Bolívar se unió al ejército republicano, que le encomendó el mando de la importante ciudad portuaria de Puerto Cabello. El 5 de julio de 1811 se declaró formalmente la independencia de Venezuela, después de que un congreso republicano se reuniera en Caracas en marzo para redactar una Constitución para el país.

Por delante quedaban diez años de lucha, ya que los españoles se negaron a aceptar la rebelión republicana en Caracas y seguían controlando todavía gran parte del país y del continente. Su contraofensiva no tardó en llegar, presagiada en marzo de 1812 por un fuerte terremoto que destruyó gran parte de la ciudad. La Iglesia católica, leal a Madrid y hostil al régimen republicano, trató de aprovechar políticamente el desastre, como lo hicieron destacados sacerdotes tras el terrible desastre de las inundaciones en Caracas y en el estado de Vargas en diciembre de 1999.

Las fuerzas republicanas eran débiles y estaban escasamente armadas y divididas entre ellas, por lo que pronto se vieron reducidas a la defensiva: los españoles recuperaron Puerto Cabello cuando Bolívar buscaba otra salida, y Miranda trató de llegar a un armisticio con el comandante español en Caracas. Los republicanos, denunciando a Miranda como traidor, se lo entregaron a los españoles, quienes lo llevaron encadenado a Cádiz, en España, donde murió en prisión.

Bolívar, entretanto, había escapado por mar de Venezuela y llegó al puerto de Cartagena en Nueva Granada (ahora Colombia), que todavía seguía bajo el control de los republicanos independentistas. Allí publicó la primera de sus grandes declaraciones políticas, el Manifiesto de Cartagena, en el que preconizaba la destrucción del poder español en Venezuela como preludio para la unificación continental, y su sustitución por un gobierno fuertemente centralizado:

> Es preciso que el gobierno se identifique, por decirlo así, al carácter de las circunstancias, de los tiempos y de los hombres que lo rodean. Si éstos son prósperos y serenos, él debe ser dulce y protector; pero si son calamitosos y turbulentos, él debe mostrarse terrible, y armarse de una firmeza igual a los peligros, sin atender a leyes ni constituciones, ínterin no se restablecen la felicidad y la paz. [...] Yo soy del sentir que mientras no centralicemos nuestros gobiernos americanos, los enemigos obtendrán las más completas ventajas; seremos indefectiblemente envueltos en los horrores de las disensiones civiles, y conquistados vilipendiosamente por ese puñado de bandidos que infestan nuestras comarcas.

Tomándole la palabra, los republicanos de Cartagena eligieron a Bolívar como comandante en jefe de una fuerza expedicionaria que asegurara la liberación de Venezuela. En una campaña que duró tres meses derrotó al ejército español en varias batallas y recuperó Caracas el 6 de agosto de 1813. El Congreso que volvió a convocarse entonces le concedió el título de «Libertador».

Fue una victoria efímera, ya que las fuerzas republicanas no consiguieron mantener Caracas en su poder mucho tiempo. Al finalizar las guerras napoleónicas en Europa, los españoles enviaron tropas de refresco a Latinoamérica al mando del general José Tomás Boves, un comandante en jefe hábil y despiadado, capaz de movilizar a los indios y campesinos de Los Llanos convirtiéndolos en una fuerza de combate capaz de hacer frente a la de Bolívar. Boves conquistó Caracas un año después, en julio de 1814, imponiendo castigos ejemplares y cerrando el primer capítulo de la historia de la República independiente de Venezuela.

Bolívar volvió a escapar a Cartagena y en diciembre conquistó Bogotá, pero la llegada de un nuevo ejército español desde Europa provocó nuevas derrotas, y en mayo de 1815 se vio obligado a escapar a la isla británica de Jamaica, donde trazó, en su «Carta desde Jamaica», un plan visionario para el futuro de Latinoamérica que abarcaba todo el continente, desde Argentina y Chile hasta México:

> Nosotros somos un pequeño género humano; poseemos un mundo aparte, cercado por dilatados mares; nuevos en casi todas las artes y ciencias, aunque en cierto modo viejos en los usos de la sociedad civil. [...] No somos indios, ni europeos, sino una especie media entre los legítimos propietarios del país y los usurpadores españoles.

Bolívar trató de regresar a Cartagena, pero como ésta había caído de nuevo en manos de los españoles, su barco emprendió rumbo a la República negra independiente de Haití; al llegar a Puerto Príncipe el 1 de enero de 1816 fue recibido por el presidente Pétion, quien acordó proporcionarle armas y municiones y le permitió reclutar marineros para su flota.

Lanzar un ataque sobre Venezuela desde Haití suponía una operación muy arriesgada, y de hecho se convirtió en un desastre. La flota de Bolívar conquistó la isla Margarita, pero en julio fue rechazada desde el continente en Carúpano y en Ocumare. Bolívar se retiró a Haití para preparar una segunda expedición y regresó a tierra venezolana por Barcelona a fin de año.

La guerra contra España entró entonces en una nueva fase. En abril de 1817, Bolívar bordeó la costa hasta el delta del Orinoco. En su ascenso por él estableció su cuartel general en julio en Angostura (ahora Ciudad Bolívar), desde donde se puso en contacto con dirigentes republicanos de Los Llanos, en especial con José Antonio Páez y Francisco de Paula Santander en la frontera actual con Colombia. Las fuerzas de Bolívar combatieron en Los Llanos durante un largo periodo de dos años hasta que estuvieron en condiciones de lanzar un ataque sobre la parte de Colombia en manos de los españoles.

Finalmente, en 1819, sus fuerzas armadas atravesaron los pasos montañosos desde Los Llanos hasta lo que entonces constituía el virreinato español de Nueva Granada. Los oficiales realistas no podían suponer que el ataque republicano les llegaría desde esa dirección, y debido a su falta de preparación fueron derrotados en la batalla de Boyacá el 7 de agosto. Bolívar entró en Bogotá tres días después, mientras que el virrey español escapaba por mar hasta Cartagena. Colombia quedó así en manos de un ejército republicano.

Dejando al general Santander en Bogotá como vicepresidente de Nueva Granada, Bolívar retrocedió, volviendo a cruzar los Andes y descendiendo por el Apure hasta el Orinoco. En diciembre llegó a su antigua base de Angostura y convocó al Congreso que lo había nombrado en febrero presidente de Venezuela para proclamar la República de (la Gran) Colombia, dividida administrativamente en tres departamentos: Cundinamarca (Bogotá), Venezuela (Caracas) y Quito (Quito). Estas fueron las palabras de Bolívar en aquella ocasión:

> La unión de Nueva Granada y Venezuela es el objetivo que me he planteado desde mis primeros días de lucha. Es el deseo de todos los ciudadanos de ambos países y la piedra fundamental de la libertad sudamericana.

Después, se mantuvo una tregua durante varios meses, pero en junio de 1821 los hombres de Bolívar avanzaron hacia el norte desde el Orinoco y derrotaron al ejército español en la batalla de Carabobo. Quedaba así abierta la vía hasta Caracas, adonde llegó triunfalmente Bolívar pocos días después. La liberación de Venezuela quedaba de este modo prácticamente completada. El Congreso, que había reanudado sus sesiones en enero en Cúcuta, en la frontera entre Colombia y Venezuela, promulgó la nueva Constitución y prorrogó los plenos poderes de Bolívar como presidente desde el 3 de octubre.

Bolívar era ahora el gobernante máximo de la República conjunta de Venezuela y Colombia, con el encargo de liberar toda Sudamérica. No se detuvo mucho tiempo en Caracas; tenía ambiciones más altas. Aquel mismo año había enviado hacia el sur a uno de sus oficiales, el general Antonio José de Sucre y Alcalá, para liberar Ecuador. Sucre se hallaba bloqueado en el puerto de Guayaquil, en el Pacífico, y ahora necesitaba ayuda.

Dejando de nuevo a Santander al mando en Bogotá, Bolívar se encaminó hacia el sur en diciembre de 1821 a lo largo del camino de montaña que llevaba a Quito, la capital de Ecuador. Su campaña militar contra las fuerzas españolas no había acabado aún. Mientras Bolívar avanzaba desde el norte, Sucre lo hacía hacia el interior desde Guayaquil, derrotando al ejército español en la batalla de Pichincha el 24 de mayo de 1822, con lo que Quito cayó al día siguiente. Bolívar llegó tres semanas más tarde, el 16 de junio, y luego se desplazó a Guayaquil.

Los tres territorios de la Gran Colombia habían quedado así liberados del dominio español. Argentina y Chile también habían logrado la independencia, liberadas por fuerzas republicanas argentinas dirigidas por el general José de San Martín. Sólo Perú permanecía bajo control español.

San Martín marchó hacia Lima desde el sur y proclamó la independencia de Perú, pero los soldados españoles seguían controlando las ciudades de los Andes. San Martín viajó entonces hasta Guayaquil, en la costa, para lograr el apoyo de Bolívar en lo que sería el último ataque contra el ejército español. Los dos generales se encontraron allí el 26 de julio de 1822 para discutir los detalles. San Martín necesitaba ayuda para derrotar a los españoles y retomar el control de las divididas fuerzas argentinas acuarteladas en Lima. Bolívar se mostró renuente a colaborar con él en esa tarea y San Martín regresó a Lima sin conseguir el apoyo que había esperado. Tras renunciar a todos sus cargos, se exilió en Europa, de donde no regresó.

Un año después, en septiembre de 1823, Bolívar viajó hasta Lima para preparar la derrota final del ejército español en los Andes. Tras reunir un nuevo ejército venció a los españoles en la batalla de Junín en agosto de 1824. La campaña concluyó el 9 de diciembre, cuando el virrey español se rindió a Sucre en la batalla de Ayacucho.

Sucre persiguió a los restos del ejército español a lo largo de los Andes hasta el Alto Perú que, tras ser liberado finalmente en abril de 1825, recibió el nombre de Bolivia en honor del Libertador. Toda Sudamérica había quedado libre del dominio español.

Bolívar se desplazó hasta las montañas de Potosí en Bolivia, deteniéndose en Pucará, donde el alcalde José Domingo Choquehuanca le dirigió estas palabras:

> Quiso un Dios de salvajes formar un Imperio y creó a Manco Capac; pecó su raza y lanzó a Pizarro. Luego de tres siglos de expiaciones ha tenido piedad de la América y os ha creado a vos, el hombre de un designio providencial. Nada de lo hecho hasta ahora se asemeja a lo que habéis hecho, y para que alguien pudiera imitaros, será preciso que haya un mundo por libertar. Habéis fundado tres repúblicas, que en el inmenso desarrollo al que están llamadas, elevarán vuestra estatura a donde ninguna ha llegado. Con los siglos crecerá vuestra gloria, como crece la sombra cuando el Sol declina.

Gerhard Masur, biógrafo de Bolívar, cree que ese discurso debe de ser apócrifo, pero como es una leyenda incrustada en la historia de Venezuela, así como una de las citas favoritas de Chávez, merece que lo mencionemos aquí.

Bolívar pasó el resto de 1825 en Bolivia, para regresar a fin de año a Lima, donde fue nombrado presidente vitalicio de Perú en noviembre de 1826. Su amplio imperio era ya demasiado grande para ser controlado por un solo general, a medida que surgían problemas políticos insolubles en cada uno de los Estados. El sueño bolivariano de dar a Europa una lección permaneció intacto: «Mostremos a Europa que América posee hombres capaces de emular la gloria de los héroes de la Antigüedad», le escribió a Sucre pidiéndole que se mantuviera al frente de la recién fundada República de Bolivia.

Del 22 de junio al 15 de julio de 1826 se celebró en Panamá el Congreso Anfictiónico, destinado a robustecer la amistad entre los nuevos Estados y a fundamentar sobre sólidos principios la posesión del territorio y las relaciones internacionales. Hubo muchos ausentes y sólo asistieron delegados de la Gran Colombia, República Centroamericana, Perú y México, y observadores de Inglaterra, Holanda y Estados Unidos. Los Estados presentes hicieron planes para constituir un Ejército y una Armada comunes, pero no llegaron a concretarse. De aquel congreso sólo quedó para la posteridad una perspectiva duradera de lo que algún día podría ser.

A las disensiones en Perú les siguió pronto una guerra entre Venezuela y Colombia. Sus dos generales, Páez y Santander, se enfrentaron, y el ambicioso proyecto de una Gran Colombia unida se esfumó en 1828. Venezuela y Colombia se separaron y en 1829 las fuerzas peruanas invadieron Ecuador en un intento de conquistar Guayaquil.

Bolívar murió de tuberculosis en diciembre de 1830, cerca de Santa Marta (Colombia), cuando se encaminaba al exilio en Europa. «América es ingobernable –dijo al final de sus días–. Los que hemos trabajado por la revolución hemos arado en el mar.»

Hugo Chávez no comparte el pesimismo de Bolívar. «Las contradicciones del pensamiento de Bolívar no son el factor determinante –arguye–. Lo que podemos ver en el periodo histórico entre 1810 y 1830 son las líneas maestras de un proyecto nacional para la América española.» Ese proyecto fue retomado una y otra vez, en particular por Ezequiel Zamora un cuarto de siglo después de la muerte de Bolívar. Hugo Chávez pretende volver a introducirlo ahora en la agenda continental.

XV

ROBINSON CRUSOE Y LA FILOSOFÍA
DE SIMÓN RODRÍGUEZ

Hugo Chávez se refiere a menudo al «sistema robinsoniano», y yo pensé al principio que aludía a la obra de Joan Robinson, distinguida economista de Cambridge con la que los intelectuales latinoamericanos mantuvieron cierta relación durante las décadas de 1960 y 1970. Luego, inevitablemente, pensé en Robinson Crusoe, el héroe de ficción de Daniel Defoe, quien partiendo de Nueva York vivió durante «veintiocho años solo en una isla deshabitada de la costa de América, cerca de la desembocadura del gran río OROONOQUE».

Esto resultó estar más cerca de la verdad. El pensamiento político y económico de Chávez deriva efectivamente en parte, por una vía sinuosa, de la historia de Robinson Crusoe y del impacto que ésta produjo en Simón Rodríguez, un joven maestro de Caracas, en la década de 1790. Rodríguez fue primero profesor y más tarde gran amigo de Simón Bolívar, y la filosofía radical que ambos compartían, influyéndose recíprocamente, está en el núcleo del proyecto chavista para Venezuela y Latinoamérica. Rodríguez se sintió tan afectado por la historia y el personaje de Robinson Crusoe que cambió su nombre por el de Samuel Robinson.

La vida y la obra de Simón Rodríguez, nacido en Caracas en 1729, son casi desconocidas fuera de Latinoamérica, y sus escritos nunca se han traducido al inglés, pero influyó en varios países, ya que vivió y trabajó en Venezuela, Colombia, Bolivia, Chile, Perú y Ecuador. Fue maestro de escuela y filósofo de la enseñanza, un hombre con ideas poco ortodoxas sobre la educación y el comercio, muy avanzadas con respecto a su época. También tenía una fe apasionada en la necesidad de integrar a los pueblos indígenas de Latinoamérica y a los esclavos negros traídos de ultramar en las sociedades de los futuros países independientes. Doscientos años después, sus palabras e ideas tienen un eco contemporáneo y han sido resucitadas por Hugo Chávez.

La historia de Daniel Defoe sobre las aventuras de Robinson Crusoe se basaba en las auténticas de Alexander Selkirk, abandonado a su suerte en la isla de Juan Fernández en el Pacífico. Defoe simplemente cambió la situación de la isla por el Atlántico, cerca de la desembocadura del Orinoco. El libro se publicó originalmente en Londres en 1719 y se tradujo al francés y al holandés al año siguiente. Puede que llegara en uno de esos idiomas a las riberas del Orinoco en Venezuela, aunque también es posible que los latinoamericanos leyeran primero la versión alemana de la historia escrita por Joachim Heinrich Campe, *Robinson der Jüngere*, publicada en Hamburgo en 1729 y que se convirtió en uno de los libros en alemán más famosos de todos los tiempos. Se escribió bajo la influencia del *Émile, ou l'éducation* de Rousseau, quien pensaba que *Robinson Crusoe* era un libro excelente para los niños al inducirles a aprender como lo había hecho Robinson, mediante la práctica.

Fuera cual fuera la versión de la historia que llegó primero a Caracas, el caso es que llegó a manos de Simón Rodríguez, el maestro a cargo de las escuelas primarias en el ayuntamiento de la ciudad. Uno de sus jóvenes alumnos, y más tarde su pupilo, era Simón Bolívar, huérfano de una rica familia terrateniente.

La primera escuela primaria de Rodríguez entró pronto en conflicto con los notables de la ciudad, al escribir y publicar un largo memorándum sugiriendo que su escuela no debía acoger únicamente a los hijos de los blancos ricos, sino también a los hijos de negros y *pardos* (mestizos). Durante toda su vida mantuvo esa preocupación por las clases más bajas, lo que le causó infinitos sufrimientos y preocupaciones. Estaba un siglo por delante de su época. Años después, cuando trabajaba en Bolivia en la década de 1820, insistió en que se proporcionara también educación libre en las escuelas públicas que estaba creando a los hijos de los indios. Las autoridades pronto encontraron una excusa para cerrarlas.

Tras ser despedido por el ayuntamiento de Caracas, Rodríguez participó en el temprano movimiento independentista de 1797, organizado por Manuel Gual y José María España. Cuando esa rebelión prematura fue aplastada, se vio obligado a exiliarse. Cruzó el Caribe hasta Jamaica, llegando allí un par de años después de que el gobierno colonial británico hubiera aplastado una gran rebelión de esclavos cimarrones. En Jamaica aprendió inglés; pensaba en su nuevo hogar como «la isla de Robinson Crusoe» y, deseoso de borrar sus antecedentes españoles, cambió su nombre por el de Samuel Robinson. Mantuvo ese seudónimo durante un cuarto de siglo, los años que permaneció alejado del continente.

Al dejar Jamaica, viajó a Estados Unidos y desde allí a Europa. Más tarde cuando se le pidió que detallara su peregrinaje, escribió: «Permanecí en Europa por más de veinte años; trabajé en un laboratorio de química industrial, en donde aprendí algunas cosas; concurrí a juntas secretas de carácter socialista [...] estudié un poco de literatura; aprendí lenguas y regenté una escuela de primeras letras en un pueblecito de Rusia».

Samuel Robinson podría haber quedado como una interesante pero olvidada nota a pie de página en la historia intelectual de Latinoamérica si su camino no se hubiera cruzado por segunda vez con el de Simón Bolívar. Maestro y alumno se encontraron de nuevo en el París de Napoleón en 1804 y viajaron juntos a Italia. Fue su amistad con Robinson la que llevó a Bolívar a conocer a Alexander von Humboldt, el científico alemán que había explorado pocos años antes el Orinoco; su antiguo tutor también le dio a leer las obras de la Ilustración. Años después, mientras combatía en Perú, Bolívar escribió al general Santander acerca de «Robinson»:

> Yo amo a ese hombre con locura. Fue mi maestro, mi compañero de viajes, y es un genio, un portento de gracia y talento. [...] Él es un maestro que enseña divirtiendo, y un amanuense que da preceptos a su dictamen. Él es todo para mí [...]. Cuando yo lo conocí valía infinito. Mucho debe de haber cambiado para que yo me engañe.

Mientras visitaban Roma en agosto de 1805, aquellos dos venezolanos de pensamiento independiente treparon las cuestas del Monte Sacro, el elevado promontorio por encima del río Aniene al nordeste de Roma, donde una planta embotelladora todavía vende *acqua santa* de una antigua fuente. Allí Bolívar pronunció una promesa romántica, jurando dedicar su vida a la lucha por la independencia de Latinoamérica. Mucho después de que Bolívar hubiera muerto, Rodríguez recordaba las palabras del juramento y las escribió, embelleciéndolas sin duda un tanto. Permanecen profundamente grabadas en el alma venezolana, siendo aprendidas por los escolares y por los soldados venezolanos que llevan a cabo el servicio militar. Cuando Chávez organizó su propia conspiración en los años ochenta, se remitió a las palabras de Bolívar recordadas por Simón Rodríguez:

> Juro delante de usted; juro por el Dios de mis padres, juro por ellos, juro por mi honor, juro por la patria, que no daré descanso a mi brazo ni reposo a mi alma hasta que haya roto las cadenas que nos oprimen por voluntad del poder español.

Bolívar regresó a Sudamérica en 1806 para asumir los retos de la lucha independentista. Samuel Robinson permaneció en Europa, todavía interesado por las campañas de Napoleón. Emprendió nuevos viajes, visitando Italia, Alemania, Prusia, Polonia y Rusia. Fue sin duda durante ese viaje cuando participó en las «juntas secretas de carácter socialista» de las que habla.

En 1823 abandonó finalmente su escuela en Rusia y se dirigió a Londres. Allí, en la casa que había pertenecido en otro tiempo a Francisco Miranda y que ocupaba todavía su viuda, conoció al filósofo y poeta Andrés Bello, otro exiliado venezolano. Bello, que también era educador, le animó a regresar a casa ahora que la independencia de Latinoamérica estaba casi completada.

Samuel Robinson, que ya tenía entonces cincuenta y cuatro años, cruzó de regreso el Atlántico, desembarcó en el puerto colombiano de Cartagena y cambió de nuevo su nombre por el de Simón Rodríguez. Durante su viaje hacia Bogotá recibió noticias de Bolívar, comprometido entonces en la liberación de Perú: «¡Oh, mi maestro! ¡Oh, mi amigo! ¡Oh, mi Robinson, Ud. en Colombia! Ud. en Bogotá, y nada me ha dicho, nada me ha escrito». Bolívar le pidió que se reuniera con él en Lima, y allí se encontraron de nuevo los dos viejos amigos en 1824, poco después de la batalla de Ayacucho que selló el destino del Imperio español en Latinoamérica.

No sabemos exactamente de qué hablaron, aunque tenemos una imagen muy clara de cómo se desarrollaron las ideas de Simón Rodríguez en los años posteriores a su regreso a Latinoamérica desde Europa. Su experiencia europea lo había convencido de que en América habría que hacer las cosas de un modo diferente. En uno de sus primeros libros, publicado en 1828, escribió sobre esa necesidad de la diferencia, que se ha convertido en una de las claves del pensamiento de Hugo Chávez:

> La América Española es Orijinal = Orijinales han de ser sus instituciones i su gobierno = I Orijinales sus medios de fundar uno i otro. O Inventamos o Erramos.

En abril de 1825 Rodríguez se unió a Bolívar en la expedición que cruzó los Andes en dirección al país recientemente bautizado como Bolivia. Desde Lima pasaron por Arequipa, Cuzco, Tinta, Lampa, Puno y Zepita; una vez en Bolivia viajaron hasta La Paz, Oruro, Potosí y Chuquisaca (que más tarde se llamaría Sucre, en memoria del vencedor de Ayacucho).

Bolívar decidió que el país al que se había dado su nombre se beneficiaría de los talentos de Rodríguez. Lo nombró director de Enseñanza Pública, Ciencias Físicas, Matemáticas y de Artes y director general de Minas, Agricultura y Caminos Públicos de la República Boliviana. Los dos amigos se separaron entonces: Bolívar regresó a Perú, mientras que Rodríguez permaneció en Bolivia, emprendiendo en Chuquisaca la formación de una escuela modelo para los niños locales, ya fueran indios o blancos. Años después explicaba así los planes extraordinariamente ambiciosos que había tratado de poner en práctica en Bolivia:

> Mi gran proyecto por entonces consistía en poner en práctica un plan bastante meditado que estriba en colonizar la América con sus propios habitantes, para evitar lo que temo que acontezca un día; es decir, que la invasión repentina de inmigrantes europeos más inteligentes que nuestro pueblo actual venga a avasallarlo de nuevo y a tiranizarlo de un modo más cruel que el del antiguo sistema español. Yo quería rehabilitar la raza indígena y evitar su extinción completa.

Trágicamente para Bolivia, los ciudadanos conservadores de Chuquisaca rechazaron los imaginativos planes de Rodríguez. Sólo se habían acomodado de mala gana al gobierno republicano. Pronto se hicieron realidad algunos de los peores temores de Rodríguez. La vieja clase terrateniente permanecía al mando y trajo nuevos inmigrantes de Europa, que se dedicaron a matar y a destruir a los pueblos indígenas, en particular durante el *boom* del caucho a finales del siglo XIX. El proyecto revolucionario de Rodríguez —la educación de los indios— podría haber cambiado la historia posterior de Bolivia, pero no llegó a materializarse.

También en Venezuela los gobiernos posteriores a la independencia alentaron la inmigración europea a gran escala, mucho antes de que los colonos blancos hubieran llegado a ningún acuerdo con los habitantes originarios del país. Al acabar la Segunda Guerra Mundial llegaron a Venezuela más de un millón de inmigrantes europeos.

Rodríguez estableció su escuela en Chuquisaca y luego realizó un viaje a Cochabamba, donde esperaba crear una nueva escuela siguiendo el mismo modelo. Su pasión por la educación de los indios se basaba en su valoración, casi única en aquella época, del papel que las clases más bajas desempeñaban en el desarrollo del país. En 1830 escribió sobre esa deuda que nunca se podría pagar:

> Los estudiosos de América nunca han revelado el hecho de que deben sus conocimientos a los indios y a los negros; porque si esos estudiosos hubieran tenido que arar, sembrar y cosechar, y que reunir y preparar todo lo que comen, visten, usan y disfrutan durante sus inútiles vidas, no sabrían tanto [...].
>
> Habrían tenido que trabajar en los campos y habrían sido tan brutos como sus esclavos; habrían tenido que trabajar con ellos en las minas, en los campos tras los bueyes, en los caminos tras las mulas, en las canteras y en cientos de diminutos talleres donde hacen ponchos y abrigos, zapatos y vasijas de cocina.

Rodríguez conocía la hostilidad de los blancos; la había conocido treinta años antes en su escuela de Caracas. Ahora iba a chocar con ella de nuevo. Cuando regresó a Chuquisaca desde Cochabamba, se encontró con que su escuela había sido clausurada por orden del presidente Sucre, el antiguo general de Bolívar.

Sucre se veía sometido a la presión de la elite local boliviana. Se quejó de que Rodríguez era un organizador desastroso y de que no había conseguido mantener los gastos de su escuela dentro del presupuesto acordado. Puede que esto fuera cierto, pero la causa real del cierre fue la actitud racista de las autoridades de Chuquisaca, y que a los padres blancos no les gustaba que sus hijos se educaran junto a los de los indios. Rodríguez explicó más tarde lo que había sucedido en la escuela:

> Un abogado de nombre Calvo destruyó mi establecimiento en Chuquisaca, diciendo que yo había agotado los fondos, a fin de mantener rameras y ladrones, en lugar de dedicar mi esfuerzo a educar gente decente. Las rameras y los ladrones eran los niños de los verdaderos dueños del país, es decir, los *cholitos* y *cholitas* que deambulan por las calles y que son, de hecho, considerablemente más decentes que los niños y niñas del señor Calvo.

Deprimido por la acogida que había recibido, Rodríguez renunció a todos sus puestos en Bolivia y regresó a Lima, quizá en busca de Bolívar. Ambos hombres no se iban a encontrar de nuevo, y existen indicios de que las cartas escritas por Rodríguez a Bolívar nunca llegaron al Libertador. Durante algunos años se mantuvo a sí mismo y a la *cholita* boliviana que había convertido en su esposa fabricando velas en Ecuador.

Luego, en 1834, convocado quizá por Andrés Bello, se dirigió desde Ecuador a Chile, donde vivió y trabajó durante muchos años, primero en Concepción y luego en Valparaíso. Allí creó escuelas técnicas, enseñando a sus alumnos a leer y escribir, y luego a cómo fabricar ladrillos, tejas y velas, aprendizaje mediante la práctica. Se le suele recordar por haber provocado un escándalo con sus métodos de enseñar anatomía. Cuando no había cadáveres disponibles, aparecía él mismo desnudo en el aula.

En 1843, después de pasar diez años en Chile, regresó a Ecuador, donde se avecindó en el pequeño pueblo de Latacunga. Allí escribió en 1847 sus opiniones sobre trabajo y comercio:

> La división del trabajo en la producción de bienes sólo sirve para embrutecer la mano de obra. Si para producir tijeras para uñas, baratas y de calidad, tenemos que reducir los trabajadores a máquinas, es preferible que nos cortemos las uñas con los dientes.

Simón Rodríguez murió en 1852. El año antes de su muerte manifestó su esperanza en una revolución agraria:

Si los [latino]americanos quieren que la revolución política que de las cosas han hecho, y que las circunstancias han protegido, les traiga verdadero bien, hagan una revolución económica, empiécenla por los campos —de ellos pasarán a los talleres de pocas artes que tienen— y diariamente notarán mejoras que nunca habrían conseguido empezando por las ciudades.

Otra exhortación de Rodríguez que merece la pena recordar era ésta:

Venzan la repugnancia a asociarse para emprender y el temor de consejarse para proceder. El que no hace, nunca yerra: [pero] más vale errar que dormir.

No es difícil ver por qué un revolucionario como Chávez, deseoso de restablecer un discurso nacionalista en la era de la globalización, pretende resucitar la vida y escritos de aquel hombre extraordinario. Simón Bolívar, otro de los héroes de Chávez, tenía una deuda considerable con el viejo amigo a quien llamaba Samuel Robinson, y también la tenemos nosotros hoy día.

XVI

Ezequiel Zamora proclama su «horror a la oligarquía»

La tercera figura ejemplar recuperada por Hugo Chávez de la agitada historia de Venezuela durante el siglo XIX es la de Ezequiel Zamora, líder de las fuerzas federalistas en las guerras civiles de las décadas de 1840 y 1850. Zamora era un radical de provincias, un comerciante que se convirtió en soldado y estratega, con un vasto programa de reforma agraria en beneficio de los campesinos, una hostilidad apasionada hacia la oligarquía terrateniente, un proyecto para integrar a los civiles en sus fuerzas combatientes, y la aspiración bolivariana de unir a sus tropas con las que llevaban a cabo una lucha parecida en Colombia. Todos esos rasgos de aquel revolucionario del siglo XIX se adecuan perfectamente al programa del propio Chávez.

Zamora ha sido reivindicado a veces por la izquierda venezolana como un socialista de primera hora. Hay algunas pruebas que indican que aquel carismático soldado —«general del pueblo soberano» era como se describía a sí mismo—, que originalmente no era más que un tendero de provincias, estaba muy al tanto de los levantamientos revolucionarios en la Europa de su época, a través de su cuñado Juan Gaspers, inmigrante de Alsacia. Zamora estaba evidentemente familiarizado con el lema «libertad, igualdad, fraternidad» que él mismo empleó a veces, y contaba con información sobre las revoluciones europeas de 1848. Socialista o no, era incuestionablemente un liberal progresista, y un hombre con opiniones muy avanzadas para su época y país.

Al igual que Douglas Bravo y los movimientos guerrilleros de la década de 1960, que pusieron a uno de sus frentes el nombre de Zamora, Chávez se sintió muy pronto atraído por el programa radical de éste, que analizó durante sus cursos en la Academia Militar de Caracas en los años ochenta. Conocía la historia desde su infancia, ya que la campaña final del soldado-revolucionario en 1859 se desarrolló en el territorio del estado natal de Chávez, el de Barinas.

Contamos con muy pocos documentos escritos sobre las ideas de Zamora, pero las tradiciones orales recogidas personalmente por Chávez cuando estuvo destinado en Elorza, en Los Llanos, insisten en su profundo sentimiento de solidaridad con los campesinos pobres. Su llamamiento a la insurgencia se basaba en tres eslóganes, recordados a menudo por Chávez:

> Tierra y hombres libres;
> Elección popular; y
> ¡Horror a la oligarquía!

Después de su muerte y de la victoria de sus adversarios conservadores, el nombre de Zamora gozó durante muchos años de poca estima. La oligarquía local, dice Chávez, nunca le perdonó las acciones que emprendió contra sus intereses cuando saqueó la ciudad de Barinas. Ordenó que se incendiara hasta los cimientos el edificio que albergaba los archivos de los títulos de propiedad de las tierras, para evitar con ello que las ocupaciones de tierras de los campesinos pudieran verse sometidas más tarde a eventuales acciones legales por parte de los terratenientes.

Rómulo Gallegos, escritor, fundador de Acción Democrática en 1939 y presidente de la República durante unos meses en 1948, enturbió las aguas de la memoria al comparar a Zamora con José Tomás Boves (1782-1814), el inflexible dirigente de los *llaneros* del Orinoco, que combatieron junto a los realistas españoles contra Bolívar en 1814 y arrebataron el control de Caracas a los republicanos. En su novela *Pobre negro,* publicada en 1937, Gallegos describe la buena acogida de Zamora por los campesinos con estas palabras: «Es Boves que vuelve, decían los ancianos, llamándose ahora Ezequiel Zamora. Como Boves, arrastraba las masas en pos de sí [...]».

La fuerza de Boves residía en su capacidad para movilizar a las clases oprimidas, los esclavos y los indios, contra los republicanos. Como escribía su capellán José Ambrosio Llamozas en 1815:

> Desde el comienzo de su campaña reveló la naturaleza de la estrategia que estaba siguiendo y de la que nunca se desvió: se basaba en la destrucción de todos los blancos, preservando y rescatando a la gente de color [...]. En Los Llanos no debía quedar un blanco por dos razones: la primera, por tener destinado aquel territorio para los *pardos,* y la segunda, para asegurar su retirada en caso de una derrota, pues no se fiaba de los blancos, cuya compañía le desagradó siempre.

¡Verdaderamente, esto era horror a la oligarquía! Cuando Boves conquistó finalmente la Caracas republicana en julio de 1814, destruyó la ciudad obligando a Bolívar a escapar al exilio en Jamaica. Boves murió en diciembre de aquel mismo año en la batalla de Urica.

Zamora era un líder popular, pero si bien es cierto que proclamó el «odio a la oligarquía», no hay pruebas de que desarrollara una campaña de exterminio de los blancos como la emprendida por Boves y sus *llaneros,* aunque su legado fue enormemente conflictivo. El estado de Barinas, antes conocido como de Zamora, sufrió ese cambio de nombre porque a los políticos locales al servicio de los terratenientes no les gustaba que se le rememorara con tanto honor. Su estatua en la plaza Zamora de Barinas fue derribada y arrojada al río Santo Domingo que bordea la plaza.

Todo esto forma parte de la historia familiar de Chávez. Recuerda que en 1960, cuando tenía seis años, acostumbraba a escuchar las historias que le contaba su abuela Rosa Chávez en su casa en Sabaneta. Ésta, a su vez, recordaba las historias que le había contado en los años veinte su abuelo, quien había acompañado a Zamora en su marcha a través de Barinas en 1859. Allí, en Santa Inés, Zamora obtuvo su mayor victoria. En los alrededores de Sabaneta, Zamora cruzó el río Boconó por un vado, y ahí es adonde el joven Chávez iba con su padre a pescar y a nadar. A veces iba con sus amigos hasta el campo de batalla de Santa Inés, siempre con la esperanza de encontrar viejas bayonetas en la arena.

Malcolm Deas, historiador de Oxford, escribe que la batalla de Santa Inés fue la «obra maestra» de Zamora, «una compleja combinación de emboscadas y trincheras». Asegura que «la reputación de Zamora como reformador igualitario se basa en poco más que su extraordinario don de gentes, su capacidad para llevarse bien con todas las clases, del mismo modo que su autoridad militar provenía enteramente de su capacidad en ese campo». Sin embargo, es obvio que Chávez tiene razón al presentar a Zamora como un radical visionario que puso las necesidades de los campesinos en el centro de su programa para transformar la economía rural del país. Una de sus propuestas concretas que se han conservado es su programa en cuatro puntos para el campesinado:

1. Cinco leguas de tierra a la redonda y por los cuatro puntos cardinales para uso común de cada pueblo, villa, ciudad o caserío.
2. Eliminación del sistema de cobrar arriendo por el uso de la tierra para fines agrícolas o pecuarios.
3. Fijar los jornales de los peones de acuerdo con las labores.
4. Que los amos de hatos empotreren diez vacas paridas, de modo permanente, en las tierras del común, para suministrar diariamente, y de modo gratuito, una botella de leche a los hogares pobres.

Fueran cuales fueran las propuestas concretas de su programa, Zamora ha permanecido en la memoria popular como uno de los dirigentes más briosos del siglo XIX. No era un guerrero sediento de sangre como Boves, pero tenía una capacidad parecida para inducir a la gente a la acción, como la tiene Chávez.

Zamora nació en febrero de 1817 en Cúa, en el estado de Miranda. Su padre había muerto en las guerras de la independencia, y su familia se trasladó a Caracas cuando era todavía muy pequeño. Más tarde, regresó a Los Llanos y se ganó la vida allí como tratante de ganado durante algunos años antes de abrir unos almacenes en Villa de Cura.

Se convirtió en seguidor apasionado de la causa liberal en la época de Antonio Leocadio Guzmán, fundador del partido liberal y adversario de la oligarquía terrateniente agrupada en torno a la figura de José Antonio Páez, el gran caudillo conservador que había combatido junto a Bolívar. Tras unas elecciones típicamente fraudulentas en Villa de

Cura en 1846, Zamora lanzó un ataque contra las fuerzas de los terratenientes, aliándose con uno de los grandes dirigentes nativos de Los Llanos, José Rangel, «el Indio».

Zamora y Rangel organizaron a los campesinos y esclavos locales en una fuerza de hostigamiento a la que llamaron Ejército del Pueblo Soberano, pero fueron derrotados en la batalla de la Laguna de Piedra en 1847. Zamora y Rangel fueron capturados y condenados a muerte. Rangel fue muerto a golpes de machete, pero Zamora fue indultado, rebajando su condena a diez años de prisión. Tras escapar de la cárcel de Maracay en el camino hacia la prisión de Maracaibo, encontró trabajo como peón en una hacienda hasta que se le concedió una amnistía al año siguiente.

Luego se enroló en el ejército liberal de José Tadeo Monagas, con el que siguió combatiendo contra los terratenientes. En 1849 sus tropas llevaron encadenado a Páez a Caracas y en 1851 fue ascendido a coronel y se le dio el mando de la plaza de Coro. En 1854, cuando se concedió por fin a los esclavos la libertad, Zamora hizo campaña, aunque sin éxito, contra las compensaciones acordadas a sus ex propietarios.

La derrota de los terratenientes fue sólo temporal, y pronto regresaron encabezados por el presidente Julián Castro, quien obligó a Zamora y otros dirigentes liberales a exiliarse al Caribe; pero en octubre de 1858 constituyeron una Junta Patriótica y planearon una rebelión que iba a encabezar el general Juan Crisóstomo Falcón, con cuya hermana se había casado Zamora.

Zamora regresó a tierra firme, llevando a cabo un ataque con éxito sobre Coro, en febrero de 1859. Su subsiguiente campaña en el oeste del país iba a durar hasta su muerte, diez meses después, en la batalla de San Carlos. Su mayor éxito, en Santa Inés en diciembre de 1859, obligó a las fuerzas gubernamentales dirigidas por Pedro Ramos a retirarse a Mérida, dejando los estados de Coro, Barinas y Portuguesa en manos de las fuerzas federalistas.

Chávez alude con frecuencia en sus discursos a la batalla de Santa Inés (se sorprendió al comprobar en una visita a La Habana que Fidel Castro lo sabía todo sobre ella). Cuando pidió a los ciudadanos el voto afirmativo en la campaña del referéndum por la nueva Constitución, celebrado el 15 de diciembre de 1999, Chávez pronunció un discurso describiendo la batalla que tenían por delante y comparando su propia posición con la de Zamora:

En la batalla de Santa Inés, Ezequiel Zamora simuló que sus fuerzas estaban desplegándose, que no existían, y viene el ejército de los del no, y avanza. Zamora era del sí, por supuesto. [... Los enemigos de Zamora] capturaron la ciudad casi sin un tiro y Zamora se había retirado hacia el río, y resulta que les tenía una emboscada preparada, y lanzó el contraataque y los fulminó a todos, y los persiguió hasta Mérida.

El propósito de Chávez era repetir en el referéndum el éxito de Zamora, como de hecho sucedió.

Chávez también se refiere a Zamora como un eslabón de la cadena que conecta el proyecto de Bolívar con el programa que desea llevar a cabo. Lo presenta como continuador de los pasos de Bolívar, en pos del objetivo de la unidad latinoamericana mediante una alianza integral completa total con Colombia:

> En Zamora encontraréis el mismo pensamiento geopolítico bolivariano sobre la unidad de Latinoamérica; trató de unir a sus fuerzas con los que luchaban por la federación en territorio colombiano al otro lado del río Apure. El 19 de mayo de 1859, en una declaración a los pueblos de Barinas y Apure, les dijo: «Así, conciudadanos, compañeros de armas, hagamos el postrer esfuerzo que pueda necesitar de nosotros, para dejar cumplida la gran misión que nos ha confiado el pueblo y veréis abierta la nueva era de la federación colombiana, que fueron los últimos votos de nuestro Libertador, el gran Bolívar».

Otra característica de Zamora evocada por Chávez, se hace visible en un retrato suyo pintado por José Ignacio Chaquett tras la batalla de Santa Inés, en el que el héroe militar aparece de perfil con dos sombreros, uno sobre otro. Uno de ellos es un sombrero corriente y el otro una gorra militar (quepis). Zamora quería simbolizar así la unidad del pueblo con las fuerzas armadas en sus esfuerzos «por hacer la revolución». En su propósito de reestructurar las relaciones entre sociedad civil y fuerzas armadas, el comandante Chávez trata de mantener esa tradición.

La leyenda de Zamora sobrevive hoy día en los versos de un himno militar de la época de las guerras federalistas, con letra y música de Domingo Castro, un soldado de su ejército:

El cielo encapotado anuncia tempestad,
y el Sol tras de las nubes pierde su claridad.
¡Oligarcas temblad, viva la libertad!
Las tropas de Zamora, al toque de clarín,
derrotan las brigadas del godo malandrín.

En una rememoración de la gran batalla de Zamora en Santa Inés, Román Martínez Galindo se quejaba de que los niños venezolanos estén actualmente demasiado influidos por la televisión estadounidense. Martínez lamenta el hecho de que estén «más familiarizados con "la conquista del oeste", "la anexión de Texas", o "la guerra civil entre el norte y el sur" que con las guerras federalistas en la Venezuela del siglo XIX». La historia de Zamora, indica, es «un episodio de singular importancia en nuestra historia, escrito por nuestros cercanos antepasados, que deberíamos conocer si queremos saber realmente quiénes somos».

Martínez Galindo expresa su esperanza de que algún día «los cineastas venezolanos decidan rescatarnos de las películas estadounidenses de *cowboys,* marines y boinas verdes [...] y podamos ver en el cine al general del Pueblo Soberano, al frente de sus tropas que cantan: ¡oligarcas temblad!».

CUARTA PARTE

LA ORGANIZACIÓN DE LA DERROTA DEL *ANCIEN RÉGIME* POR MEDIOS PACÍFICOS, 1992-1998

XVII

LA PRISIÓN DE YARE Y LA BÚSQUEDA
DE ALIADOS POLÍTICOS

El teniente coronel Chávez recibió una larga condena de prisión por su participación en el intento de golpe de febrero de 1992. En la práctica, sólo permaneció encarcelado dos años, desde febrero de 1992 hasta marzo de 1994, primero en San Carlos y después en San Francisco de Yare. En prisión era bien tratado, con el respeto que se debe a un distinguido oficial. Se le permitió realizar entrevistas en radio y televisión y recibía a muchos visitantes, algunos de los cuales iban a desempeñar un importante papel en su formación política y más tarde en su vida. También tuvo tiempo para leer y reflexionar, y para considerar con más detalle los fundamentos nacionalistas de su filosofía política.

Mientras Chávez estaba todavía en prisión, tuvieron lugar varios acontecimientos dramáticos en la escena nacional. El presidente Carlos Andrés Pérez, que había sobrevivido a dos golpes militares en 1992, fue finalmente desalojado del poder en junio de 1993, por lo que de hecho fue un golpe del Congreso. Perdió el apoyo de la vieja guardia de Acción Democrática, su propio partido, que se posicionó contra él en el Congreso, acusándolo de corrupción, y se vio obligado a dejar el cargo junto a dos de sus ministros. Fue sustituido durante lo que le quedaba de mandato por Ramón J. Velásquez, un distinguido historiador.

Cuando se celebraron nuevas elecciones presidenciales en diciembre de 1993, el teniente coronel Chávez llamó a sus seguidores a abstenerse, y muchos de ellos lo hicieron. Los resultados de las elecciones aportaron poca tranquilidad a los partidos establecidos. Cuando se eligió a Pérez en diciembre de 1988, una cuarta parte del electorado se abstuvo. En diciembre de 1993 la abstención llegó al 40 por 100, un porcentaje bastante más alto que el miserable 30 por 100 que votó por el ganador final, el antiguo presidente Rafael Caldera.

La fuerza política de los viejos partidos se estaba desmoronando. La crisis económica, el *Caracazo,* los dos intentos de golpe de Estado y sus propias disensiones internas marcaban la vía hacia la catástrofe. Casi por primera vez en la política venezolana, los cuatro principales candidatos recibieron porcentajes de voto muy similares: Claudio Fermín, de Acción Democrática, recibió el 23,6 por 100; Oswaldo Álvarez Paz, de Copei, el 22,73 por 100, y Andrés Velásquez, de La Causa R, el 21,95 por 100. Rafael Caldera, con el 30 por 100, se hizo con el triunfo, y todos reconocieron que debía esa victoria a su famoso discurso en el Congreso en febrero de 1992, en el que prácticamente legitimó el golpe de Chávez. Por habilidad política innata o simplemente por buena fortuna, Caldera, en otro tiempo fundador de Copei, abandonó su viejo partido –que a su vez lo abandonó a él– e hizo campaña como independiente, formando un grupo denominado Convergencia, aliado con el Movimiento al Socialismo (MAS).

Aunque Caldera resultó ganador por estrecho margen, no contaba con nada que se pareciera a una mayoría en el Congreso. Su gobierno carecía de fuerza desde el primer momento, y se vio obligado a pedir apoyo a Luis Alfaro Ucero, el dirigente de Acción Democrática.

Los sociólogos comenzaron a hablar por primera vez de la naturaleza «mesiánica» de la cultura política venezolana. A Caldera se le veía como el mago del momento, como lo había sido Pérez en 1988. Era el hombre que podía unir de nuevo al país contra todos los males. Más avanzada la década de 1990, la situación política se había vuelto tan desesperada, que aparecieron candidatos milagrosos por todas partes. Uno de ellos fue Irene Sáez, la antigua reina de la belleza que se convirtió en alcaldesa del distrito Chacao de Caracas. Otro fue el teniente coronel Chávez.

En el país estaban emergiendo nuevas fuerzas políticas. Una característica importante de las elecciones de 1993 fue el gran número de votos obtenidos en el estado de Bolívar por La Causa R, el partido obrero radical cuyo programa había influido ya en cierta medida sobre Chávez. Ahora se convirtió en la tercera fuerza política del país, tras los dos principales partidos. Estos dos, unidos, consiguieron menos votos que las dos más pequeñas y más recientes configuraciones, la Convergencia de Caldera (que incluía al Movimiento al Socialismo) y La Causa R.

Los dos partidos de izquierda se convirtieron así en figuras significativas en la escena nacional. El Movimiento al Socialismo decidió participar junto a Caldera, mientras que La Causa R decidió esperar un poco. Ambos iban finalmente a apoyar a Chávez, tras serias escisiones.

El Movimiento al Socialismo es una organización política pequeña pero intelectualmente significativa que ha sufrido la mayoría de los altibajos de movimientos socialistas similares en Europa, oscilando entre el «eurocomunismo» y la socialdemocracia. Gran parte de la izquierda intelectual venezolana ha formado parte en un momento u otro del MAS durante sus treinta años de existencia, y sus encarnizadas disensiones internas han proporcionado la mayor parte de la materia prima para lo que se entiende en Venezuela como debate político.

Creado a principios de la década de 1970 por antiguos miembros del Partido Comunista, parte de los cuales habían luchado en los movimientos guerrilleros de la década anterior, su portavoz más elocuente, candidato presidencial en varias ocasiones, era Teodoro Petkoff. Desencantado de la lucha guerrillera y del comunismo tras la invasión de Checoslovaquia en 1968, Petkoff se fue deslizando lentamente hacia la derecha en el plano político, aunque sus actitudes siempre estuvieron marcadas por un enérgico sentimiento moral de lo que se debía hacer en cada momento. Durante la crisis de los años noventa pensó que su tarea consistía en impulsar al MAS hacia el gobierno minoritario y un tanto miserable de Caldera. El propio Petkoff desempeñó un papel clave en ese gobierno como ministro de Planificación, impulsando varias reformas neoliberales. En esa tarea se le unió Pompeyo Márquez, otro antiguo miembro del Partido Comunista y luego del MAS, que se convirtió en el ministro de Asuntos Fronterizos de Caldera.

El presidente Caldera reconoció su deuda política con el teniente coronel Chávez, que le había otorgado su preferencia sobre otros candidatos, y dio órdenes al principio de su presidencia para que quienes habían participado en los dos golpes militares de 1992 fueran puestos en libertad. Chávez salió de prisión el 27 de marzo de 1994, Domingo de Ramos.

Durante su estancia en prisión Chávez se dedicó, como Caldera, a buscar aliados políticos. Renovó sus contactos con varias figuras civiles a las que había conocido antes del golpe. Luis Miquilena fue un visitante frecuente, como lo fueron otros miembros del Frente Patriótico constituido en 1989. Chávez también habló con gente de MAS y de La Causa R, pero estableció el límite en Bandera Roja, un grupúsculo que todavía defendía la lucha armada y que se consideraba heredero de las guerrillas de los años sesenta. Chávez nunca dedicó mucho tiempo al ultraizquierdismo:

> Los grupos como ésos parecen haberse dado a sí mismos la misión sagrada de proclamarse como los únicos revolucionarios del planeta, o al menos en este territorio, y quienes no siguen sus dogmas no son considerados auténticos revolucionarios. Nunca he hablado durante más de cinco minutos con un solo dirigente de Bandera Roja.

Aunque Petkoff trabajaba con Caldera, otra figura destacada del MAS, Jorge Giordani, se convirtió en un visitante asiduo de la prisión de Yare. Giordani, economista radical, estudió en el Instituto de Estudios del Desarrollo de la Universidad de Sussex en la época de Dudley Seers. Ahora era profesor de la Universidad Central de Caracas y del Centro de Estudios del Desarrollo (CENDES) y gurú económico del MAS. Se negó a apoyar a Caldera y se convirtió en uno de los principales asesores económicos de Chávez. Muchas de las ideas económicas semielaboradas de Chávez provienen de sus diálogos con Giordani, que se convirtió en ministro de Planificación y Desarrollo en el gobierno de Chávez de 1999, encargado de la Oficina Central de Coordinación y Planificación de la Presidencia de la República (CORDIPLAN).

No todos los miembros del MAS estaban de acuerdo con Petkoff, y cuando en 1998 apareció en el horizonte la posibilidad de la candidatura de Chávez, Giordani y la mayoría del MAS la apoyaron. Petkoff era todavía ministro del gobierno de Caldera y no deseaba abandonar el puesto, además de estar en total desacuerdo con las propuestas políticas de Chávez en casi todos los terrenos; pero el resto de su partido se alineó con Chávez.

Cuando se le pregunta por qué el MAS apoyó su candidatura a la presidencia, Chávez señala que los dirigentes se habían mostrado bastante reticentes, pero se vieron presionados por los militantes de base.

Entrevistado por Agustín Blanco Muñoz en junio de 1998, aseguraba que la base del MAS probablemente lo apoyaba desde hacía tiempo:

> Cuando salí de la prisión de Yare, durante los largos viajes que hice por todo el país, la gente del MAS siempre estaba allí, deseando hablar. Estoy seguro de que la mayor parte de la base política del MAS, la estructura política que existe en todo el país, estuvo siempre de nuestro lado y nunca había estado de acuerdo con la estrategia de apoyar al gobierno de Caldera y aún menos las subsiguientes decisiones tomadas por los dirigentes [...]. Creo que fueron capaces de ejercer una presión sobre los líderes del partido que les obligó a tomar una decisión más adecuada a sus propias raíces: sus proyectos originales de justicia social, igualdad, libertad, democracia y revolución democrática. Ésos eran los eslóganes que yo acostumbraba a oír cuando era todavía un escolar en Barinas en la época en que nació el MAS, poco más o menos el mismo año, 1971, en que me incorporé al Ejército.

Chávez conoció a principios de la década de los noventa a otro desconcertante activista político, un historiador argentino llamado Norberto Ceresole, que desde sus raíces en la izquierda se había ido desplazando a posiciones más identificadas con la derecha; Se solían mencionar las relaciones iniciales de Chávez con Ceresole para indicar la naturaleza reaccionaria de sus opiniones.

Ceresole aseguraba haber formado parte en la década de 1970 de los montoneros, el grupo guerrillero peronista que alcanzó renombre durante el gobierno de Juan Domingo Perón y el de su viuda Isabel en esos años. Más tarde, Ceresole apoyó el golpe militar del general Jorge Videla contra la presidenta Isabel Perón en 1976, y llegó a mantener que las organizaciones de derechos humanos que criticaban los excesos de la «guerra sucia» argentina formaban parte de un «complot judío» contra la nación. Escribió varios libros; uno de ellos, *La conquista del Imperio americano,* publicado por al-Andalus en Madrid en 1998, contiene una enérgica denuncia de «la mafia financiera judía» que se oculta tras el capitalismo estadounidense.

Ceresole le fue indudablemente útil a Chávez en esa primera etapa, debido a su interés histórico por los gobiernos militares «progresistas». Como peronista radical, Ceresole se remitía a Nasser y Atatürk, y también había escrito libros en apoyo del peruano Velasco Alvarado y del panameño Omar Torrijos. Mantenía relaciones con gobiernos árabes que se iban a demostrar extremadamente útiles. Sin embargo, la prolongación de su amistad con aquel controvertido argentino podría haber resultado embarazosa, y cuando Chávez se convirtió en presidente, Ceresole desapareció convenientemente del país. Regresó a Buenos Aires, donde murió pocos años después.

Ceresole había sido un mentor muy útil en un momento particular, pero en definitiva fue más trascendente la amistad que estableció con Fidel Castro poco después de salir de prisión. Chávez viajó a La Habana en diciembre de aquel año; cerca de una década después, en un discurso en el Foro Social en Porto Alegre en enero de 2003, recordaba aquella primera visita:

> Fidel me sorprendió recibiéndome en el aeropuerto desde donde nos dirigimos a la Universidad de La Habana para un encuentro con los estudiantes [...]. A medida que la ideología bolivariana iba cobrando forma, tenía que precisar algunas cosas. Recuerdo que, como respuesta a mis palabras, Fidel dijo: «La lucha por la dignidad se llama bolivarianismo en Venezuela; en Cuba esa lucha se llama socialismo».

Castro siempre había estado alerta, a la espera de potenciales aliados en el continente. Hugo Chávez no le iba a defraudar (véase el apéndice A, p. 325).

XVIII

La política en Guayana y el ascenso de La Causa R

Ciudad Bolívar, a la que en otro tiempo se llamó Angostura debido a la estrechez del Orinoco en ese punto, es una pequeña ciudad colonial inclinada sobre el río desde su orilla meridional. Un paseo arbolado bordea el río, con una baranda para evitar que alguien caiga y sea víctima de los caimanes antes tan característicos de esta vía fluvial estratégica. Sir Walter Raleigh pasó por el lugar a finales del siglo XVI, y doscientos años después se detuvo aquí Alexander von Humboldt, el científico y viajero alemán, recobrándose durante varios semanas de un brote de fiebres.

Simón Bolívar también estableció su base en Angostura, rebautizada con su nombre treinta años más tarde. Su primera estancia se produjo en 1816, antes de emprender su espectacular paso de los Andes para llegar a Colombia. En 1819, el Congreso aquí convocado de los pueblos liberados de las riberas del Orinoco y las costas del Caribe lo nombró presidente, jefe supremo y capitán general del nuevo Estado de la Gran Colombia.

«¡Dichoso el ciudadano –dijo Bolívar en la apertura del congreso de Angostura– que bajo el escudo de las armas de su mando ha convocado la soberanía nacional para que ejerza su voluntad absoluta!» El presidente Chávez citó esas mismas palabras cuando convocó una nueva Asamblea Constituyente para redactar una nueva Constitución ciento ochenta años después, en 1999.

Angostura, o Ciudad Bolívar, fue en otro tiempo un importante centro comercial en el Orinoco, pero hoy día se arrellana en la gloria de su historia semiolvidada. Todavía mantiene alguna importancia como capital del estado de Bolívar y acceso a las llanuras del bajo Orinoco y la región oriental de Guayana. De ella parte una gran autopista que conduce a Ciudad Guayana, el centro del mayor complejo industrial planificado de Venezuela, un área donde se respira un heroico sentimiento pionero, que recuerda al de la Unión Soviética en su mejor momento. Es el principal centro industrial de Venezuela, un lugar donde el Estado asumió la responsabilidad del desarrollo de la industria pesada y el abastecimiento de la energía necesaria para una economía moderna.

Se podría pensar que como Venezuela posee una ingente reserva de petróleo se podría haber contentado con construir estaciones eléctricas donde éste se quemara, pero no es así. Gobiernos ambiciosos decidieron hace tiempo vender el petróleo al mercado exterior y desarrollar en el país centrales hidroeléctricas para la industria local. La región de Guayana contiene hoy día el segundo complejo hidroeléctrico del mundo en Guri, junto al río Caroní. Sólo la presa de Itaipú en el Paraná, en la frontera entre Brasil y Paraguay es mayor que ésta*. También aquí se encuentran las excavaciones de la inmensa montaña de hierro de Cerro Bolívar, junto al que se alzan enormes altos hornos gestionados por la Siderúrgica del Orinoco (SIDOR) y una industria embrionaria de aluminio. Todas estas instalaciones fueron creadas y dirigidas por el Estado todopoderoso.

Para hacer funcionar y gestionar esas empresas gigantescas se precisaba una enorme fuerza de trabajo, atraída hacia la región desde todos los rincones del país; no es sorprendente que en ella hayan arraigado, más que en otras, propuestas políticas radicales. Un potente movimiento obrero, independiente de los sindicatos de los gobiernos anteriores y desarrollado durante un periodo de treinta años, ha proporcionado al presidente Chávez su más fuerte apoyo.

---

* En 2009 las superará a ambas la presa de las Tres Gargantas en China *(N. del T.)*.

Fue en Ciudad Guayana donde nació La Causa R (LCR), una peculiar organización política de Venezuela. Creada originalmente en los primeros años setenta, se convirtió en 1997 en Patria Para Todos (PPT) como parte de la coalición chavista gobernante. El PPT ha proporcionado al gobierno varios de sus ministros más importantes y muchas de sus ideas más lúcidas.

La Causa R fue fundada como hemos dicho a principios de los años setenta por Alfredo Maneiro, un guerrillero del Partido Comunista durante la década anterior. El grupo de Maneiro, como el MAS de Teodoro Petkoff, se escindió del Partido Comunista en 1970 al final de la guerra de guerrillas. Maneiro, nacido en 1939, formó parte del comité central del partido y fue jefe de la guerrilla en el frente oriental. Cuando el partido se escindió a finales de los años sesenta, estaba cerca de las posiciones chinas en la disputa chino-soviética, con una actitud radicalmente diferente a la de los disidentes como Petkoff, que se inclinaban hacia una socialdemocracia de estilo europeo. Uno de los seguidores de Maneiro fue Pablo Medina, organizador sindical y uno de los primeros y más destacados apoyos civiles de Chávez. Medina fue elegido para formar parte de la Asamblea Constituyente en 1999, pero más tarde se unió a la oposición.

El grupo de Maneiro participó en la formación del MAS en enero de 1971, pero pronto se desplazó en una nueva dirección. Maneiro se había mostrado muy crítico hacia el viejo Partido Comunista de los años sesenta y no sólo por su ideología. Comenzó a cuestionarse el papel de los propios partidos políticos, y pronto formuló una posición ideológica hostil a esos medios organizativos. En una colección de artículos, *Notas Negativas,* publicado en 1971, perfiló las posiciones políticas de un nuevo grupo nacionalista de izquierdas al que llamó Venezuela 83 y que fue el precursor del movimiento conocido como La Causa R.

La cifra «83» aludía al año 1983. En ese momento, para el que entonces faltaba todavía más de una década, las compañías petroleras extranjeras que operaban en Venezuela debían, según los términos del tratado firmado en 1944, devolver sus concesiones al Estado venezolano. Los nacionalistas venezolanos esperaban con la expectación imaginable ese acontecimiento. De hecho, el presidente Carlos Andrés Pérez, con su acostumbrada demagogia populista, pudo adelantar la fecha a 1976, el año en que las compañías petroleras fueron finalmente nacionalizadas.

El objetivo político de Maneiro —realmente original— consistía en canalizar los movimientos populares de protesta sin crear para ello una estructura política partidaria. La historiadora Margarita López Maya ha descrito así ese proyecto:

> Dijo que había que darle contenido político a la asombrosa y espontánea capacidad de movilización de las masas, participar en las infinitas y variadas formas del movimiento popular, con el convencimiento de que esas masas resolverían ellas mismas el asunto de su dirección política. En vez de partir de una estructura política dada, se debía confiar en que el movimiento popular tomaría en sus manos la tarea de producir de su seno un nuevo liderazgo.

Una vez formulada esta interesante e innovadora filosofía política, Maneiro y su grupo decidieron concentrarse en tres áreas particulares de movilización popular donde podían surgir los necesarios dirigentes de vanguardia. Uno era el movimiento estudiantil, sobre todo en la Universidad Central de Caracas, una institución muy politizada alojada en los magníficos edificios modernistas de Carlos Raúl Villanueva. Durante décadas, y con fuertes raíces que se remontan a las promociones de 1918, 1928 y 1958, así como 1968, esa universidad se ha identificado con la izquierda. Un segundo foco de protesta popular era el Barrio de Catia, en el noroeste de la ciudad de Caracas, con una población mestiza de cerca de un millón de personas y una tradición considerable de lucha popular. La actividad política en ambos frentes —en la universidad y en Catia— tuvo éxito en un primer momento, pero finalmente resultó de poca rentabilidad política.

La Causa R concentró entonces sus esfuerzos en el tercer foco elegido por Maneiro, el movimiento obrero de Ciudad Guayana en la industria estatal del acero (Siderúrgica del Orinoco). Una larga huelga había dejado a los obreros intensamente politizados y críticos hacia los sindicatos gubernamentales controlados por Acción Democrática. Ahí se contrastó la filosofía de Maneiro y se demostró acertada.

Las grandes obras públicas de Ciudad Guayana —las fábricas de acero de SIDOR y las grandes presas del río Caroní— fueron el fruto de decisiones tomadas mucho antes, en la década de 1950, cuando presidía el país el general Pérez Jiménez. Este dictador, al que todos prefieren olvidar, vivió luego en el exilio en La Moraleja (España) hasta su muerte en septiembre de 2001, con ochenta y seis años. En el palacio de Miraflores de Caracas la galería de retratos presidenciales pasa directamente de Rómulo Gallegos (derrocado en 1948) a Rómulo Betancourt (elegido en diciembre de 1958). Pérez Jiménez, que gobernó durante el decenio comprendido entre ambos, ha sido arrojado fuera de la historia, pero fue él quien tomó las decisiones fundamentales que iban a afectar a la economía venezolana durante cincuenta años, decisiones de tales dimensiones y derivaciones que ningún presidente posterior tuvo nunca el coraje o la oportunidad de reconsiderarlas hasta los años noventa.

Luis Miquilena, uno de los primeros asesores políticos de Chávez, muestra una actitud ambivalente hacia Pérez Jiménez; aunque fue víctima de la represión en aquella época, Miquilena juzga satisfactoriamente algunos de sus logros:

> La dictadura tenía en aquella época una idea bastante más desarrollada de lo que podía ser el país que los seguidores de Acción Democrática. Pérez Jiménez estableció los fundamentos de nuestro desarrollo, y lo puedo decir con la autoridad de alguien que estuvo en prisión siete años durante su gobierno. Durante ese tiempo se desarrolló la industria del acero y se construyeron las principales carreteras del país, y de hecho había un plan y una idea de lo que el país debía ser que no había existido nunca hasta entonces.

Esas ideas, aseguraba Miquilena, eran importantes y no se recuperaron «hasta que Chávez presentó la idea de crear un nuevo país adoptando la vía democrática».

El desarrollo industrial de Venezuela emprendido por el gobierno de Pérez Jiménez debería haber sido una tarea simple. Con el hierro y la bauxita baratos, electricidad barata y el transporte barato por el Orinoco (así como la proximidad de un gran mercado en Estados Unidos), el futuro parecía simple y atractivo, pero las empresas estatales de Ciudad Guayana se iban a convertir en causa de infinitos dolores de cabeza económicos para los sucesivos gobiernos; del mismo modo que en la Unión Soviética, las desventajas del capitalismo de Estado se fueron haciendo cada vez más patentes con los años.

La poderosa agencia estatal de desarrollo en esa área, la Corporación Venezolana de Guayana (CVG), se convirtió en un estado corrupto y burocratizado dentro del Estado. El desarrollo industrial se financió con la renta del petróleo, pero cuando el precio de éste se vino abajo en los años ochenta, la ruina económica de la región de Guayana se convirtió en una amenaza inminente.

A primera vista, todo seguía siendo muy parecido. Grandes autovías atravesaban la región, las grandes gigantescas fábricas de acero de SIDOR seguían funcionando y las construcciones faraónicas de la presa de Guri avanzaban a pleno rendimiento, pero un examen de los libros de cuentas revelaba la magnitud de la catástrofe. Los ingresos de la renta del petróleo se canalizaban a través del partido político que tuviera el poder en la región –asociado con determinados sindicatos, que a su vez eran una rama del partido político–, lo que propiciaba el exceso de personal y la corrupción. Se contrajeron grandes deudas sin pensar en cómo se pagarían. SIDOR empleaba a 6.000 personas más de lo justificable económicamente. La planta hidroeléctrica de la presa de Guri no podría sobrevivir sin aumentar el precio de la electricidad que producía. Otras plantas industriales requerían nuevas inversiones sustanciales y el Estado no contaba ahora con reservas que le permitieran llevarlas a cabo. El dinero tendría que llegar de inversores extranjeros, y esto a su vez exigiría mayor eficiencia y competitividad, lo que suponía un cambio histórico para la Venezuela gestionada con mimo por el Estado.

De repente los trabajadores de la región comenzaron a prestar atención a los portavoces de La Causa R. Pablo Medina había sido enviado como activista a SIDOR años antes, en enero de 1972. El clima parecía entonces propicio para la actividad política. La nueva Ciudad Guayana se había convertido en un imán para trabajadores inmigrantes no organizados de todo el país, y pronto quedó de manifiesto el potencial para el crecimiento de una organización sindical creativa. Medina trabajaba en la fábrica de acero en el turno nocturno; durante el día confeccionaba un periódico, *El Matancero,* muy crítico hacia el sindicato hegemónico de Acción Democrática.

El informe de esas tempranas actividades, redactado por Margarita López Maya, describe cómo se introdujo el periódico de Medina en áreas de lucha política menospreciadas hasta entonces:

El Matancero luchaba por reivindicaciones tales como la participación democrática de los obreros en las decisiones sindicales que les afectaban, algo que era inexistente en el sindicalismo de la zona, y la higiene y la seguridad de los obreros en sus puestos de trabajo, temas no tocados por los otros líderes sindicales.

Uno de los primeros reclutados por Medina, que satisfacía el proyecto de Maneiro de crear un nuevo liderazgo sindical surgido de luchas concretas, fue Andrés Velásquez, un perito electricista que más tarde se convirtió en candidato presidencial de la izquierda. Tras cinco años de actividad política permanente, en 1977 otro líder surgido de las luchas, Tello Benítez, fue elegido para ocupar un puesto directivo en el Sindicato Único de los Trabajadores de la Industria Siderúrgica y Similares (SUTISS).

Tras casi una década de trabajo político, los activistas asociados con *El Matancero* obtuvieron una victoria momentánea. En las elecciones sindicales de 1979 la lista de *El Matancero,* encabezada por Velásquez, obtuvo una posición dominante en el sindicato SUTISS, pero fue una victoria pírrica. Dos años después, en 1981, el SUTISS fue «intervenido» por la federación Fetrametal, controlada por Acción Democrática. Velásquez y Benítez perdieron sus empleos en la fábrica de SIDOR. La influencia de La Causa R declinó, y pronto desapareció también su fundador, Alfredo Maneiro, que murió en noviembre de 1982, a la temprana edad de cuarenta y cinco años.

Pasaron varios años antes de que el SUTISS reconquistara su independencia y la lista de *El Matancero* volviera a ganar en 1988. La marea cambió de signo, y por primera vez LCR comenzó a obtener relevancia nacional. En las elecciones al Congreso de 1988 fueron elegidos tres candidatos de LCR. En diciembre de 1989, nueve meses después del *Caracazo,* Andrés Velásquez fue elegido gobernador del estado de Bolívar. Tres años después, en diciembre de 1992, volvió a ganar, y otro activista de LCR, Aristóbulo Istúriz, destacada figura del Sindicato de Maestros que había apoyado implícitamente el golpe de Chávez, fue elegido alcalde del distrito Libertador de Caracas, el de mayor censo del país; en las elecciones presidenciales de diciembre de 1993, Velásquez obtuvo el 22 por 100 de los votos a escala nacional. Fue un triunfo extraordinario.

El programa de Velásquez en 1993 ofrece algunas indicaciones de las ambiciones nacionales de La Causa R en aquella época, y también de las ideas que iban a prevalecer más adelante en el gobierno de Chávez.

Según el informe de Margarita López Maya, cuatro eran sus líneas de orientación principales:

> En primer lugar, el ejercicio de la democracia, ésta entendida no sólo como una forma de elegir, sino de gobernar. Segundo, acabar con la corrupción. La tercera se refiere a conseguir eficacia y claridad en los servicios, en especial en salud, en educación y en seguridad personal. La cuarta línea, desarrollar la región de Guayana de acuerdo a unos criterios que divergen del desarrollo de la misma concebido por el Estado venezolano. La Causa R propuso, no la estrategia de los megaproyectos para una industria fundamentalmente de exportación de materia prima (hierro, aluminio, bauxita), sino un desarrollo aguas abajo del río Orinoco, con una industria mediana y manufacturera que transforme la materia prima en el mismo estado [de Bolívar].

No debían pues impulsarse megaproyectos para los que el Estado ya no podía garantizar la financiación, sino muchas más empresas de escala media que pudieran financiarse localmente. Éste es el legado intelectual que La Causa R ha dejado como herencia al gobierno de Hugo Chávez. Algunos autores han sugerido que LCR, con su insistencia en los obreros y sus sindicatos, ofrece cierto parecido con el Partido dos Trabalhadores del presidente Lula en Brasil. En la práctica, hay un paralelismo más estrecho con los partidos verdes europeos, particularmente el alemán. La Causa R no es en absoluto un partido de izquierdas tradicional.

Tras el golpe de Chávez en 1992, La Causa R reclutó a uno de los miembros más destacados del Movimiento Bolivariano Revolucionario, Francisco Arias Cárdenas, el oficial que se hizo cargo de la región de Maracaibo durante el intento de golpe. En las elecciones de enero de 1996 para gobernadores se presentó en su estado natal de Zulia y fue elegido como candidato de La Causa R.

Ése fue probablemente el punto culminante de lo que había sido antes la organización de Maneiro. La Causa R fue a continuación barrida por la marea del fenómeno chavista. Como todos los movimientos políticos venezolanos, se vio obligada a tomar decisiones inesperadas. ¿Debía apoyar a Chávez para presidente o no?

En febrero de 1997, La Causa R se dividió en dos grupos diferentes: un pequeño residuo se quedó con el nombre, mientras que una organización nueva y más amplia adoptó el nombre de Patria Para Todos (PPT). Esa división supuso un conflicto entre Velásquez y Pablo Medina. Velásquez permaneció en La Causa R, apoyado por Ana Brunswick, la viuda de Alfredo Maneiro. Medina, apoyado por Aristóbulo Istúriz, Alí Rodríguez Araque y Alberto Müller, se puso al frente de PPT, y juntos impulsaron la campaña presidencial de Hugo Chávez.

Patria Para Todos se convirtió en uno de los principales componentes del Polo Patriótico, la alianza creada para apoyar la campaña presidencial de Hugo Chávez en 1998. Al menos cinco de sus miembros iban a jugar papeles muy influyentes en los primeros años de la presidencia de Chávez. Uno de ellos era el general Arias Cárdenas, gobernador del estado de Zulia. Otro era Alí Rodríguez, antiguo comandante guerrillero de los años sesenta que en 1999 se convirtió en el ministro de Energía y Minas. Otro era Aristóbulo Istúriz, vicepresidente de la Asamblea Constituyente. Pablo Medina se convirtió en secretario general del PPT, mientras que Alberto Müller fue enviado como embajador a Santiago de Chile. Sólo tres de ellos seguían siendo leales al proyecto de Chávez al iniciarse el siglo XXI.

XIX

LA VICTORIA ELECTORAL DE CHÁVEZ EN DICIEMBRE DE 1998

Al salir de prisión en marzo de 1994, Chávez comenzó a considerar su futuro político. Cuando hablé con él en enero de 2000, me dijo que ya había decidido entonces competir por la presidencia de Venezuela. En su primera conferencia de prensa un periodista le preguntó qué planeaba hacer, a lo que respondió: «Voy a luchar por el poder».

Al principio, no estaba muy seguro de si debía participar en futuras elecciones. El viejo sistema era demasiado corrupto y demasiado cerrado a los recién llegados, así que al principio se concentró en los dos aspectos principales de su agenda política: la necesidad de disolver y sustituir el Congreso Nacional existente, y la necesidad de elegir una Asamblea Constituyente para redactar una nueva Constitución.

El rechazo de Chávez al sistema político existente estaba tan profundamente anclado en él que en 1995 se opuso a la candidatura de Francisco Arias Cárdenas, entonces su amigo y colega, para el puesto de gobernador de Zulia. Arias no contó con el apoyo del Movimiento Bolivariano Revolucionario (MBR-200), como esperaba, pero sí con el de La Causa R.

A principios de 1997, la perspectiva de Chávez comenzó a cambiar. Su apoyo popular iba creciendo y sus conversaciones con LCR y con el

MAS prosperaban. Con vistas a las elecciones presidenciales de 1998, le quedaban dos años para convertir ese apoyo en una organización capaz de llevar a cabo una campaña electoral y de ganarla. En julio de 1998, seis meses antes de las elecciones, las encuestas le otorgaban un 45 por 100 de apoyos.

Lo primero que hizo fue convertir su Movimiento Bolivariano Revolucionario en una organización política estructurada, con apoyo militar y civil, y en enero de 1997 anunció que su movimiento estaría en el poder «antes del año 2000». En abril declaró formalmente su intención de competir por la presidencia.

El MBR-200 celebró su primer congreso ese mismo mes, y los delegados decidieron que presentarían candidatos en todas las elecciones previstas para diciembre de 1998, esto es, para la presidencia, para el Congreso y para los gobernadores de estados y alcaldes locales. La lucha por el poder en Venezuela, dijo Chávez a los delegados, se produciría entre dos polos: el «Polo Patriótico» encabezado por el Movimiento Bolivariano Revolucionario y el «Polo de la Destrucción Nacional» dirigido por los viejos partidos políticos.

Por muchas razones, el Movimiento Bolivariano Revolucionario –en el que participaban varios oficiales en activo y retirados– no parecía un instrumento adecuado para la preparación de una campaña electoral civil. En su seno había diferencias sobre la estrategia electoral a seguir. Algunos miembros argumentaban que conduciría a un debilitamiento de su programa radical, como ya había sucedido con otros movimientos progresistas como el MAS y LCR.

El propio Chávez argumentó que no debían perder la oportunidad de hacer campaña cuando había en juego tantos puestos electos, pero a la vista de la oposición interna decidió mantener el MBR-200 tal como era y crear una nueva agrupación política que pudiera encargarse de la campaña electoral. Esa nueva organización nació en julio como Movimiento Quinta República (MVR). Venezuela necesitaba una nueva república, explicaba Chávez, y el nombre del nuevo movimiento pretendía indicar esa ruptura total con el pasado.

Desde su independencia de España en 1811 en Venezuela había habido cuatro repúblicas. Dos de ellas se constituyeron durante las guerras de independencia: la Confederación de los Estados de Venezuela en 1811, y la Segunda República en 1813; la Tercera se creó en el momento de la formación de la Gran Colombia en 1819. La Cuarta República, fundada en Valencia en 1830 por el general de Bolívar José Antonio Páez, fue la más duradera. «Establecida –decía Chávez–, sobre los huesos de Bolívar y Sucre, por una clase de oligarcas y banqueros», siempre había estado dominada por conservadores opuestos a las ideas de Bolívar.

La Quinta República que Chávez pretendía fundar ahora sería la primera oportunidad en ciento setenta años para ofrecer un nuevo comienzo al país. Su movimiento, decía, tendería a «un carácter nacional y popular». Trataría de recuperar los ideales del pasado y se basaría en las ideas de Bolívar:

> Su misión consiste en asegurar el bienestar de la comunidad nacional, satisfacer las aspiraciones individuales y colectivas del pueblo venezolano y garantizar un estado de prosperidad óptima para la patria.

Aunque resulta tentador imaginar que Chávez pudiera estar tratando de establecer un paralelo con los cambios realizados en Francia por el general Charles de Gaulle tras el colapso de la Cuarta República francesa en 1958, bien puede ser que para muchos venezolanos la idea de una Quinta República estuviera conectada en su mente con la noción milenaria de la Quinta Monarquía, ya que en los últimos años del siglo XX las librerías de Caracas estaban repletas de material *New Age,* y en uno de esos libros se llegaba a sugerir que Venezuela era una nación elegida especialmente para el cumplimiento de los deseos de Dios.

Los hombres de la Quinta Monarquía políticamente activos en Gran Bretaña durante el siglo XVII creían que las cuatro monarquías de Babilonia, Persia, Grecia y Roma serían pronto seguidas por el Gobierno de los Santos, una utopía que se vería marcada por la abolición de los impuestos, la reforma de las leyes, la humillación de los ricos y la exaltación de los pobres. La idea milenarista de Chávez de un nuevo comienzo tras los males y corrupciones del pasado debió de evocar resonancias de ese tipo entre los miles de votantes acostumbrados al lenguaje de los predicadores protestantes y adventistas del séptimo día.

Los movimientos milenaristas son relativamente frecuentes en el Tercer Mundo, y la campaña de Chávez estaba dirigida, en parte, hacia esa enorme clase baja que en los últimos tiempos, tanto en Venezuela como en otros países de Latinoamérica, se ha incorporado con un fervor desacostumbrado y en una proporción creciente a diferentes sectas evangélicas protestantes. Varios carteles de la campaña de Chávez mostraban retratos del Comandante indistinguibles en su estilo de las pinturas religiosas milenaristas distribuidas por las sectas evangélicas. Dado que Chávez habla con la retórica de un predicador evangelista, invocando al sufrimiento, el amor y la redención, no se debe subestimar el efecto milenarista de su mensaje en su atractivo popular.

En un primer momento, el número de miembros del Movimiento por la Quinta República era muy pequeño. Se estima que alrededor del 60 por 100 de ellos eran militares procedentes del Movimiento Bolivariano Revolucionario, mientras que el otro 40 por 100 eran civiles independientes sin ideología marcada.

A principios de 1998, el año de las elecciones, comenzaron a sumarse nuevos participantes. Otros partidos ofrecieron su apoyo formal a la campaña de Chávez. El primero de ellos, en marzo, fue Patria Para Todos, escindido de La Causa R, seguido en mayo por el Movimiento al Socialismo. Ambos grupos se escindieron en el proceso. El MAS perdió a dos de sus líderes «históricos», Teodoro Petkoff y Pompeyo Márquez, mientras que PPT perdió a Andrés Velásquez, su máximo dirigente en Guayana.

La nueva alianza chavista, denominada Polo Patriótico, trazó una línea bajo la historia del MAS y LCR, los dos partidos de izquierda escindidos del Partido Comunista a principios de la década de 1970 y que lentamente fueron cobrando fuerza como organizaciones independientes. A partir de ahora sus ideas debían sobrevivir y prosperar para llenar el vacío ideológico en el MVR de Chávez, que tenía pocas cosas concretas que ofrecer más allá de su nacionalismo de fronteras borrosas y su entusiasmo; pero al mismo tiempo firmaron la sentencia de muerte de sus propias organizaciones como agentes independientes. Con Chávez manteniendo firmemente las riendas y seduciendo a más de la mitad del país para acompañarle en un viaje hacia un destino obviamente positivo pero incierto, la necesidad de organizaciones políticas autónomas ya no era tan evidente. Su contribución más importante fue infundir en el MVR distintos matices particulares de ideología izquierdista. Gran parte de esto se había perfilado ya en la Agenda Alternativa Bolivariana, definida en 1995 por Hugo Chávez como «el puente por donde transitaremos hacia el territorio de la utopía concreta, el sueño posible».

En julio de 1998, el Polo Patriótico comenzó a discutir la cuestión crucial de las alianzas políticas. ¿Cómo asegurarían sus miembros, pertenecientes a distintas organizaciones, su elección al Congreso o como gobernadores y alcaldes en las elecciones previstas para noviembre? Abrumados por la necesidad de unidad, superaron sus lealtades individuales de partido y se acordó que el Polo Patriótico presentara un solo candidato en cada circunscripción.

A medida que el apoyo a Chávez se hacía más firme y más unido, también se hacía cada vez más evidente la impopularidad de los viejos partidos políticos. De hecho, los jefes de Acción Democrática y de Copei no acababan de decidir la presentación de un candidato presidencial propio. Chávez tenía claramente una enorme ventaja como independiente que no venía de ningún sitio, y Copei comenzó a buscar a alguien popular, con las mismas características, con alguna probabilidad de derrotar a Chávez. Su candidato obvio fue Irene Sáez, una antigua reina de la belleza que ejercía con éxito la alcaldía del rico distrito Chacao de Caracas. Seis meses antes de las elecciones, Irene Sáez obtenía en las encuestas una tasa de apoyo en torno al 22 por 100. Al carecer de un candidato propio, Copei decidió apoyarla.

Resultó un regalo envenenado. Pocos meses después, su tasa de apoyo había descendido hasta el 2 por 100. Aunque ella era de por sí muy popular, su hundimiento se debía enteramente a su equivocada alianza con Copei. Sin entender del todo qué estaba sucediendo, Copei abandonó rápidamente a la reina de la belleza y volcó su apoyo, pocas semanas antes de las elecciones, en Henrique Salas Römer, el candidato de la única agrupación conservadora que quedaba, denominada Proyecto Venezuela. En ese momento Salas Römer registraba una tasa de aprobación superior al 40 por 100, apenas por debajo de Chávez.

El cambio de candidato a mitad de la campaña, lejos de reforzar las perspectivas de la figura elegida, redujeron su probabilidad de victoria. La bendición oficial de Copei fue para él como una maldición contra la que no había remedio.

Si Copei se había comportado de forma mezquina con Irene Sáez, la perfidia de Acción Democrática fue aún más llamativa. En un primer momento tenía un candidato propio, Luis Alfaro Ucero, un miembro muy veterano del partido, con apreciables habilidades políticas demostradas durante años; pero en noviembre de 1998, apenas un mes antes de las elecciones, los jefes del partido se sintieron preocupados. La tasa de aprobación de Alfaro en las encuestas apenas superaba el 6 por 100.

Los dirigentes de Acción Democrática decidieron abandonar el barco. Expulsaron a Alfaro del partido al que había dedicado toda una vida de servicios, y se aferraron junto a Copei al salvavidas que ofrecía el desgraciado Salas Römer. Con esas dos ruedas de molino al cuello —el apoyo de los dos partidos más impopulares y desacreditados del país—, Salas Römer se pudo dar por contento con llegar segundo a la meta el 6 de diciembre con el 39,97 por 100 de los votos. Irene Sáez fue tercera con el 2,82 por 100, y Alfaro Ucero cuarto con el 0,42 por 100. Hugo Chávez ganó las elecciones con más del 56 por 100 de los votos.

El voto personal por Chávez y el Movimiento Quinta República que había creado fue tan grande, que superó ampliamente a los partidos constituyentes del Polo Patriótico. Cierto es que le habían ayudado a ganar y que todavía le podían ofrecer ideas y esbozos de un programa político, pero en lo esencial ya no eran necesarios. Chávez podía actuar por su cuenta.

En las elecciones de diciembre de 1998 Chávez obtuvo 3.673.685 votos, esto es, el 56,90 por 100. Éstos se repartían de la siguiente forma entre los componentes de su alianza electoral:

Movimiento Quinta República	2.625.839	40,17 %
Movimiento al Socialismo	588.643	9,00 %
Patria Para Todos	142.859	2,19 %
Partido Comunista de Venezuela	81.979	1,25 %
Otros cinco pequeños partidos	243.365	3,59 %

Chávez era ahora la principal personalidad política de Venezuela, que podía hacer y deshacer por encima de políticos individuales y de partidos políticos. En el plazo de cuatro años había llegado desde la prisión hasta las puertas del palacio presidencial. El viejo sistema político yacía en ruinas en torno suyo. Estaba a punto de empezar una nueva era.

QUINTA PARTE

CHÁVEZ EN EL PODER: LOS PRIMEROS AÑOS

XX

LA ASAMBLEA CONSTITUYENTE
Y LA NUEVA CONSTITUCIÓN

Hugo Chávez asumió la presidencia de Venezuela en una ceremonia formal celebrada en Caracas, que contó con la asistencia de varios presidentes latinoamericanos, el 2 de febrero de 1999, casi siete años después de su fallida «intervención» militar. Los propósitos inmediatos de su gobierno quedaron claros desde el primer día. Modificaría la Constitución de 1961 e integraría a las Fuerzas Armadas en la vida económica y social del país mediante un programa que bautizó como «Plan Bolívar 2000». El resto de sus ambiciones se irían formulando más adelante.

En su primer discurso como presidente, Chávez anunció que firmaría inmediatamente un decreto convocando un referéndum nacional: el pueblo debía decidir si se debían celebrar elecciones para una Asamblea Constituyente que redactara una nueva Constitución. Como si deseara desmentir la creencia generalizada de que era un dictador militar en ciernes, el presidente Chávez deseaba desde un principio hacer que cada uno de sus movimientos estuviera sujeto a la voluntad del pueblo. Iba a ser un año con muchas convocatorias electorales, y a los seguidores de Chávez les fue bien en todas ellas.

En noviembre de 1998 hubo elecciones para el Congreso y en diciembre de ese mismo año se celebraron las elecciones presidenciales en las que Chávez obtuvo el 56 por 100 de los votos emitidos. En abril de 1999 se celebró el referéndum sobre la convocatoria de elecciones a una Asamblea Constituyente, con un 88 por 100 de «síes». En julio de 1999 tuvieron lugar las elecciones para esa Asamblea, en las que los seguidores de Chávez, que se presentaron como independientes, obtuvieron 119 de los 131 escaños y el 91 por 100 de los votos. Finalmente, en diciembre de 1999, un segundo referéndum ratificó la nueva Constitución redactada por la Asamblea Constituyente. el 71 por 100 votaron «sí» y el 28 por 100 «no». Si Venezuela se había visto a veces privada de prácticas democráticas, ahora las había en abundancia, y se preveían nuevas elecciones para mayo de 2000, para legitimar a todos los funcionarios electos del país (incluido el presidente) de acuerdo con la nueva Constitución. Un fallo en el sistema automático de voto, importado de Estados Unidos, obligó a retrasar esas elecciones hasta julio, cuando Chávez fue elegido de nuevo presidente con una mayoría absoluta del 59 por 100 de los votos. Su Movimiento Bolivariano Revolucionario obtuvo también la mayoría en la Asamblea Nacional y 15 de los 23 gobernadores de estados (aunque en los medios estadounidenses se seguía hablando del «Congreso» venezolano, el nuevo cuerpo legislativo creado bajo los términos de la Constitución de 1999 se llama en realidad Asamblea Nacional).

Chávez pensaba desde los años ochenta que había que reformar la vieja Constitución del país, para lo cual había que elegir una Asamblea Constituyente que llevase a cabo la tarea. Él y sus seguidores entendían claramente que esa tarea no se podía confiar al Congreso elegido en 1998; se necesitaba una clara ruptura con el pasado. Aunque la propuesta parecía una idea nueva, la posibilidad de revisar la vieja Constitución de 1961 se venía discutiendo desde hacía tiempo. La crisis del sistema político había venido madurando durante muchos años y los sucesivos gobiernos que se esforzaron por resolverla habían considerado la posibilidad de cambios constitucionales. Ya en diciembre de 1984 se había creado una Comisión Presidencial para la Reforma del Estado (Copre), durante el gobierno de Acción Democrática presidido por Jaime Lusinchi.

La Copre había apreciado la insatisfacción popular con Acción Democrática y Copei, y había recomendado una serie de reformas: un nuevo planteamiento de la financiación electoral, el desarrollo de la democracia interna en los partidos; una modificación del sistema electoral y un proyecto de descentralización política. Lusinchi no acometió esa tarea, pero el presidente Pérez desempolvó las propuestas después de 1989. El sistema de voto cerrado y bloqueado, que había permitido a los dos principales partidos mantener un estrecho control de los electos, fue sustituido por un dispositivo más abierto con el que los votantes sabían por quién estaban votando. Los gobernadores de estados y los alcaldes serían elegidos en votación directa y secreta con un sistema de pluralidad simple.

El resultado de esos cambios fue cierto número de victorias a escala local para los partidos minoritarios. En las elecciones para gobernadores de estados en 1989, La Causa R obtuvo la victoria en el estado de Bolívar y el MAS en Aragua. Ambos partidos obtuvieron un puñado de escaños en el Congreso. En 1992, La Causa R ganó en el distrito Libertador de Caracas y en las elecciones presidenciales de 1993 los partidos menores obtuvieron un importante resultado. Pero aunque fueron bien recibidas en sí, esas reformas no pudieron resolver el problema más amplio del desencanto político generalizado en el país, evidenciado por la alta tasa de abstención.

En la atmósfera de crisis que se vivió tras el *Caracazo,* en junio de 1989 se realizó un nuevo intento de reformar el Estado modificando la propia Constitución. El Frente Patriótico de izquierdas, creado por Luis Miquilena y otros, fue de los primeros en reivindicar la convocatoria de una Asamblea Constituyente que reformara la Constitución de 1961 y estableciera «una nueva república». El Congreso aceptó la idea y creó una comisión especial conjunta de ambas cámaras para la revisión de la Constitución, presidida por el antiguo presidente Caldera. Aunque la propuesta venía de la izquierda, la Comisión estaba dominada, inevitablemente, por los viejos partidos, Acción Democrática y Copei, que contaban con la mayoría en el Congreso.

El propósito inicial de la comisión era proponer varias reformas inmediatas de la Constitución existente, pero sus reuniones se alargaron interminablemente. Luego, a raíz de la «intervención» de Chávez en febrero de 1992, cuando se evidenció de nuevo la profundidad de la crisis política, las discusiones se aceleraron. Se empezó a hablar de la redacción de una nueva Constitución. Para descartar reivindicaciones más radicales, la comisión publicó finalmente un borrador de proyecto de reforma a finales de marzo.

El debate en el Congreso sobre el borrador se alargó durante varios meses, pero fue tan enconado que la discusión se abandonó en agosto. Dos años después, durante su propia campaña electoral a la presidencia a finales de 1994, Caldera trató de resucitar la idea, pero sin éxito. Finalmente sólo Chávez estaba dispuesto a situar el proyecto de una nueva Constitución en el centro de su programa político.

Durante su primer año como presidente, la velocidad de los acontecimientos cortaba el aliento. El primer referéndum tuvo lugar en abril de 1999, en julio tuvieron lugar las elecciones para la Asamblea Constituyente, que se reunió por primera vez en el hemiciclo del Senado el 3 de agosto. Miquilena fue elegido presidente de la Asamblea y Aristóbulo Istúriz vicepresidente.

El 5 de agosto los miembros de la nueva Asamblea escucharon un largo discurso de Chávez, quien les pidió que redactaran una nueva Constitución en el plazo más breve posible. Para animarlos en su trabajo les llevó un borrador redactado por él mismo y luego les recordó las palabras de Bolívar, dirigidas al Primer Congreso venezolano en Angostura en 1819:

> Nuestras leyes son funestas reliquias de todos los despotismos antiguos y modernos; que este edificio monstruoso se derribe, caiga y apartando hasta sus ruinas, elevemos un templo a la justicia; y bajo los auspicios de su santa inspiración dictemos un Código de leyes venezolanas.

Las sesiones plenarias de la Asamblea Constituyente comenzaron a la mañana siguiente, turnándose en la palabra los hábiles portavoces de la oposición: Alberto Franceschi, un viejo demagogo trotskista; Jorge Olavarría, un confuso pero brillante periodista y editor que había recorrido todo el espectro político; Allan Brewer Carias, decano de los constitucionalistas venezolanos, académico que en otro tiempo gozaba de gran prestigio en Cambridge y a quien se atribuía la introducción de las caras y poco fiables máquinas de voto automático en Venezuela; y Claudio Fermín, conocido en todas partes como «El negro», el único político serio de los cuatro, que había sido el frustrado candidato presidencial de Acción Democrática en 1993. La mayoría de la Asamblea permanecía callada y confusa, mientras se prolongaba el debate.

Hugo Chávez durante su primera campaña electoral en un mitin en La Guaira, noviembre de 1998.

Chávez en la campaña electoral, noviembre de 1998.

Chávez retratado como el Che Guevara durante la campaña electoral de 1998.

El presidente Chávez en el Palacio Miraflores en Caracas bajo el retrato de Simón Bolívar, el Libertador, marzo de 2003.

Mitin de Chávez en marzo de 2003 en la refinería de petróleo en Punto Fijo, con los trabajadores que arrebataron la planta a los huelguistas en diciembre de 2002.

CHAVEZ
ontilla
sto 20

Chávez en las celebraciones del Día internacional de la mujer en una escuela de Caracas, en marzo de 2003.

CHAVEZ
TE
AMAMOS

Chávez con su hija María Gabriela en un mitin en Caracas, en marzo de 2003. Su hija jugó un papel crucial durante el golpe de abril de 2002, ya que telefoneó a Fidel Castro para comunicarle al líder cubano que su padre no había renunciado al cargo.

Mercal, un popular supermercado de Caracas, marzo de 2003.

(Foto inferior y en páginas siguientes), *graffiti* político en los muros del proyecto de vivienda de los años cincuenta «23 de enero», con residentes militantes y bien organizados, marzo de 2003.

no hay Pueblo
Vencido

Chávez con los trabajadores en la recién inaugurada presa hidroeléctrica en Río Carona, febrero de 2003.

JUSTICIA YA
MUERTE
PARA LOS ASESINOS

Plaza Bolívar, Caracas, marzo de 2003: una seguidora de Chávez sostiene su copia de la Constitución Bolivariana.

Plaza Bolívar, Caracas, marzo de 2003: recibiendo un corte de pelo «bolivariano».

Avenida Bolívar durante el mitin que celebraba el primer aniversario de la vuelta al poder de Chávez, abril de 2003.

Chávez en un mitin que celebraba el primer aniversario de su vuelta al poder y que tuvo lugar en la Avenida Bolívar en abril de 2003.

Las sesiones plenarias fueron finalmente abandonadas y se crearon veintiuna comisiones especiales con la tarea de definir y redactar los distintos artículos de la Constitución. Una de esas comisiones, presidida por Hermann Escarrá, debía estudiar las peticiones y sugerencias llegadas desde fuera.

Quedaba por decidir una cuestión, y tendría que hacerse en la calle. ¿Cuál sería la relación entre la nueva Asamblea Constituyente, elegida en julio, y el viejo Congreso, con su Senado y Cámara de Diputados, elegida el mes de noviembre anterior?

La mayoría de los juristas consideraban a la Asamblea Constituyente como la suprema autoridad del país, a la que se debían subordinar todas los demás instituciones gobernantes. Tanto el presidente Chávez como Miquilena, presidente de la Asamblea, esperaban un periodo de coexistencia pacífica entre lo viejo y lo nuevo hasta la ratificación por referéndum de la nueva Constitución.

Pero a los pocos días surgió una discusión sobre el futuro del poder judicial. Chávez decretó el 25 de agosto un estado de «emergencia judicial» y se nombró una comisión de nueve miembros con poderes para disolver el Tribunal Supremo. Ocho de los quince miembros del Tribunal apoyaron el decreto de emergencia, pero su presidente, Cecilia Sosa, se opuso enérgicamente y dimitió. Declaró que el Tribunal Supremo había muerto y que el sistema democrático del país estaba en peligro.

La vieja elite política, todavía mayoritaria en el Congreso, promovió una confrontación entre éste y la Asamblea Constituyente. Convocó una reunión del Congreso el 27 agosto, en sesión de emergencia, para considerar la dimisión de Cecilia Sosa. Su decisión fue considerada una provocación tanto por Chávez como por la Asamblea Constituyente, pero cuando la Guardia Nacional trató de evitar que los congresistas entraran en el edificio del Parlamento en el centro de Caracas, que era utilizado también por la Asamblea, estallaron violentas protestas en las calles. Los seguidores de ambos bandos se enfrentaron a golpes.

Cuando se enfriaron los ánimos hubo un receso, y tras largas discusiones presididas por dirigentes eclesiásticos, la Asamblea Constituyente permitió que el 9 septiembre volviera a reunirse el Congreso; los miembros de éste opuestos al gobierno de Chávez (que constituían la mayoría) acordaron no aprobar leyes que obstaculizaran el trabajo de la Asamblea Constituyente.

El presidente Chávez, entretanto, después de dar cuerda al reloj constitucional, emprendió un largo viaje para recabar apoyo político económico en Asia, donde visitó Japón, Malasia y la República Popular de China, y regresó vía Madrid y París.

De vuelta en Caracas, se encontró con que la Asamblea Constituyente estaba a punto de aprobar varios artículos con los que no estaba de acuerdo, algunos de los cuales le causarían considerables dificultades políticas. Dos artículos en particular, uno referido a la libertad de prensa y otro al «derecho a la vida» (pero que al parecer daba luz verde al aborto) podían atraer sobre su cabeza la ira combinada de los medios de comunicación internacionales y de la Iglesia católica, una alianza poco habitual pero poderosa. La Asamblea Constituyente había rechazado también su propuesta de rebautizar el país como «República Bolivariana de Venezuela», un cambio de nombre que parecía a primera vista bastante inocente, pero que contenía en forma concentrada sus ambiciosos planes para el futuro de Latinoamérica.

Una observadora, Celina Romero, escribía a finales de septiembre que la «vigilancia internacional» estaba comenzando a desempeñar «un papel significativo en el proceso de transición». Romero afirmaba que «la oposición acosada» estaba empleando «sus vínculos internacionales y los medios de comunicación» para denunciar lo que entendía como «el desmantelamiento del sistema democrático que se había mantenido durante cuarenta y un años». No era más que un augurio de lo que estaba por venir.

Chávez se negó a aceptar este chantaje y debatió firmemente con los distintos grupos internacionales que llegaban a la capital a quejarse del curso de los acontecimientos. Se hallaba en una situación difícil, ya que se dio cuenta de que algunos de los artículos del nuevo proyecto constitucional ofenderían a determinados grupos de interés. Por otra parte, no quería interferir abiertamente en los asuntos de la Asamblea Constituyente «soberana». La crisis pasó, los artículos conflictivos se suavizaron y Chávez consiguió su deseo de que el país quedara rebautizado como República «Bolivariana».

El proyecto de Constitución estaba ya listo a mediados de octubre. En cierto momento parecía que fuera a tener más de mil artículos, pero poco a poco se fueron reduciendo hasta quedar en 450 y finalmente en 396. A los miembros de la Asamblea Constituyente se les dio un mes para revisar en sesión plenaria la redacción del proyecto. Trabajando mañana y tarde, todos los días de la semana, acabaron su trabajo el 12 de noviembre. El proyecto de Constitución fue sometido a referéndum el miércoles 15 de diciembre de 1999. Mientras se contaban los votos comenzó a llover.

Todos sabían que habría una mayoría de votos afirmativos. Lo único en cuestión era la envergadura de la participación, que podía verse afectada por el mal tiempo. Se habían realizado varias votaciones desde la primera victoria de Chávez, e incluso en un país que se suponía acostumbrado a las prácticas democráticas, un referéndum cuyo resultado estaba cantado podía parecer innecesario. Y no dejaba de llover.

Pero Chávez había pedido una votación masiva y la gente se sentía feliz de poder satisfacer su petición, con un 71 por 100 de síes y un 28 por 100 de noes. Fue un buen resultado con el que concluyó un año muy agitado y que proporcionó al gobierno los instrumentos para llevar al país en una nueva dirección. Los cielos volvieron a despejarse entonces.

XXI

Cuando los cielos se abrieron

Las últimas estribaciones de los Andes en Venezuela se alzan casi al borde del Caribe, con barrancos de tierra roja abajo y vivaces bosques verdes más arriba, mientras que las cumbres se pierden totalmente entre las nubes grises. Desde la ventanilla del avión me entretengo imaginando esta tierra tal como era cuando la poblaban únicamente los indios que descubrieron a Colón en sus playas en 1498, una costa tan empinada e inhóspita como ahora, calurosa y húmeda, aunque de hecho Colón desembarcó unos 500 kilómetros al este, en la península de Paria, frente a la isla de Trinidad.

El avión suele volar a lo largo de la costa antes de aterrizar, pasando por encima de Naiguatá, Macuto y La Guaira, a las que siguen Maiquetía y Catia La Mar, un puñado de pequeñas localidades de vacaciones bastante mugrientas, con apenas un par de calles de casas bajas entre los montes y las playas contaminadas. Las líneas aéreas acostumbran a utilizar los escasos hoteles allí existentes para alojar a los pasajeros que deben hacer noche antes de tomar el avión, ya que están más cerca del aeropuerto que Caracas y se puede comer un excelente pescado en los restaurantes al aire libre al borde de la playa.

Cuando el avión inicia las maniobras de aterrizaje, lo hace sobre una minúscula franja en la falda de las montañas, paralelamente a la costa, y a veces se puede echar una mirada a las aglomeraciones de ranchitos que trepan por las escarpadas laderas. Llevo viniendo a Venezuela desde hace treinta años o más, y he podido observar cómo lo que antes no era más que un puñado de chabolas apretadas entre los montes y la costa se iba multiplicando y cubriendo esas rampas montañosas hasta llegar a constituir un panorama urbano casi vertical.

La estación húmeda suele acabar a finales de noviembre, así que cuando unas pesadas pero intermitentes tormentas golpearon esa área costera a mediados de diciembre de 1999, nadie les prestó demasiada atención; se suponía que eran los últimos estertores de una estación ya acabada. Las tormentas tropicales y los huracanes son habituales en el Caribe y a menudo originan serios daños locales, pero es raro que un desastre provincial dé lugar a una emergencia nacional. Aquel día en particular, el 15 de diciembre de 1999, los ojos del país miraban a otro lugar, a las urnas.

Nuevas tormentas trajeron una pesada lluvia que caía sobre el agua acumulada durante las semanas anteriores, haciendo crecer los ríos de forma incontrolable. En la madrugada del 16 de diciembre el monte Ávila*, que separa Caracas de las instalaciones costeras junto al aeropuerto, acabó por volcarse sobre el mar en su vertiente septentrional, en el estado de Vargas. Los torrentes de lodo que descendían por sus laderas crearon el equivalente terrestre a un maremoto. A todo lo largo de la estrecha franja costera, desde Macuto hasta Catia La Mar, pasando por el aeropuerto de Maiquetía, los aludes arrastraron consigo una cantidad ingente de personas y casas. También en Caracas, en la vertiente meridional, las inundaciones provocaron la muerte y destrucción a una escala sin precedentes.

Miles de personas murieron y decenas de miles perdieron sus hogares. El aeropuerto permaneció cerrado durante semanas y el puerto de La Guaira quedó destrozado, con los contenedores dispersos como cajas de cartón. Algunos flotaban en el mar y otros fueron saqueados, como lo fueron las tiendas locales. Incluso en medio de una tragedia generalizada, hay gente que se aprovecha de cuanto puede.

El deslave de lodo fue pronto descrito como el peor desastre natural del siglo en Venezuela. Un destemplado obispo católico dedujo que se

---

* Guaraira-Repano –esto es, Sierra Grande–, para los indios caribes *{N. del T.}.*

trataba de un juicio de Dios sobre el gobierno, pero José Vicente Rangel, entonces ministro de Asuntos Exteriores, le respondió que sería un dios muy cruel el que se vengara sobre la parte más pobre de la sociedad. Otros recordaron que la Iglesia proespañola también había aprovechado el terremoto de 1812 en Caracas, en los días de Simón Bolívar, para denunciar las iniciativas de los líderes independentistas.

La Asamblea Constituyente, compuesta en gran medida por seguidores de Chávez y fortalecida por el resultado del referéndum, concedió al presidente poderes de emergencia. Con el uniforme de camuflaje y la boina roja que había vestido ocho años antes cuando dirigía su «intervención» militar en 1992, Chávez se puso personalmente al frente de las operaciones de rescate. Tener un antiguo jefe militar al frente del país parecía en aquel momento una ventaja.

Se abrieron los campos de fútbol y los estadios para alojar provisionalmente a los desplazados, y los escasos terrenos en torno a los cuarteles se llenaron de tiendas de campaña. Los soldados improvisaron cocinas de emergencia y comenzaron a construir casas para los refugiados en terrenos del ejército. Aunque se podía haber encontrado espacio para los desplazados sin techo en las espaciosas áreas del Country Club de Caracas, el retiro espiritual de la elite venezolana, Chávez tuvo la precaución de no poner en peligro la unidad nacional creada en torno a la tragedia, realizando demandas políticas a gente que no las habría aceptado de buen grado.

Las primeras cifras de daños fueron alarmantes, pero un mes después de la tragedia se estabilizaron en torno a 15.000 o 20.000 muertos y quizá unas 100.000 personas que habían quedado sin hogar. Las cifras son inevitablemente aproximadas, ya que, como en la mayoría de los países del Tercer Mundo, tampoco en Venezuela se disponía de un censo o un registro de la propiedad de la tierra precisos, y nadie podía contar las víctimas arrastradas hasta el mar o sepultadas bajo toneladas de barro. El gobierno actuó con notable competencia y celeridad.

Cuando Estados Unidos envió dos buques a mediados de enero, cargados con soldados y equipo de movimiento de tierras, el gobierno venezolano aceptó los bulldozers, pero no los cientos de soldados que se suponía que debían manejarlos. Nadie expresó en voz alta lo que mucha gente pensaba: ¿como podía permitir un gobierno revolucionario que soldados imperialistas realizaran un desembarco de entrenamiento en playas situadas a sólo una hora de la capital?

Hablé con Chávez pocas semanas después de la tragedia de diciembre. En todo aquello no había nada nuevo, me dijo, sólo su envergadura. «Cada año las lluvias matan a un centenar de personas, pero ahora han sido 15.000. Se lo hemos estado advirtiendo a la gente durante años.» La superpoblada región septentrional de Venezuela, explicó, no es sólo «una zona sísmica de un tipo muy preocupante», sino que también ha visto «una inmensa acumulación de gente y muchísimos niños en los ranchitos. En Caracas tiene que haber habido miles de víctimas durante los últimos veinte o treinta años, pero ningún gobierno pensó en llevar a cabo un plan de desarrollo integral para todo el país».

Ese plan de desarrollo formaba parte del proyecto de Chávez desde principios de los años noventa, y le había dedicado mucha atención. «Lo discutimos en prisión, incluso antes. Teníamos la idea básica de descentralizar el país e impulsar una migración inversa, y eso es lo que estamos tratando de poner en práctica ahora. La idea es reforzar las "líneas de emigración inversa", con el fin de impulsar y motivar la estrategia de descentralización. Por supuesto, no será fácil. No se puede llegar a un barrio y decirle a la gente que tienen que trasladarse al sur, y luego dejarlos allí y que sobrevivan como puedan. No, no, no, al Estado le corresponde la tarea de establecer esas "líneas de migración inversa", que son realmente las mismas que trajeron antes la migración centralizadora.»

Siguió animándose con ese tema, pidió que le trajeran un mapa y apuntó vigorosamente con su lápiz: «Simplemente estamos invirtiéndolo todo: habrá educación *allí;* habrá sanidad *allí;* habrá instalaciones deportivas *allí;* y habrá tierra disponible —en la que la gente pueda trabajar— *allí*».

Los gobiernos anteriores, me dijo Chávez, se habían esforzado en esa dirección, pero era muy poco lo que habían logrado: «Cuando yo era capitán del Ejército en la frontera con Colombia al sur del río Arauca, en la época del presidente Jaime Lusinchi, se estableció allí un asentamiento al que llamaron Pueblo Bolívar. Junto con muchos otros, yo siempre dije que aquello no iba a funcionar. Crearon un pueblo a orillas del Arauca, en pleno verano, y llevaron allí a gente de muy diversas procedencias. Prácticamente los obligaron a ir, pagándoles algo y dejándolos allí... Pero era un lugar totalmente artificial: no había actividad económica de ningún tipo. Mire, si ésta es la ciudad, y toda la tierra a su alrededor son latifundios, ¿dónde iba a trabajar toda aquella gente? En invierno las carreteras estaban cubiertas de agua; la gente no tenía ganado ni tierras y no se les concedían créditos... Construyeron una escuela, pero nunca apareció un maestro. Poco a poco, la gente comenzó a irse, a buscar un lugar más apropiado donde vivir».

El gobierno de Chávez tenía una solución alternativa: establecer «centros integrados» de desarrollo: «Estamos buscando tierras donde podamos construir casas y crear granjas integrales: aquí una granja y una casa, aquí un almacén o una microempresa, aquí un lugar donde trabaje la gente y aquí una escuela para los niños, un hospital, médicos y medicinas. Queríamos algún lugar donde se pudieran reunir todas esas cosas, y donde la gente pudiera echar raíces...».

Uno de los primeros proyectos que propuso el gobierno de Chávez fue el Proyecto PAIS, Poblaciones Agro-Industriales Sustentables. Chávez me explicó que en su primer año el gobierno había comenzado a trabajar en varios intentos en distintas regiones del país, algunas muy próximas a Caracas. La «catástrofe de diciembre» le dio una oportunidad para llevar a cabo algo más ambicioso. «El año pasado, a decir verdad, poca gente quería dejar la ciudad, y yo les dije: "Tenéis derecho a dudar, porque habéis sido traicionados muchas veces en el pasado". Ahora tenemos más de cien mil personas que se han visto obligadas a desplazarse por la fuerza de la naturaleza. Esta vez saben que no son sólo palabras; se dan cuenta de que han estado viviendo en un lugar de gran riesgo; han visto la muerte de cerca, y han tenido que enterrar a miembros de sus familias».

El gobierno comenzó a acelerar los planes que ya había iniciado, y Chávez me habló de los diversos proyectos que estaban en marcha: «Ayer estuvimos en Cumaná, entregando casas. Todas las playas de allí están muy contaminadas, llenas de basura, y estamos elaborando un plan para recuperarlas. Hemos reservado diez millones de dólares para limpiar la costa. Se trata de una zona mucho mejor para una gran población que la costa cerca de Caracas. Hay mucho más espacio entre las montañas y el mar. Es bueno para pescar, y también para el turismo y para la agricultura».

Se había localizado un lugar bastante amplio cerca de la planta hidroeléctrica de Guri, al sur del Orinoco. Los trabajadores que habían construido la gran presa del río Caroní habían dejado allí casas vacías.

«Fui a hablar con las víctimas de la inundación acampadas en el estadio de Caracas, diez mil de ellos, y les hablé de Guri. Primero tuve que explicarles dónde estaba. Dos de ellos —que probablemente estaban borrachos— dijeron inmediatamente: "Sí, iremos a Guri". Luego, después de dos semanas de campaña promocional, con fotografías y vídeos, fue un grupo a echar una mirada. Yo les dije que fueran y echaran una mirada y que luego regresaran y les dije que no tenían que quedarse si no querían.» La visita fue un éxito; a la gente le gustó lo que vio.

«Hemos establecido allí una comunidad de unas dos mil personas. Es tanta la gente que quiere ir allí que tenemos que poner límites. Después de vivir sus distintas tragedias personales, ahora están pintando sus casas y remodelando los viejos apartamentos que en otro tiempo pertenecieron a los trabajadores que construyeron la presa. Están trabajando allí e incluso haciendo sus propios muebles con la madera local, por que ésa es una región de Venezuela con muchos recursos. Los niños estudian en la escuela secundaria que ya existía allí. Como la mayoría de las escuelas de esa región, tenía muchas aulas vacías.»

Se crearon fábricas y el gobierno buscaba tierras para el cultivo:

«Alrededor de esas casas hay diez mil hectáreas apropiadas para la agricultura y para la pesca, porque allí hay un enorme lago creado por la presa. También será posible el turismo deportivo, de hecho el turismo de todo tipo, porque hay cascadas cerca y la gran sabana. Hay mucho espacio allí y es muy saludable.»

Se trataba de planes de emergencia, por supuesto, pero se adecuaban a los proyectos más amplios que Chávez estaba preparando para el país. Era importante hacerlo pronto, ya que Caracas seguía siendo un barril de pólvora, siempre dispuesto a explotar cuando las cosas van mal. Venezuela permanece desde tiempo inmemorial en estado de crisis. Si bien durante más de tres décadas ha sido el escaparate de cierto tipo de democracia en Latinoamérica, y gracias a sus pozos de petróleo es supuestamente uno de los países más ricos del continente, la distribución tan desigual de la riqueza lo ha convertido en uno de los más explosivos. La precipitada emigración del campo a las ciudades en la década de 1970, seguida por el estancamiento económico y el desempleo en la de 1980, condujo en los años noventa a la quiebra social. Invertir esa tendencia podría parecer utópico a muchos, pero para Chávez constituye un paso necesario.

Su búsqueda de una alternativa a la vida de los ranchitos en los cerros es muy ambiciosa, ya que la sociedad venezolana sigue repleta de gángsteres y maleantes, como evidenciaron los informes sobre el desastre de Vargas. En su comportamiento amoral, los jóvenes de los ranchitos sólo están siguiendo el ejemplo que les dan las capas más ricas y poderosas de la nación, que se han acostumbrado a robar y saquear la riqueza del país a una escala sin precedentes.

Convertir esa gente amoral que vive del pillaje en pioneros que vayan a hacer florecer el desierto requerirá una gran dosis de imaginación y de fe. A los conejillos de Indias para su experimento, la gente cuyas casas fueron arrastradas por el deslave, no les resultaba fácil la elección. ¿Preferís vivir en un ranchito mirando al Caribe a la espera del próximo desastre, o desplazaros a las distantes riberas del Orinoco, con desagradables insectos y enfermedades, donde nunca antes en la historia ha existido una gran población? ¿Preferís seguir en los suburbios de Caracas, rodeados por vuestros amigos y vecinos, con la posibilidad de vender ropa u otras menudencias en las calles, o trasladaros a una región del país donde un gobierno benevolente puede proporcionaros un hogar y también tierra y trabajo? Se trata de opciones sin duda reales y difíciles.

XXII

Planificación de un futuro agrícola «endógeno»

Para viajar a las arenosas orillas del Orinoco alquilé una limusina; no había pensado hacer nada por el estilo, pero aquel automóvil estaba aparcado en el exterior de la estación de autobuses de Caracas, un lugar que la población considera peligroso, donde hay que mantener precauciones –y agarrar firmemente la maleta– y no pude resistirme.

Mi destino inicial era Cabruta, un pueblecito olvidado en donde se unen los dos principales ríos del país, el Orinoco y el Apure, pero los autobuses sólo viajan de noche. Los Llanos, la vasta planicie venezolana que proporciona hierba para millones de cabezas de ganado, se hacen insoportablemente calurosos durante el día, así que los conductores acostumbrados a la carretera viajan cuando hace más fresco. No tenía ninguna gana de dormir en un autobús durante ocho horas en la oscuridad; quería ver las grandes llanuras.

Una oferta del orgulloso propietario de una limusina aparcada junto a la acera, un grueso y jovial conductor con el largo pelo negro de la gente indígena, de nombre Gabriel, me pareció la solución más adecuada. Me dijo que me llevaría hasta el Orinoco por cincuenta dólares. Sólo había un pequeño inconveniente: nunca había estado allí antes, y si hubiera conocido mejor el estado de la carretera quizá se lo hubiera pensado dos veces.

La limusina era un viejo Ford con variados matices de blanco, muy abollado y rayado, pero que funcionaba y era observado con gran interés por los campesinos venezolanos. Los soldados de los pequeños puestos de control a lo largo del camino nos detenían para realizar una pequeña investigación de rutina y mantener una larga discusión sobre el diseño y ajuste del motor. Gabriel era un seguidor entusiasmado de Chávez y ponía cintas de cantantes folklóricos como Alí Primera y Cristóbal Jiménez que ensalzaban las virtudes del presidente.

Cualquier viaje largo por carretera en Latinoamérica incluye en algún momento una parada involuntaria para reparar un pinchazo. Autobuses, camiones, automóviles, todos los conductores utilizan sus neumáticos hasta el amargo final. Sólo cuando adelgazan hasta el espesor de un papel deciden sus propietarios que deben reemplazarlos. Nuestro pinchazo se produjo en un estrecho y atestado tramo de carretera y Gabriel condujo cuidadosamente el automóvil averiado hasta un trozo de suelo duro. Era mediodía, estábamos a cerca de 40 °C y sin una sombra a la vista, pero en veinte minutos volvíamos estar en la carretera.

Ésta era una autovía metalizada, construida en los días en que Venezuela contaba con más dinero que sentido común, con enormes royalties del petróleo y un gobierno apasionado por las infraestructuras. La suave superficie original había desaparecido hacía años y no se había dispuesto de dinero para repararla. El coste del viaje caía ahora sobre cada conductor individual, obligado a pagar las reparaciones de su vehículo y a soportar el traqueteo. Para Gabriel y su limusina los problemas eran más dramáticos, porque a menudo las ruedas delanteras podían esquivar los socavones, pero las traseras no. Cuando esto sucedía todo el chasis raspaba el suelo.

Al cabo de ocho horas, diez minutos antes de que un violento sol naranja desapareciera bajo la ondulada superficie del Orinoco, entramos majestuosamente en el astroso asentamiento de Cabruta, una misión establecida a principios del siglo XVIII por los jesuitas —entre otra media docena— en la confluencia entre el Orinoco y el Apure. Cuando Alexander von Humboldt, el científico y viajero alemán, llegó aquí en su exploración hacia 1800, hacía mucho tiempo que los misioneros jesuitas se habían ido, pero todavía se podían ver los restos del viejo asentamiento: un puñado de familias indias que sobrevivían a orillas del Orinoco en Cabruta, La Encaramada, Urbana, Canichana, San Borja y El Raudal.

Cabruta se ha convertido hoy en el fulcro sobre el que pivota el «eje Apure-Orinoco», uno de los proyectos del presidente Chávez para desarrollar y poblar la región centro-meridional de Venezuela. Por encima de Cabruta hay un gran montaña rocosa, y desde allí se puede ver el Orinoco alargándose hacia el Atlántico. El Apure viene desde Colombia y los Andes, al oeste. En estas tierras vacías, el presidente Chávez espera desarrollar la agricultura y convencer a la gente que vive actualmente en los ranchitos de las grandes ciudades para que se traslade al campo. Es una tierra muy poco poblada, empleada hasta ahora para el engorde de ganado, pero también se podría cultivar arroz y palma para la producción industrial de aceite, dos productos en los que el país tiene una fuerte ventaja competitiva.

«Mire, éste es el eje Apure-Orinoco», exclamó cuando estábamos mirando el mapa juntos en su residencia de La Casona. Su excitación era contagiosa. «La tierra está prácticamente abandonada; no tendremos que construir nuevas ciudades allí, sino simplemente mejorar las instalaciones que ya existen.»

Chávez también estaba interesado en otra área, en el extremo oeste del país, justo al norte del eje Apure-Orinoco. Ahí habría un eje nortesur, desde Guasdualito, cerca de la frontera colombiana, hasta el lago Maracaibo. Chávez me mostraba el asentamiento de La Fría en el mapa, un proyecto agrícola abandonado donde se podrían asentar los supervivientes sin techo de las inundaciones de diciembre. Junto a las laderas de los Andes, cerca de la frontera colombiana, habría así otro plan piloto para los ambiciosos proyectos a largo plazo que tiene en mente.

«Es un lugar en el estado de Táchira, al norte del eje Apure-Orinoco, al norte de San Cristóbal. Aquí está el pueblo, con unos diez mil habitantes. Es una región maravillosamente rica, al pie de las montañas, justo al sur del lago Maracaibo. Yo trabajé cerca de allí en una unidad militar, y acostumbrábamos a ir de patrulla.»

Señala de nuevo al mapa. «Mire, aquí está la frontera con Colombia, aquí está el aeropuerto internacional, aquí hay un centro industrial abandonado. Aquí está la tierra, aquí hay algunas casas, y aquí pondremos una escuela, una fábrica y una carretera.»

Todo eso se construyó hace diez años, bajo la presidencia de Carlos Andrés Pérez. «Gastaron miles y miles de bolívares, y de repente el propio Pérez lo abandonó todo. Comenzaron a construir una autovía a San Cristóbal, la capital, pero los trabajos se interrumpieron sin llegar a perforar los túneles bajo las montañas. La carretera está todavía allí, pero sin los túneles.»

Chávez me dijo que había dispuesto una visita a La Fría para la semana siguiente. «¿Por qué no viene con nosotros?» Así que unos días más tarde, cuando el sol apenas asomaba sobre los montes que rodean Caracas, le esperaba en la sala de oficiales en el pequeño aeropuerto de La Carlota, en el centro de la capital, donde tiene su base la fuerza aérea venezolana, mientras que un agente del servicio secreto miraba bajo los sofás en busca de bombas. Cuando llegó Chávez, vistiendo su uniforme de camuflaje y su boina roja, subimos al avión presidencial y nos dirigimos a la frontera con Colombia, a una hora de vuelo. La mitad del gobierno venía también con nosotros.

Aterrizamos en un aeropuerto desierto, en el que crecía la hierba entre los rectángulos de la pista de hormigón. Una banda militar saludó al presidente, y tras las acostumbradas formalidades militares, subimos a cuatro grandes helicópteros para visitar una granja militar cercana, en Guarumito. Desde el aire, aquel asentamiento parecía lamentablemente aislado, unos cuantos tejados de uralita rodeados por la sabana que se perdía en la distancia. El territorio de Colombia, indistinguible del venezolano, quedaba a unos tres kilómetros.

Al bajar a tierra, las cosas parecían algo más alentadoras. Aterrizamos en un tramo de pista dura junto a un fangal donde trabajaba un pequeño grupo de obreros reparando una docena de los bungalows con tejado de uralita que habíamos visto desde el aire. Cuando Chávez bajó de su helicóptero, se vio rodeado por una multitud que apareció de la nada. Caminó lentamente hasta una gran caravana reconvertida que servía como taller móvil de formación. Éste era el elemento civil de la operación combinada con los militares –dirigida por el Instituto Nacional de Formación Profesional–, provisto de bancos de carpintero y sierras eléctricas sencillas. Chávez le lanzó un chorro de preguntas al supervisor de educación, un civil de aspecto nervioso: ¿cuánto tiempo lleva usted aquí? ¿Cuándo empezará todo? ¿Cuándo llegarán los profesores?

«Se está seleccionando a los profesores –dijo el supervisor como disculpándose–, pero hasta el momento no ha llegado ninguno.»

«Sí –dijo Chávez–, ya sabemos todo eso. La gente se compromete, y luego abandonan. Pasa un mes y todo está de nuevo como al principio. Hay que ser realmente cuidadosos al elegir al personal.»

Seguía acosando al desdichado supervisor: «Tienen que ser ustedes más productivos. ¿Por qué no instalan algunas tiendas y construyen otro edificio para traer a más gente?». Descubrió que el supervisor llegaba y volvía cada día desde la ciudad, un viaje de cinco minutos en helicóptero, pero que a él le llevaba una hora en su automóvil. «No puede hacer ese viaje todos los días —le dijo el presidente—, acabará agotado. ¿Por qué no se instala aquí en una tienda? No olvide lo importante que es este trabajo. No estamos enseñándoles para que se puedan ir a algún otro lugar. Queremos que la gente permanezca aquí. Estamos colonizando del país con su propia gente. ¿Cuántas veces hemos fracasado en el pasado? No podemos fracasar esta vez.» El supervisor, con el pulcro traje oscuro de los funcionarios estatales, asintió con la cabeza, pero parecía aterrado.

Mientras esperaba a Chávez, atrapado por otra multitud, hablé con Jorge Giordani, el ministro de Planificación y Desarrollo, que estudió en la Universidad de Sussex (véase la página 134). Giordani, con el pelo gris y un aspecto avejentado, es el hombre que impulsa el plan de desarrollo «endógeno», el estímulo económico a todo lo autóctono e indígena. Había trabajado con sus alumnos sobre la formulación de un programa para revitalizar las áreas rurales y me dijo que acostumbraba a visitar a Chávez en prisión. Ambos hombres se entendían bien y se convirtió en el tutor económico de Chávez, supervisando su tesis universitaria. Aportó al Ministerio de Planificación un influyente equipo de radicales universitarios con el que dar cuerpo a los planes del presidente, incluido un experto en asuntos bancarios, Trino Alcides Díaz.

Nos desplazamos hasta una sala de reuniones en el cuartel, donde Chávez comenzó a preguntar al oficial al mando. Descubrió que parte de la tierra había sido ocupada por gente que había comenzado a talar los árboles para vender la madera.

«Quiero saber con urgencia quién vendió la tierra. Cualquiera a quien se atrape talando árboles irá a prisión. Es absolutamente ilegal. Quiero saber quién posee la tierra alrededor de aquí en un radio de cincuenta kilómetros. Sé que hay mucha gente que posee tierra aquí y que vive en Miami o en Londres. Los expropiaremos. La nueva Constitución nos permite hacerlo, pero les indemnizaremos, por supuesto.»

Luego comenzó a preguntar sobre lo que podía producir aquella tierra: «¿Qué se cultivaba hasta ahora en esta región? ¿Qué cultivaban los indios? ¿Es realmente la producción de leche la mejor idea, o sería mejor promover determinados cultivos?». La audiencia comenzó a lanzar sus propias ideas, y finalmente todos estuvieron de acuerdo en que sería una buena tierra para el ganado. Chávez dijo muy serio que volvería pronto para ver cómo iba todo, y les advirtió que podría llegar sin advertencia previa.

Caminamos en torno a los bungalows que ya se habían restaurado y estaban a punto de ser entregados a sus nuevos propietarios. Habían sido construidos en círculo, en torno a una plaza central, y cada uno de ellos contaba con una parcela de tierra detrás de su bungalow. Se habían improvisado unos toldos, pero Chávez permaneció de pie en el centro, bajo el ardiente sol del mediodía, durante más de una hora. La mayoría de las veinticuatro familias a las que se iba a entregar una casa provenían de lugares donde se había producido la tragedia costera en diciembre de 1999. Uno de los hombres me dijo que las aguas se habían llevado también su plantación de maíz y yuca. «No tenemos dinero, ni capital, necesitamos ayuda», me dijo. Cuando le pedí su nombre para anotarlo en mi cuadernillo, se excusó por no saber escribir.

Las familias se iban adelantando una a una, y Chávez habló con cada una de ellas. Normalmente se trataba de una pareja joven, con dos o tres niños pequeños, aunque a veces era una pareja de más edad y más preocupada. Avanzaba toda la familia y él les entregaba su título de propiedad, les preguntaba por sus experiencias y sus habilidades y les ofrecía palabras de ánimo y consejo. Se iban con una sonrisa en el rostro. Las casas no eran regaladas, y los colonos sólo podrían vivir en ellas sin pagar alquiler durante un año. Después de ese plazo tendrían que pagar una cuota regular a la cooperativa que formalmente aparecía como propietaria.

Cuando acabaron las formalidades, Chávez pronunció un corto discurso, diciendo que su jefe de Estado Mayor le había advertido que ya llevaba tres horas de retraso. «No importa, vamos a hacer las cosas bien.» Sabía que era importante infundir ánimos y cierta sensación de solemnidad a aquella gente que recibía sus nuevos hogares.

«Sois muy valientes por venir aquí —les dijo—, para fundar una nueva ciudad. Para nadie es fácil trasladarse desde la costa hasta el interior de la sabana. Pero pensad que sólo hace dos semanas que empezamos, y que en unos pocos meses habrá aquí un millar de casas.»

Guarumito, les recordó, es el nombre del pueblo indígena que vivía antes aquí. «Conozco esta región, son casi las mejores tierras de Venezuela. He estado aquí en varias ocasiones patrullando la frontera.» Les dijo que no se preocuparan por su aislamiento. «Vamos a construir una línea férrea que pasará cerca de aquí, desde el Apure hasta el lago Maracaibo.»

Acabó con una advertencia: «Por favor no pongáis a vuestras carreteras ni a vuestras casas mi nombre. No quiero que me recuerden con algo así como la parroquia Raúl Leoni», dijo, recordando la extravagancia de un presidente anterior.

Fue una ceremonia emocionada, con los nuevos colonos orgullosamente en pie, los niños agitando la bandera amarilla, azul y roja de Venezuela, y todos a punto de echarse a llorar. Chávez desempeñó su papel de tío con afabilidad, hablando, haciendo preguntas, buscando respuestas e infundiendo una sensación de optimismo y buena voluntad.

Nuestra bandada de ministros y moscones se precipitó a los helicópteros y volamos hasta otro proyecto fallido del *ancien régime,* un parque industrial inmenso y abandonado, al parecer el mayor de toda Sudamérica. Chávez volvió a sumergirse en la multitud que le esperaba para indagar qué necesitaban. Llevaban viviendo allí algunos años y sólo querían una cosa: trabajo.

Subimos a un autobús y atravesamos lentamente el lugar. Chávez dirigió un seminario improvisado con sus ministros, mientras el encargado nos explicaba lo que había antes en cada cobertizo y almacén abandonado. Discutieron lo que se podía recuperar, y cómo animar a los inversores ofreciéndoles bonificaciones tributarias suficientes. Mientras el Estado pueda proporcionar educación y cuidados médicos, no se repetirá el fracaso de las empresas de la década de 1970. Habrá que alentar a los inversores privados a promover los grandes y pequeños proyectos necesarios para enmendar los fracasos de la era anterior. El ministro de Industria me dijo que si los militares podían ayudar despejando el sitio, se podrían establecer en el plazo de un año cincuenta pequeñas empresas, cada una de los cuales emplearía a unas veinte personas. Chávez quería que todo se hiciera más rápidamente.

Cuando regresamos a la base militar de La Fría, con un retraso de varias horas para la comida, Chávez mantuvo una larga reunión de una hora con sus ministros para discutir lo que cada uno de ellos había aprendido y qué pasos se podrían dar a partir de aquel momento. Subimos de nuevo al avión presidencial y se reanudó la discusión, que todavía seguía cuando llegamos al aeropuerto de La Carlota, y yo me fui a casa. Chávez seguía hablando, sin dar señales de agotamiento, y regresó a La Casona para celebrar más reuniones aquella misma noche; sus ministros civiles parecían completamente agotados, como yo mismo.

El reasentamiento de las víctimas de la inundación en La Fría es sólo uno de una larga serie de experimentos realizados por los gobiernos latinoamericanos durante años para tratar de invertir la emigración rural que ha venido asfixiando las ciudades. Ha habido más fracasos que éxitos. A principios de la década de 1970 el gobierno militar radical de Perú legalizó la ocupación de los *pueblos jóvenes* en torno a Lima, pero aquella estrategia sólo sirvió para atraer nuevos inmigrantes desde los Andes hasta la capital, con lo que aumentó el chabolismo.

Chávez pretende ser más original, transfiriendo el excedente de población urbana a nuevos polos de desarrollo agroindustriales lejos de las delicias de la ciudad. No se trata de la estrategia de Pol Pot en Camboya, ya que aquí no hay ninguna coerción. La escala es pequeña y el tiempo largo. Chávez me dijo que pensaba en un periodo de al menos veinte años. Parece posible convencer a unos pocos miles de pioneros para que asuman el desafío, pero incluso si tiene éxito sólo conseguirá frenar la tasa de emigración rural-urbana más que invertirla, aunque eso de por sí ya valdría el esfuerzo.

Ningún presidente desde los días de Pérez Jiménez a principios de la década de 1950 ha hecho mucho por la agricultura en Venezuela. A Chávez le gustaría que el país fuera capaz de alimentarse a sí mismo. Venezuela importa más de la mitad de los comestibles que necesita, el 64 por 100 en 1998. Si los anteriores gobiernos se concentraron en el petróleo, o en el desarrollo industrial, o en el comercio, el gobierno de Chávez pone un énfasis especial en la agricultura. Vastas áreas de Venezuela permanecen en barbecho o desaprovechadas. El ganado vaga por inmensos espacios que se podrían emplear con mayor aprovechamiento.

Hace más de cincuenta años, la gente hablaba de «sembrar el petróleo» utilizando los ingresos de la renta del petróleo en inversiones para mejorar la agricultura, pero eso nunca sucedió y Chávez planea ahora llevarlo a la práctica. En 1999 se destinaron 15 millones de dólares estadounidenses a un plan piloto de ayuda a familias campesinas para crear nuevos asentamientos agrícolas en áreas rurales, un plan destinado a aumentar la producción de arroz, maíz, leche, azúcar y aceite de cocina.

Se podría pensar que el arroz debería constituir la dieta fundamental de Venezuela, un país caluroso con grandes ríos; pero hoy por hoy los venezolanos comen más trigo que arroz, ya que el trigo importado desde Estados Unidos, con precios subvencionados, es más barato que el arroz cultivado en el país. Según Federico Cappellín, un columnista de *El Nacional,* los venezolanos sólo comen 12 kilos de arroz al año, mientras que en Colombia comen 30 kilos, en Brasil 48, en Ecuador 58 y en Perú 32. Los venezolanos compensan ese déficit de arroz consumiendo al año 65 kilos de trigo importado desde Estados Unidos.

El cultivo del arroz en Venezuela ha aumentado y, de hecho, en la actualidad se produce más de lo que se consume localmente. El trigo, por supuesto no es un cultivo adecuado para un país tropical, así que para modificar las prioridades del país, Chávez tendrá que cambiar la dieta nacional, promocionando el arroz y el maíz en lugar de la pasta basada en el trigo. Cappellín sugiere que el arroz debería convertirse en el plato nacional y que la Constitución debería haberlo declarado «cereal nacional». Al hacerlo, escribe con esperanza, «cambiaríamos la mentalidad de los venezolanos, que comerían mangos en lugar de manzanas, *arepas* de maíz en lugar de hamburguesas y arroz en lugar de pasta».

En uno de los grandes centros comerciales de Caracas hice una lista de los distintos lugares en que se podía entrar a comer. El primero era «Wendy's Old-Fashioned Hamburgers», ilustrado con una chica norteamericana con trenzas sujetas con unas cintas. A continuación, venía el «American Deli», con la Estatua de la Libertad en el logotipo. Luego la «Italian Coffee Company», con rótulos de Canal Street y Manhattan, a la que seguían «Good Time Ice Cream», «Happy Time Ice Cream», «Chip-a-Cookie», «Dunkin' Donuts», el «St Möritz Chocolatier» y, por supuesto, McDonald's. Resulta difícil imaginar que los alegres jóvenes que pasean por el centro comercial, con su estilo de vida norteamericanizado, prefieran comer *arepas* en lugar de hamburguesas o cambiar la pasta por el arroz, pero ése es el cambio revolucionario que les plantea el gobierno de Chávez, que trata de reconstruir el país sobre perfiles más nacionalistas.

XXIII

LA NUEVA POLÍTICA DEL PETRÓLEO

A cualquiera que haya mirado con algo de atención un mapa de Sudamérica le resulta familiar el aspecto de lágrima del lago Maracaibo. Es una gran extensión de agua atrapada entre los Andes y el Caribe que se ha convertido en una de las maravillas artificiales del mundo, un lugar extrañamente romántico, heredado de los resueltos inicios del capitalismo industrial, cuando la dominación y explotación de la naturaleza recurría a tecnologías muy simples y al ingenio y la fuerza bruta de los trabajadores. Hoy día es un desastre ecológico sin límites, lleno de torres de perforación que forman un bosque de mástiles metálicos que se alzan sobre sus cuatro zancas desde la superficie del agua, evocando las primeras películas que tenían como trasfondo la industria petrolera o las fotografías de color sepia de una vieja enciclopedia.

La realidad supera con mucho esos recuerdos, y también hay sorpresas. El lago Maracaibo no es un lugar para tomar el sol sobre un bote a pedales; capitanes de aspecto fiero timonean con orgullo y habilidad sus lanchas relucientes entre las grises aguas de este vasto mar interior. Se respira un adusto ambiente de trabajo, en el que cada uno atiende con profesionalidad a su tarea y sabe lo que se trae entre manos: buzos, ingenieros, perforadores...

Las instalaciones petroleras, miles de ellas, son todas parecidas pero con ligeras diferencias: una pequeña plataforma sobre cuatro patas, cubierta de tuberías, accesible sólo por una escalera; una especie de grúa que se mueve arriba y abajo incesantemente, como una esclusa pintada por Van Gogh en la Camargue; una balsa gigantesca de la que emergen mástiles de metal amarrados a seis inmensos depósitos; una construcción de hormigón con grifos, barriles y una maraña de tubos. En el centro del lago hay una gran plataforma parecida a las del mar del Norte, un gigante entre pigmeos. Asentada sobre tres patas, extrae petróleo a 6.000 metros por debajo de la superficie.

La práctica de extraer petróleo bajo las aguas del lago se remonta a más de un siglo, y ya se ha hecho habitual la tecnología que permite obtenerlo desde plataformas marinas. Lo que todavía hace bastante especial al lago de Maracaibo es que su superficie queda bastante por encima del nivel del terreno que lo rodea. Se ha sacado tanto petróleo desde la década de 1920 que las tierras de alrededor se van hundiendo continuamente en el enorme agujero que han provocado.

Se podría haber producido un desastre si no fuera éste un yacimiento explotado originalmente por la Royal Dutch Shell. Los holandeses son expertos en terrenos por debajo del nivel del mar y están acostumbrados a la construcción de diques. Hace años los ingenieros holandeses construyeron con considerable ingenio una muralla en torno al lago, que ha permitido que las casas e instalaciones en tierra se fueran hundiendo tras esa muralla protectora. El terreno circundante está ahora unos cinco metros por debajo del nivel del mar, y sigue hundiéndose entre quince y vente centímetros al año. Probablemente lo haría aún más velozmente si los ingenieros no estuvieran bombeando agua para llenar los espacios que deja vacíos el petróleo.

La sensación de que se está sacando continuamente algo, de una disminución física, es una de las razones por las que todos los venezolanos sienten un apego tan apasionado por su empresa petrolera estatal. Durante décadas han sentido como si su patrimonio nacional estuviera siendo extraído por las grandes empresas petroleras estadounidenses y europeas, principalmente Shell, Mobil y Exxon. Generaciones de historiadores y políticos nacionalistas lo veían como un escándalo, y la conciencia de que la nación estaba siendo saqueada sigue profundamente enraizada en la psique nacional.

Dos acontecimientos, uno en 1943 y otro en 1976, se celebran como grandes momentos históricos, en los que el país se alzó frente a las compañías petroleras. En 1943 el gobierno del general Isaías Medina Angarita aprovechó la escasez provocada por la guerra para obligar a las empresas a cumplir la ley tributaria venezolana y limitar sus concesiones a un periodo de cuarenta años. En 1976, cuando sólo habían transcurrido treinta, el presidente Carlos Andrés Pérez consiguió el acuerdo de las catorce principales compañías extranjeras para una retirada negociada del país. El 1 de enero la compañía petrolera estatal, Petróleos de Venezuela S. A. (PdVSA) se hizo cargo de sus activos, que incluían 11.000 pozos, 11 refinerías y 14 depósitos de petróleo. En el paquete iban incluidos oleoductos, terminales portuarias e innumerables edificios de oficinas.

En un primer momento las tres mayores empresas nacionalizadas siguieron manteniendo su *status* individual: la Royal Dutch Shell se convirtió en Maraven, la Creole Petroleum Company de Exxon en Lagoven, y Mobil Oil en Llanoven. Maraven y Lagoven incluso mantuvieron sus identidades empresariales distintas, una de ellas muy europea y despreocupada, la otra muy estadounidense y autoritaria. Esencialmente seguían siendo competidoras. El complejo de viejos edificios holandeses en la ciudad de Lagunillas junto al lago permaneció intacto y, a pesar de las palmeras, siguió pareciendo un viejo pueblecito holandés, con verandas de madera y tejados puntiagudos. Aun encontrándonos en el atareado corazón de un centro tecnológico de finales del siglo XX, no parecía tan incongruente que alguien pudiera aparecer caminando por las calles con zuecos.

Las empresas recién nacionalizadas en Venezuela, como las compañías petroleras en todo el mundo, pasaron mucho tiempo buscando nuevas reservas de petróleo. En algún momento se pensó con pánico que estaba a punto de agotarse, pero pronto volvió a manar en todas partes. En el lago Maracaibo simplemente comenzaron a perforar más hondo. Puede que sea más difícil de extraer, pero hay mucho petróleo. Se han localizado grandes reservas más hacia el sur, en el estado de Barinas y en las laderas de los Andes.

Con los años, la compañía petrolera estatal no ha sido inmune a las presiones de la globalización y la privatización, que comenzaron bajo el gobierno de Carlos Andrés Pérez en 1989 y prosiguieron con la llamada apertura al sector privado, proseguida bajo el gobierno del presidente Caldera. Se permitió a las empresas extranjeras emprender operaciones conjuntas con la compañía petrolera estatal, y Shell y British Petroleum reabrieron orgullosamente sus estaciones de servicio en la capital para mostrar que volvían a reemprender sus negocios. Petróleos de Venezuela presentó en 1991 un plan de inversiones de 65 mil millones de dólares, que preveía que una tercera parte del capital fuera aportado por el sector privado.

En 1997 se reorganizó toda la dirección de Petróleos de Venezuela y se suprimieron las empresas como Maraven y Lagoven, residuos de la era anterior. La empresa estatal quedó ahora dividida de otra forma, creándose tres nuevas divisiones, una para la exploración y producción, otra para la comercialización y fabricación, y una tercera para los servicios. Los directivos y empleados de la empresa empezaban a adaptarse a esos cambios espectaculares cuando llegó el gobierno de Chávez en 1999. Uno de los primeros cambios que realizó fue crear una cuarta división para supervisar la industria del gas.

El futuro de Venezuela dependía ahora de la forma en que el gobierno de Chávez reorganizara la explotación y comercialización del petróleo, un tema de interés más que nacional, ya que Venezuela surtía una parte considerable de las importaciones de petróleo estadounidenses. El hombre al frente de PdVSA, el ministro de Energía y Minas, era Alí Rodríguez Araque, antiguo jefe guerrillero de más de sesenta años, el mayor experto en petróleo de La Causa R y de Patria Para Todos (PPT). Rodríguez, nacido en Mérida en 1937, estudió derecho y economía en la Universidad Central de Caracas y en la Universidad de los Andes en Mérida. Combatió en las montañas del estado de Falcón en los años sesenta con Douglas Bravo, pero tras el final de la guerra de guerrillas y un periodo en el Partido de la Revolución de Venezuela, se separó de Bravo y se unió a Alfredo Maneiro en La Causa R, trabajando como abogado laboralista en Ciudad Guayana.

En 1983 fue elegido diputado al Congreso por el estado de Bolívar, apoyado por La Causa R, y en noviembre de 1998 fue elegido senador en la lista de Patria Para Todos. Durante el gobierno de Caldera, entre 1994 y 1997, ocupó una influyente posición en el Congreso como presidente de su Comité de Energía y Minas, y participó muy de cerca en la supervisión por el Congreso de los contratos durante la apertura de la industria petrolera a los mercados exteriores. Cuando PPT se unió a la alianza electoral de Chávez, se convirtió en el principal consejero de éste en cuestiones relacionadas con el petróleo.

La primera tarea de Rodríguez en el gobierno fue reafirmar la primacía de su propio ministerio, el de Energía y Minas, sobre la empresa estatal Petróleos de Venezuela. Ésta había sido dirigida durante años de forma corporativa, como un estado dentro del Estado, un vasto conglomerado que distribuía favores y sobornos. Con un rápido cambio de personal, que incluyó la sustitución del primer elegido por Chávez para dirigir la empresa, se consiguieron los objetivos iniciales de Rodríguez, pero la oposición en su seno al nuevo régimen seguía siendo muy poderosa.

La siguiente tarea fue modificar radicalmente la política venezolana hacia la OPEP, la Organización de Países Exportadores de Petróleo. Venezuela tuvo muy escasa participación en ella durante la década de 1990, cuando se puso en funcionamiento la política de apertura, y los sucesivos gobiernos venezolanos solían ignorar todas sus orientaciones colectivas, actuando por su cuenta. Menos abandonar la OPEP, la habían saboteado de todas las formas imaginables, saltándose las cuotas de producción y tratando de aumentarla mediante la colaboración con empresas extranjeras en la explotación de nuevos yacimientos.

El gobierno de Chávez planteó desde un primer momento una estrategia internacional diferente y muy precisa. Rodríguez insistió en reducir la producción de Petróleos de Venezuela. Estaba decidido a cooperar con la OPEP, en particular para mantener un precio estable del petróleo. Viajó por todos los países de la OPEP y también buscó la cooperación de los productores de petróleo latinoamericanos. Convenció a México, que no forma parte de la OPEP y compite con Venezuela en el lucrativo mercado estadounidense, para que renunciara a los incrementos de producción previstos.

Finalmente, tras la asamblea de la OPEP en marzo de 1999, Venezuela redujo su producción un 4 por 100, a 2.720.000 barriles al día, y anunció sus planes de nuevas reducciones tanto en la producción como la exploración. En mayo, con motivo de la celebración de sus primeros cien días en el poder, el presidente Chávez explicó orgullosamente lo que había sucedido:

[El incremento del] precio del petróleo [...] no ha sido producto de una guerra o de la luna llena, no, no, no. Ha sido producto de una estrategia firme, de un cambio de 180 grados en la estrategia que venían siguiendo los gobiernos anteriores y Petróleos de Venezuela. Nosotros decidimos primero respetar los acuerdos de recorte con la OPEP y con México; y segundo, decidimos incrementar el nivel de los recortes, y además en el mundo ya se sabe que aquí hay un gobierno serio, que hay una nueva dirección en PdVSA...

Aquel mismo año, en septiembre, el corresponsal del *Financial Times* Robert Corzine señaló que los meses anteriores habían sido «uno de los periodos más exitosos en la historia de los intentos de la OPEP de controlar el precio del petróleo». Sus países miembros no sólo habían respetado las cuotas de producción y habían evitado la práctica anterior de las «trampas», sino que los países no integrantes de la OPEP como Gran Bretaña y Noruega habían sido incapaces de colmar el hueco.

A finales de año, Alí Rodríguez pensó que el precio del petróleo ya estaba bastante alto y que la OPEP debía acordar una banda amplia dentro de la cual se podría mantener el precio mediante aumentos o reducciones de la producción. Propuso que en 2000 se celebrara una reunión de jefes de Estado de la OPEP en Caracas y envió invitaciones, entre otros, a Saddam Hussein (Iraq), Muammar Gadafi (Libia) y Mohammad Jatami (Irán).

El otro acontecimiento significativo fue la modificación del Fondo de Estabilización Macroeconómica creado por el gobierno anterior. Se trataba de un fondo especial destinado a complementar los ingresos del gobierno en caso de colapso del precio internacional del petróleo, compensando la volatilidad de los precios internacionales. Si el precio del barril de petróleo subía por encima de 14 dólares, los ingresos extraordinarios irían a parar a ese fondo. Rodríguez decidió rebajar el límite a 9 dólares estadounidenses por barril. Era una cifra quizá excesivamente prudente, pero que no se situaba por debajo del precio mínimo del petróleo en los años recientes. El crudo venezolano se había vendido a 16,60 dólares el barril en 1997 y había caído a 10,75 dólares el barril en 1998.

En la práctica, el precio estuvo muy por encima de 9 dólares el barril durante 1999, aportando grandes sumas al Fondo de Estabilización. De los 11,95 dólares el barril en marzo de 1999, antes de la asamblea de la OPEP, había subido a más de 20 dólares el barril a finales de año.

Las nuevas relaciones en el seno de la OPEP y el aumento del precio del petróleo, aceptado en general con benevolencia por el mundo exterior, fueron los principales éxitos de Chávez durante su primer año de gobierno, pero dejaron pendiente la cuestión conflictiva del futuro de PdVSA.

Muchos ciudadanos influyentes fuera del gobierno argumentaban enérgicamente que la iniciativa privada debía participar en el reparto de la riqueza petrolera del país. Alberto Quirós, en otro tiempo dirigente máximo de Maraven, defendió en varios artículos periodísticos que los ciudadanos venezolanos debían tener derecho a comprar acciones de su compañía petrolera nacional, algo que impedían los preceptos de la nueva Constitución, concediendo las riendas de la empresa al Estado.

Quirós propuso que la compañía vendiera el 10 por 100 de sus acciones, de forma que el mercado pudiera determinar el valor real de la empresa. También argumentaba que los recursos financieros de ésta, si se distribuían adecuadamente, podían proporcionar la base para fondos de pensiones privados.

Para los militares nacionalistas y para el gobierno de Chávez se trataba de propuestas muy peligrosas, pero el propio Rodríguez no carecía de ideas revolucionarias. Entrevistado en mayo de 1998 por María Cristina Iglesias, cuando todavía estaba a cargo de la política petrolera de Patria Para Todos en el Congreso, ofreció la perspectiva de una estrategia que permitiría a los inversores privados venezolanos comprar participaciones en la compañía estatal:

> La idea era que durante el periodo de exploración, que supone cierto riesgo, la inversión sólo provendría de Petróleos de Venezuela y del capital internacional. Una vez que se hubieran localizado campos petrolíferos explotables, se podrían realizar ciertos ajustes: al capital internacional se le permitiría una participación máxima del 49 por 100, y Petróleos de Venezuela tendría también una participación porcentual.
>
> Quedaría así abierta la posibilidad para los ahorradores e inversores venezolanos de comprar acciones de las empresas y consorcios que se crearan para producir el petróleo. Nada de esto disminuiría, por supuesto, la remuneración legítima a los inversores extranjeros que hubieran asumido riesgos durante el periodo de explotación. Tal programa atraería, sin duda, el sólido respaldo del capital internacional.

Ésta era sólo una de las posibilidades que se discutieron durante el primer año de gobierno de Chávez. Más adelante, la organización de la industria petrolera ocupó el primer plano del escenario político del país y comenzó a abrirse una perspectiva totalmente nueva.

XXIV

Discrepancias sobre el programa económico

Venezuela disfruta de enormes rentas del petróleo, pero éstas han ido siendo absorbidas tradicionalmente por un porcentaje minúsculo de la población. La gran mayoría del país sigue pobre y hambrienta. Mientras que el 10 por 100 más rico de la población, de 23 millones de habitantes, se queda con la mitad de la renta nacional, el 40 por 100 (según una estimación de 1995) vive en una «pobreza crítica». El 80 por 100 (según las cifras de 1996) sólo recibe el salario mínimo o menos. Como si todo esto no fuera suficiente, la situación ha ido empeorando dramáticamente. El poder de compra real disminuyó un 35 por 100 entre 1989 y 1995.

Esas estadísticas eran bien conocidas por el gobierno de Chávez, quien repetía insistentemente a los visitantes extranjeros lo difícil que resultaba explicar que un país tan rico pudiera ser al mismo tiempo tan desesperadamente pobre. También era consciente de que no poseía una varita mágica. Ha empleado mucho tiempo en pedir a los pobres, con retórica cristiana, que tuvieran paciencia, y a los ricos cierto sentimiento de solidaridad con el pueblo con el que están obligados a compartir el país.

Pero, aunque velada y no totalmente formulada en los primeros años, la política económica del gobierno nunca ha estado en duda. Pese a la enérgica retórica contra el neoliberalismo, Chávez siempre se ha mostrado interesado en asegurar la inversión extranjera. Ha tratado de poner en práctica una orientación difícil, casi imposible, diciendo a los nacionalistas de su país lo que querían oír y enviando al mismo tiempo todo tipo de señales tranquilizadoras a los inversores extranjeros, algo en lo que ha contado, por otra parte, con el apoyo de Castro. Según Fausto Masó, periodista normalmente bien informado, Castro le dijo a Chávez que su propia preocupación principal era «asegurar todos los dólares estadounidenses que pudiera para Cuba, porque la única forma revolucionaria de asegurar el desarrollo hoy día es abrir todo el país a los inversores extranjeros».

Lo que es bueno para la Cuba revolucionaria debía serlo también para Venezuela, y Chávez trató de seguir ese consejo implícito. John Maisto, embajador estadounidense en Caracas en 1999, dedicó mucho tiempo a tratar de conseguir que el gobierno de Chávez firmara el Tratado sobre Promoción y Protección de la Inversión Extranjera que todos los demás gobiernos latinoamericanos se habían visto obligados a firmar, procurando que Venezuela firmara el tratado antes de la primera reunión de la Asamblea Constituyente, para evitar así que ésta se opusiera a sus términos. Resultó que estaba llamando a una puerta abierta. En octubre, el gobierno de Chávez se manifestó de acuerdo en firmarlo, y Chávez se aseguró de que se hiciera mientras él estaba fuera del país. «Ahora va pronunciando discursos garantizando la estabilidad de la inversión», me dijo un economista desilusionado.

Pero durante el primer año de Chávez como presidente sus seguidores radicales no plantearon objeciones a esa estrategia. Muchos de ellos estaban ocupados con otro proyecto, debatiendo en la Asamblea Constituyente las líneas maestras de una futura política económica más que contemplando el aquí-y-ahora. Un elemento importante de su programa era el aliento a los inversores locales, que ha formado parte siempre de la política económica de La Causa R y de Patria Para Todos, con la voluntad de ganarse la confianza de los pequeños hombres de negocios y empresarios independientes frente a los grandes barones del Estado y sus amigos comerciantes y banqueros.

La opinión económica en el extranjero estaba muy dividida en un primer momento frente al fenómeno Chávez. «Tendrán que pasar ustedes por una recesión muy, muy mala el año que viene si no se recuperan los precios del petróleo», dijo un portavoz pesimista de Merrill Lynch en Nueva York, una semana o dos después de las elecciones de diciembre de 1998. Añadió sombríamente que Chávez «tendría que ser supermán para sacar a la economía del pozo en que se hallaba». Otros observadores eran igualmente pesimistas por aquel entonces. «Pensamos que los riesgos son demasiado elevados en este momento», dijo un analista del Deutsche Bank en Nueva York.

Ese pesimismo resultó infundado. Los precios del petróleo se recuperaron y no han dejado de subir en los años posteriores. Pero los inversores dentro de la propia Venezuela no compartían esa sensación de alarma. La mayoría de ellos eran conscientes de que las cosas les habrían ido peor si Chávez no hubiera ganado las elecciones en 1998. La Bolsa de Caracas subió tras las elecciones cuando sus inversores locales, que se habían retirado del mercado a la espera del resultado, regresaron en masa. El portavoz de Merrill Lynch proclamaba entusiasmado: «Examinando los flujos, se ve que se trataba efectivamente de los propios venezolanos, que regresaban con su dinero».

A pesar de la retórica, una vez que Chávez tomó posesión, se comportó como un gobernante pragmático. Creía, esencialmente, que la combinación de gente honrada y gobernantes honrados daría lugar a un buen gobierno. Era apasionadamente hostil a la «corrupción», muy generalizada en el pasado, así como a la filosofía del «neoliberalismo salvaje» impuesto al mundo por Estados Unidos, pero a menudo le resultaba difícil describir lo que pretendía poner en su lugar. En su primer discurso como presidente en febrero de 1999 dio pocos detalles sobre lo que vendría después:

> El proyecto nuestro no es un proyecto estatista. No, tampoco es extremo al neoliberalismo. No, estamos buscando un punto intermedio, tanto Estado como sea necesario y tanto mercado como sea posible. La mano invisible del mercado y la mano visible del Estado.

El aforismo era admirable, pero como orientación para el ministro a cargo de la economía sólo se podía leer de una forma: mantener el rumbo existente hasta entonces.

Un economista universitario me dijo: «Es muy radical en todo lo demás, pero conservador en el terreno económico. Aunque es muy asertivo y firme en política exterior, no lo es en absoluto en la esfera económica. Concentra sus ataques contra los políticos corruptos, pero nunca menciona a los banqueros, que son tan malos como ellos».

Pero aunque Chávez, personalmente, no tenga gran interés en los detalles de la estrategia económica, sus seguidores políticos del MAS y de Patria Para Todos han desarrollado a lo largo de los años algo parecido a un programa económico, que quizá se podría describir con mayor precisión como una actitud. Durante el año 1999 se dio poca publicidad a las decisiones e iniciativas económicas del gobierno, pero el debate económico en la Asamblea Constituyente obtuvo muchos titulares de prensa. Los chavistas en la Asamblea, tanto militares retirados como civiles de izquierda, estaban decididos a que el Estado siguiera desempeñando un papel significativo en la economía. Ésa era la opinión de la mayoría de la Asamblea, y también del país.

Pero en ese grupo mayoritario había propósitos e intenciones muy diversas. Muchos de los miembros del MAS todavía añoraban los días en que el Estado jugaba un papel desarrollista activo; los de Patria Para Todos, reflejando los valores más ecologistas de La Causa R, aspiraban a un Estado más pequeño con menores oportunidades para la corrupción y expresaban su preocupación por el futuro de las pequeñas empresas, por la polución y por el medio ambiente.

Pese a esas diferencias, la Asamblea Constituyente era casi unánime en su deseo de marginar a los fundamentalistas neoliberales, cuyas recetas no desempeñaron ningún papel en la formulación final de la nueva Constitución. Pero la victoria fue más aparente que real; aunque sólo una pequeña minoría deseaba que Petróleos de Venezuela se vendiera a los intereses privados, casi todos estaban de acuerdo en que sería razonable llegar a acuerdos con empresas petroleras extranjeras. En la práctica, resultó que una parte significativa de la política económica desarrollada durante los años noventa –que había abierto la industria petrolera a la participación extranjera e iniciado un proceso de privatización– debía, al parecer, prolongarse.

Esa apariencia de continuidad se vio reforzada por la presencia en el gobierno de ministros económicos como Maritza Izaguirre, heredada de la Administración de Caldera. Dimitió en junio de 1999 para ser sustituida por su viceministro José Rojas, quien también había trabajado con Caldera. «La pobre Maritza no sabía realmente qué estaba sucediendo —me dijeron— y a Rojas le está pasando lo mismo, aunque él es partidario de la Quinta República.»

El cambio que más inquietó a los ministros fue la aparición de personal militar en los puestos más altos de la Administración pública. Un importante consejero económico me dijo: «Los militares están por todas partes. A veces parece como si hubiera un proyecto secreto del que no lo supiéramos todo. Constituyen una especie de partido militar. En algunos ministerios se puede hablar de una auténtica dualidad de poder». Había oficiales de alta graduación en los principales ministerios, así como en PdVSA.

Mi economista universitario me dijo: «Muchos de ellos provienen de las clases más bajas y le dirán: "Mi padre era obrero". Pero han estudiado en la universidad y tienen una buena preparación intelectual; cuando yo enseñaba en la universidad, había tres oficiales en una clase de veinte. Con todo, su mentalidad es bastante diferente y son bastante autocráticos. Algunos de ellos son de izquierdas, pero también he conocido oficiales pinochetistas».

La mayoría de los oficiales que se incorporaron al gobierno estaban por debajo del generalato. Esperaban y observaban, manteniéndose muy atentos. Pero había una figura central que ofrecía su propio espectáculo, y ciertamente no era pinochetista. El coronel William Fariñas fue nombrado presidente del Fondo Único Social (FUS), una institución nueva y potencialmente poderosa que reunía a varios departamentos gubernamentales que se ocupaban anteriormente de la sanidad y el bienestar social.

El Fondo Único Social y el Banco del Pueblo eran algunas de las nuevas instituciones destinadas a poner en práctica las iniciativas sociales destinadas a mejorar la situación de la mayoría pobre de la población. El impacto político de tales instituciones se ha venido repitiendo durante décadas. En Argentina, en los años cuarenta, Eva Perón utilizó el Ministerio de Bienestar Social como base de poder para tratar de mejorar la situación de los pobres. En Perú, en los setenta, el gobierno de Velasco Alvarado hizo uso de una institución similar creada por el Ejército, el Sistema Nacional de Apoyo a la Movilización Social (Sinamos), pero aunque la idea parecía brillante, en la práctica fue un fracaso desastroso.

El coronel Fariñas —en la reserva en la Fuerza Aérea—, como otros mandos militares en el gobierno de Chávez, pasó un tiempo en la universidad. Era profesor de planificación estratégica y política social en la Universidad Central de Caracas, y también tenía un doctorado en formación organizativa. Entre sus héroes se encuentra Bolívar, por supuesto, pero también el Sagrado Corazón de Jesús, la Virgen María Auxiliadora, el arcángel san Miguel y el Che Guevara.

> El Che es una figura que representa [...] el compro-
> miso y el altruismo y una dedicación total a la causa del pueblo. Es un símbolo para todos los revolucionarios, y también lo es para mí [...]. Lo ha sido siempre, desde que era estudiante y comencé a tener convicciones revolucionarias. El espíritu revolucionario que anima a los militares y otros ciudadanos que participan en este proceso se ha alimentado de los pensamientos e ideales del Che, y de lo que fueron los acontecimientos de mayo en Francia...

Este revolucionario de los sesenta estaba a cargo de una institución con un enorme potencial político y un gran presupuesto, derivado en parte del de organizaciones anteriores que había englobado, y en parte del Fondo de Estabilización Macroeconómica (FEM), que canaliza el dinero del petróleo hacia proyectos gubernamentales. De hecho el FUS recibe el 40 por 100 de su presupuesto del FEM.

El FUS ha contribuido a crear escuelas, hospitales e incluso iglesias, pero su proyecto más ambicioso era el Plan Bolívar 2000, una de las ideas más originales de Chávez. Sus detalles se anunciaron el 27 de febrero de 1999, a pocas semanas de su toma de posesión. La idea consistía en movilizar la capacidad no utilizada de las fuerzas armadas para vincularlas con las comunidades locales y mejorar la infraestructura social cada vez más deteriorada de Venezuela. Los soldados ofrecerían a las comunidades locales sus cuarteles, sus campos de deportes y sus cantinas, colaborando con ellas y ayudándoles a reconstruir carreteras y escuelas.

El Plan Bolívar debía llevarse a la práctica en tres etapas. La primera, llamada Pro-País, implicaría a las Fuerzas Armadas en la prestación de servicios sociales. La segunda, Pro-Patria, implicaría a los militares en la ayuda a las comunidades locales en la búsqueda de soluciones locales a sus problemas; la tercera, Pro-Nación, pondría al país en camino hacia la autosuficiencia económica y el desarrollo endógeno (sostenible).

En la fase Pro-País, Venezuela fue dividida en veinticinco zonas de intervención, y unos 40.000 soldados voluntarios comenzaron a trabajar en la reconstrucción de carreteras, centros sanitarios y escuelas, colaborando con las autoridades locales. El presidente Chávez dijo a los periodistas que se enviarían «hospitales de campaña móviles» a los pueblos remotos y barrios pobres «como a una zona de guerra». En diciembre de 1999, tras las terribles inundaciones en el estado costero de Vargas, la metáfora de la zona de guerra parecía desgraciadamente muy adecuada.

XXV

La reforma del Poder Judicial

En el centro de la crisis del viejo Estado venezolano estaba la corrupción de los jueces. Mucha gente esperaba que la elección de Chávez remediara ese acuciante problema, y el gobierno se había comprometido a resolverlo. La tarea principal de la Asamblea Constituyente era redactar las cláusulas legales de la nueva Constitución, y creó una Comisión de Emergencia Judicial para examinar la situación de las disposiciones existentes y para evaluar la labor de los jueces y de los miembros del Tribunal Supremo.

Esa Comisión estaba presidida por Manuel Quijada, abogado y seguidor de Chávez que había participado en los fallidos golpes militares de 1962 y se había incorporado al Frente Patriótico creado en 1989 tras el *Caracazo.* Desde hacía tiempo defendía una alianza entre soldados y civiles.

En septiembre de 1999 su Comisión reveló que más de la mitad de los mil doscientos jueces del país eran culpables de corrupción o incompetencia, y sugirió su destitución. Al examinar los archivos del Consejo [Nacional] de la Judicatura (el órgano responsable de investigar las quejas contra los jueces y tribunales), la Comisión descubrió que durante los últimos diez años se habían presentado cuatro mil quejas contra jueces y fiscales.

La corrupción e incompetencia del sistema judicial era algo conocido desde hacía años, y muchas de las quejas se referían a su renuencia a juzgar a los banqueros y políticos corruptos. Un miembro de la Comisión, Carlos Tablante, denunció al «poder judicial en Venezuela» como «un reducto de ilegalidad, holgazanería y corrupción» y recordó un caso particular en que se habían presentado acusaciones ante un grupo de jueces corruptos contra dos docenas de banqueros acusados de una quiebra escandalosa en 1994 que «casi había hundido el sistema financiero». Pese al escándalo público, las acusaciones contra los banqueros habían sido desoídas.

Lo que ahora hacía la situación tan seria y explosiva era el hecho de que la mayoría de los presos —unas 23.000 personas— no habían sido sometidos todavía a juicio. El deplorable estado de las prisiones venezolanas —incluso medido con los niveles latinoamericanos— era bien conocido desde hacía años, y esa situación había dado lugar a grandes motines en más de una ocasión. En 1998 murieron más de 500 presos en ellos. Chávez se había comprometido a mejorar las cosas. La reforma judicial ocupaba un lugar destacado en su lista de prioridades; ahora habría que afrontar también la reforma de las prisiones.

Chávez promulgó por decreto en julio un nuevo código penal, algo para lo que estaba autorizado hasta que se aprobara la nueva Constitución. Ese decreto estaba destinado a modernizar el sistema judicial y a conceder a los sospechosos la presunción de inocencia y la garantía de un juicio rápido.

La publicación del decreto alentó inevitablemente a los presos a pensar que ellos también debían hacer algo, y en septiembre se produjeron motines en varias prisiones de todo el país, en los que murieron una docena de ellos. En una prisión en los alrededores de Caracas hubo que enviar a la Guardia Nacional con tanques para restaurar el orden.

A principios de octubre la Asamblea Constituyente decretó un «estado de emergencia penitenciaria» que demostró ser un impresionante ejemplo de celeridad. Chávez anunció por la mañana del 3 de octubre, en su programa de radio de los domingos, que equipos de jueces y fiscales, junto con activistas de los derechos humanos y sacerdotes, habían acudido a cuatro de las prisiones más peligrosas del país para tratar de acelerar la celebración de juicios y la ejecución de las correspondientes sentencias. Dijo que quería acelerar la justicia para los presos en espera de juicio y acelerar la puesta en práctica del nuevo código penal. Pensaba que mucha gente podía quedar en libertad inmediatamente debido a la cantidad de tiempo que ya habían pasado en prisión, mientras que los equipos penitenciarios esperaban resolver 6.000 casos de presos en espera de juicio antes de que concluyera el año. Se promovió un plan para que los presos pudieran trabajar fuera de la prisión durante el día.

Chávez dijo que también esperaba que las prisiones pudieran clasificar a los presos en espera de juicio según los crímenes de los que estaban acusados. En muchas prisiones gente acusada de pequeños hurtos compartía celda con sospechosos de asesinato. Dijo a su audiencia radiofónica que la Guardia Nacional había pasado el fin de semana registrando las prisiones en busca de armas, ya que los funcionarios de prisiones tenían la costumbre de confiscarlas para luego revenderlas de nuevo a los presos.

La crisis en las prisiones volvió a focalizar la atención en la reforma del poder judicial. En Venezuela, los jueces, así como los miembros del Tribunal Supremo, habían sido nombrados tradicionalmente por el partido mayoritario en el Congreso. Aunque una cuarta parte de los miembros del Tribunal Supremo gozaban de un nombramiento vitalicio, el resto carecían de independencia y podían ser destituidos a voluntad, por lo que eran los más vulnerables cuando trataban de emprender acciones legales contra los políticos o sus socios en determinados negocios, o contra directivos de poderosas empresas comerciales. El Tribunal Supremo había recibido acusaciones de corrupción contra el presidente Lusinchi durante años. La recomendación de un magistrado investigador de que fuera llevado a juicio fue simplemente ignorada. Un miembro del Tribunal Supremo había dimitido como protesta en 1992 y un grupo de intelectuales pidió a otros miembros del Tribunal que hicieran lo mismo, pero no sucedió nada y el caso Lusinchi se desvaneció.

La Comisión de Emergencia Judicial de Quijada redactó varios artículos al efecto para la nueva Constitución y sugirió nuevos procedimientos para la selección y formación de los jueces. Las nuevas formas de supervisar su actividad que recomendó eran semejantes a las vigentes en Estados Unidos, como la propuesta de que los candidatos al Tribunal Supremo pasaran por una audiencia pública. Aunque algunos críticos hostiles argumentaron que se tardarían años en llevar a la práctica esas reformas, la mayoría estuvo de acuerdo en que, en definitiva, serían beneficiosas. Pero no fue hasta 2004, con la ampliación del Tribunal Supremo, cuando el gobierno pudo por fin realizar los cambios necesarios.

XXVI

EL DESARROLLO DE UNA POLÍTICA
EXTERIOR «BOLIVARIANA»

Chávez tenía grandes ambiciones en el terreno de las relaciones internacionales. Su objetivo era nada más y nada menos que el sueño «bolivariano» de la unión de los pueblos de Latinoamérica. Otros habían mencionado esa idea durante el último medio siglo, en particular Fidel Castro y el Che Guevara. El primero, en sus primeros momentos de poder en Cuba, invocó la tradición de «nuestra América» en la «Primera Declaración de La Habana» de 1960. Con su asombroso sentido de la historia, evocó: «la América que Bolívar, Hidalgo, Juárez, San Martín, O'Higgins, Sucre y Martí deseaban ver libre».

El Che Guevara, en la Nochevieja de 1966, brindó en su campamento guerrillero en Nancahuazú, en Bolivia, por el espíritu de la revolución continental, recordando el «grito de Murillo» con el que aquel abogado lapaceño había desencadenado en 1809 la liberación de Latinoamérica.

La fascinación de Chávez por la historia de Bolívar y el proyecto «bolivariano» de emancipación mantiene esa tradición de los líderes radicales latinoamericanos, y como venezolano puede apelar a la relación muy especial de su propio país con el Libertador. En una entrevista con Agustín Blanco Muñoz en 1995, Chávez argumentaba que «la idea geopolítica de Bolívar, que apuntaba a la unión de todo el continente, todavía tiene una tremenda fuerza en la actualidad».

Ninguno de sus generales en el momento de la independencia, al menos ninguno de sus generales venezolanos, tenía esa visión, esa idea de unir todos los territorios balcanizados de Latinoamérica a fin de confrontar al poder imperial del Norte. Ahora todos buscan y luchan por ese objetivo, no sólo los venezolanos, sino todos los latinoamericanos.

La insistencia en la integración económica latinoamericana no es, evidentemente, nueva; durante muchas décadas, casi todos los gobiernos la han utilizado en un momento u otro; pero el énfasis que Chávez pone en esa política es muy nuevo e interesante. Una de sus ambiciones es la de seguir los pasos de Bolívar y convocar en Caracas un congreso anfictiónico de todos los Estados bolivarianos del continente, como hizo Bolívar en Panamá en 1826.

El siglo XX ha sido un siglo perdido. Nuestros pueblos vivían mejor en el siglo anterior que en éste, mucho mejor. Así que tenemos que considerar de nuevo la unión ambicionada por Bolívar. La patria para todos nosotros es América; y la unión es fundamental. Todos han compartido esa ambición: Martí, O'Higgins, Artigas, y también Sandino y Perón. La unión de todos nuestros pueblos.

Su estrategia, dice, «se dirige hacia la creación de una alianza, una gran unión de Latinoamérica y el Caribe». Lo que pretende es «una comunidad de naciones y Estados». Esto, prosigue, debe impulsarse políticamente, pero sin olvidar la economía. «Hemos definido como prioridad de nuestra política exterior la integración de las tres entidades que rodean a Venezuela»: la cuenca del Caribe, el Amazonas (Mercosur y Brasil), y los Andes (la Comunidad Andina).

En mayo de 1999, Chávez le dijo a Heinz Dieterich, un periodista argentino, que esperaba que Venezuela fuera pronto capaz de «apretar el acelerador» de la integración de la Comunidad Andina, Mercosur y la cuenca del Caribe, «incluyendo, por supuesto, Centroamérica hasta México, Cuba y Santo Domingo, y todas las islas del Caribe». Y se preguntaba retóricamente: «¿Por qué no pensamos en términos de una moneda, no el dólar, sino una moneda latinoamericana, como el euro de la Comunidad Europea...?».

Chávez ha ampliado su idea de la integración al terreno militar. En noviembre de 1999 se dirigió a una reunión de miembros del Parlamento Andino, una inofensiva institución de debate cuyos miembros son elegidos por los parlamentos nacionales de las repúblicas andinas. Chávez los despertó de su letargo para sugerir que debían considerar la posibilidad de crear una OTAN latinoamericana, presentándoles así un proyecto para una alianza militar continental que difícilmente podía haber estado más lejos de sus pensamientos.

La OTAN, por supuesto, es una institución creada por Estados Unidos, orientada fundamentalmente a defender sus intereses. Chávez estaba sugiriendo algo muy diferente: una OTAN latinoamericana sin Estados Unidos. Durante muchos años ha existido una especie de OTAN latinoamericana, la Junta Interamericana de Defensa, cuyo cuartel general está en Washington; y aunque a algunos generales estadounidenses les gusta hablar en español, en sus reuniones se habla inglés. Varios ejércitos latinoamericanos reciben una sustancial ayuda económica de Washington a cambio de apoyo político, y casi todos ellos tienen un acceso privilegiado al mercado estadounidense de armas de segunda mano.

Pero no todos los militares latinoamericanos están satisfechos de ese arreglo. Muchos recuerdan la guerra de las Malvinas-Falkland en 1992, cuando su aliado estadounidense se puso de parte de los británicos contra Argentina. Otros recuerdan las intervenciones militares de Estados Unidos en la última década: en Panamá y en Haití (y en Granada en 1983). Todos reconocen que el riesgo de intervención en Colombia es muy alto.

Hay otra preocupación militar. Estados Unidos ocupó Panamá y luego disolvió el ejército panameño. Muchos oficiales venezolanos temen, y Chávez ha expresado también ese temor, que ése sea ahora el programa estadounidense para el continente: ¡Abolir las fuerzas armadas!

Durante el primer año de gobierno de Chávez su política exterior estuvo en las competentes manos de José Vicente Rangel, un hombre bien conocido por su adhesión sentimental a la revolución cubana y su hostilidad hacia la política de Estados Unidos en Latinoamérica. A Rangel, tres veces candidato presidencial de la izquierda y uno de los

periodistas venezolanos más destacados de Venezuela durante décadas
—con un programa semanal de radio y televisión y una columna domi-
nical en *El Universal*— se le encargó la puesta en práctica de la política
exterior «bolivariana» de Chávez. En 2002 pasó a ocupar el puesto de
vicepresidente ejecutivo.

En una de las paredes de su oficina, junto al retrato habitual de Bolívar, sólo cuelga otro, una fotografía de José Ignacio Arcaya, el ministro de Asuntos Exteriores a principios de los años sesenta que fue el
único en negarse a respaldar la exigencia estadounidense de que los
países latinoamericanos boicotearán la Cuba de Castro. Arcaya es recordado como «el ministro de la dignidad». En una década sombría
hizo lo que debía hacer. Su hijo fue el primer ministro del Interior de
Chávez. El hijo de Rangel fue uno de los miembros de la bancada chavista en la Asamblea Constituyente. La fotografía está bien elegida.

Rangel, de anchos hombros, con el cabello blanco y un bigote militar, evoca la imagen de un simpático coronel Blimp*, o quizá de un
agente de seguros, como lo fue durante algún tiempo. Exiliado en España en los años cincuenta durante la dictadura de Pérez Jiménez,
aceptó el primer empleo que le ofrecieron.

Nacido en 1929, en los días del viejo dictador Juan Vicente Gómez,
es un producto de la euforia radical de la era posterior a 1945. Educado en el conservador Liceo Católico La Salle en Barquisimeto, estudió
derecho en la Universidad de Mérida y luego se trasladó a la Central de
Caracas, un tradicional semillero de políticos radicales. En un primer
momento se incorporó a la Unión Republicana Democrática (URD) de
Jóvito Villalba, y formó parte de la dirección nacional de ese partido
durante muchos años, desde 1950 hasta 1963.

Gran parte de su vida política se ha visto muy influida por su profunda desconfianza hacia Acción Democrática, y en particular hacia su
primer dirigente, Rómulo Betancourt, quien adoptó una posición extremadamente anticomunista y favorable a Estados Unidos. Esa prolongada hostilidad hacia Acción Democrática es compartida por Chávez y es una de las características comunes de las principales figuras de

---

* Protagonista de la película *The Life And Death Of Colonel Blimp* (1944), quien tras
un duelo en el que sufrió una herida en el labio superior, se vio obligado a dejarse el bigote para ocultar la cicatriz *{N. del T.}*.

su gobierno. Rangel abandonó la URD en 1984, cuando Villalba se alió con Acción Democrática. En la década de 1970 Rangel se incorporó al Movimiento al Socialismo de Teodoro Petkoff, escindido del Partido Comunista, y fue su candidato a la presidencia en dos ocasiones (1973 y 1978)*.

¿Porqué se unió este viejo izquierdista al comandante Chávez? Por casualidad, según me dijo, conocía a Chávez desde antes de que el fallido golpe de febrero de 1992 atrajera sobre él la atención nacional. El hijo de Rangel, José Vicente junior, estudió en los años ochenta en la Academia Militar de Caracas, donde su tutor era precisamente Hugo Chávez. Los fines de semana el antiguo candidato presidencial de la izquierda (bastante conocido) y el futuro dirigente del golpe (totalmente desconocido) se reunían a charlar. Más tarde, Rangel era una de las visitas habituales a la prisión de Yare.

Paradójicamente, Rangel junior fue obligado a dejar la academia, porque se creía, atendiendo a la trayectoria política de su padre, que pretendía infiltrarse en el Ejército para promover en él un golpe; nadie pensó en aquel momento que era el oficial bajo cuyo mando estaba, y no aquel joven recluta, el auténtico conspirador.

Una de las tareas de José Vicente Rangel como ministro de Asuntos Exteriores fue tratar de mejorar la imagen del presidente en el extranjero. Durante la campaña presidencial de 1998, la oposición conservadora presentó a Chávez con los colores más sombríos, emparentándolo en el mejor de los casos con Nasser y Atatürk, y en el peor con Hitler y Mussolini. John Maisto, el embajador estadounidense, se negó a conceder a Chávez un visado para viajar a Estados Unidos cuando era candidato, y saludó su elección con notable alarma. Maisto, un diplomático de carrera con pocas ambiciones, que no quería entrar en la historia como el hombre que había «perdido» Venezuela, creía que Chávez era un golpista peligroso y antidemocrático. Una de sus valoraciones fue al parecer: «No conozco a nadie en Venezuela que crea que Chávez es un demócrata». Richard Wilkinson, el embajador británico, adoptó una actitud más mesurada, como los demás embajadores europeos. Chávez fue invitado a Gran Bretaña en 1998 y causó una impresión excelente a quienes lo conocieron.

---

* En 1983 se presentó por una coalición de la que formaban parte el Movimiento Electoral del Pueblo (MEP) y el Partido Comunista de Venezuela (PCV) *{N. del T.}*.

Tras su elección como presidente, Chávez inició una ronda de visitas a distintos países latinoamericanos, en particular a México, Brasil y Argentina. Fue cortésmente recibido en todas partes, aunque los demás presidentes esperaban claramente que su sueño bolivariano de integración continental no pasara de ser una retórica atractiva. Viajó a Roma a ver al papa y a España para conocer al rey. Necesitaba disipar la imagen negativa que se había dado de él.

Al cabo de unos meses como presidente repitió los viajes. En septiembre de 1999 habló en la sede de las Naciones Unidas en Nueva York y estrechó manos en Washington. Durante los primeros meses Estados Unidos se había mostrado hostil al gobierno de Chávez, y en agosto de 1999, después de que las discrepancias entre el viejo Congreso y la nueva Asamblea Constituyente se hubieran extendido a las calles de Caracas, Washington expresó abiertamente su preocupación.

El 30 de agosto James Foley, portavoz del Departamento de Estado, afirmó que la situación venezolana suscitaba una «creciente preocupación», y expresó la esperanza de que todas las partes «llegaran a un acuerdo sobre el ejercicio del poder» para «asegurar la aprobación de una Constitución que preserve el largo compromiso de Venezuela con la democracia».

Pero con esa visita de Chávez a Washington, el ambiente comenzó a cambiar. Mantuvo un almuerzo de trabajo con los directores del *Washington Post,* en el que, según el informe de Nora Boustany, «habló con imágenes coloridas y dramáticas del dolor que apreciaba en los venezolanos cuando cabalgaba por el campo o paseaba por las calles tras su estancia en la cárcel cinco años antes por tratar de organizar un golpe en 1992». Aseguró que «pretendía aplicar soluciones imaginativas a los problemas del país, pero sin prometer milagros ni soluciones inmediatas».

Según dijo al *Washington Post,* «se necesitaba una dirección sería, y no un populismo irresponsable».

Antes de que acabara el año Chávez viajó a otros lugares, entre ellos a China, Japón, Corea del Sur, Hong Kong, Malasia, Singapur y Filipinas. Desde la primera presidencia de Carlos Andrés Pérez en los años setenta, Venezuela destacaba entre los países del Tercer Mundo. Otros presidentes anteriores, en particular el propio Pérez, tenían la costumbre de visitar países lejanos. De hecho, durante su segunda presidencia en los años noventa, Pérez fue acusado de derrochar demasiado tiempo en el papel de hombre de Estado internacional; pero la posición de Venezuela como miembro fundador de la OPEP la convertía obviamente en un país protagonista a escala mundial, y Chávez, aunque estuviera muy ocupado en casa, era muy consciente de la necesidad de asegurarse tanto apoyo internacional como pudiera.

En ese contexto, su visita a China en octubre tuvo gran importancia, tanto política como económica. La necesidad venezolana de arroz y artículos de consumo baratos, y la necesidad china de petróleo, los convertían en socios complementarios; pero a Chávez también le gustaba la actitud política de China en los asuntos mundiales. Su entusiasmo por la «tercera vía» del primer ministro británico Tony Blair se desvaneció tras la guerra de Kosovo, cuando comprendió que la posición británica de apoyo a Estados Unidos era directamente opuesta a su propia concepción de cómo se debían conducir los asuntos mundiales.

Chávez les dijo a los dirigentes chinos que estaba a favor de «un mundo abierto y multipolar» que respetara la soberanía de los pueblos: «En Venezuela, y en toda América, hemos enarbolado ya la bandera de la soberanía popular, y en eso estamos totalmente de acuerdo con el pueblo de China y con su gobierno revolucionario».

En su visita al mausoleo de Mao Zedong el 12 de octubre lo describió como «gran estratega, gran soldado, gran hombre de Estado y gran revolucionario». Y cuando se reunió con el ministro chino Zhu Rongji, dijo simplemente que Venezuela estaba comenzando a «levantarse», como China se había «levantado» cincuenta años antes, «bajo el liderazgo de aquel gran timonel».

Chávez les dijo a los chinos que no creía en «el neoliberalismo, que había supuesto un desastre tan patente en el Tercer Mundo y que había tratado de imponer modelos económicos desde los centros de poder mundial de Occidente, y había provocado que millones de personas vivieran en la pobreza, fomentando el desempleo, la miseria y la muerte».

La potencia soviética ha colapsado, pero esto no significa que el capitalismo neoliberal deba ser el modelo a seguir por los pueblos de Occidente. Así sea por esta única razón, invitamos a China a que mantenga ondeando su bandera, porque el mundo no puede ser dominado por una fuerza policial universal que quiere controlarlo todo.

Tras viajar por toda Asia, Chávez regresó a casa pasando por Europa. Le dijo al canciller alemán Gerhard Schröder que esperaba «crear un modelo económico diferente» y que sus consejeros estaban «examinando atentamente el modelo alemán y europeo». Dijo que la nueva Constitución de Venezuela daría «mayor estabilidad y seguridad a la inversión nacional y extranjera».

Pero también insistió en la multipolaridad. El mundo debía entender que «un pueblo tiene derecho a reorganizar sus instituciones como le convenga. Hay un principio fundamental, la autodeterminación de los pueblos. No puede haber una política internacional que vigila lo que hacen otros pueblos y les impone su propio modelo».

El entusiasmo de Chávez por un mundo «multipolar» todavía parece insólito en el contexto latinoamericano, aunque desde el final de la Guerra Fría los europeos lo han reivindicado repetidamente. El 3 de noviembre de 1999, el ministro francés de Asuntos Exteriores Hubert Védrine decía en una conferencia en París: «No podemos aceptar un mundo políticamente unipolar ni el unilateralismo de una única gran potencia». Pero en los años noventa los principales países latinoamericanos, en particular México y Argentina, y en menor medida Chile, se veían a sí mismos como parte de «Occidente» y miembros potenciales del llamado Primer Mundo. En su opinión, Latinoamérica forma parte del polo estadounidense, una actitud no muy diferente a la de Tony Blair en Inglaterra. Pero incluso en el debate europeo, poca gente ha indicado dónde se podrían encontrar polos potenciales distintos de Estados Unidos y Europa.

Hugo Chávez adoptó una actitud totalmente diferente e innovadora, alineándose con Védrine en favor de la multipolaridad y haciendo una apuesta explícita por la formación de un polo latinoamericano. En esa pretensión contó con el apoyo cálido pero implícito de Brasil, cuyo presidente Fernando Henrique Cardoso, aunque aceptara complacido el modelo económico neoliberal estadounidense, compartía la defensa tradicional por parte de los gobiernos brasileños de la importancia geopolítica de un país de tamaño continental como Brasil.

Chávez es optimista sobre lo que ve como un renacimiento global del nacionalismo.

Creo que estamos viviendo un periodo en el que renace el nacionalismo. Se puede ver esto en el conflicto de Chechenia contra los rusos.

Es como el regreso de la historia, como cuando reaparecieron las viejas naciones tras la Primera Guerra Mundial...

Antes había un globalismo dual, dos potencias imperiales que querían tragarse el mundo, y entonces una de ellas se hundió y la otra dijo: «Ahora es mi turno. Soy el propietario del nuevo orden mundial, la única potencia mundial». Pero esa idea también se vino abajo muy rápidamente.

Lo que tenemos ahora es un desorden mundial. No hay orden, y no hay una única superpotencia. En el futuro tendrá que haber muchos centros, y veremos la formación de alianzas y bloques.

El problema de Chávez es que no hay todavía claras señales de que los países de Latinoamérica se estén organizando en un bloque capaz de negociar con el mundo exterior al continente. Pasará algún tiempo hasta que se difunda su mensaje. Muchos presidentes latinoamericanos se negarán a escucharlo, porque ninguno de ellos ha visto nunca a Venezuela como un líder político natural del continente.

En Venezuela, Chávez habla por encima de las cabezas de sus oyentes más cercanos a una audiencia mucho más amplia que está más allá. La misma técnica ha resultado rentable en Latinoamérica, donde ha ido ganando una audiencia cada vez más amplia.

XXVII

Colombia: prosigue la violencia

Para las Fuerzas Armadas de Venezuela, y por tanto para Chávez, el problema externo más acuciante que afronta el país –ayer, hoy y mañana– es su relación con Colombia, país sumergido durante varias décadas en el mismo tipo de guerra civil prolongada y despiadada que caracterizó a Venezuela en el siglo XIX, y con el que ésta comparte más de dos mil kilómetros de frontera sin apenas vigilancia.

La guerra atraviesa a menudo la frontera. Varios terratenientes venezolanos de los estados de Zulia y Táchira han sido secuestrados y se han atacado camiones cargados de mercancías que viajaban hacia y desde Colombia. Ambos bandos, tanto las «guerrillas» de izquierdas como los «paramilitares» de derechas, han participado en los incidentes fronterizos.

Pero el problema colombiano tiene mucho más alcance para Venezuela que la cuestión relativamente simple de los incidentes fronterizos. Colombia es un país hundido en una profunda crisis, y el futuro del gobierno de Chávez se verá inevitablemente afectado por lo que le suceda a su vecino. El Estado colombiano está al borde del colapso, y de hecho en gran parte del país ya ha colapsado, socavado por la economía de la droga, que es ahora mucho mayor que su economía nacional tradicional.

Aún más importante es que las nuevas fuerzas emergentes en Colombia, asociadas a las Fuerzas Armadas Revolucionarias de Colombia (FARC) y al Ejército de Liberación Nacional (ELN), mantienen posiciones bolivarianas similares a las de Hugo Chávez. El deseo público de Venezuela es contribuir a unas negociaciones de paz entre las facciones enfrentadas. En privado, Chávez se inclina por las FARC, y espera que tengan tanto éxito en las negociaciones de paz que su incorporación al gobierno cambie totalmente la configuración política de Colombia. Si esto sucediera, quizá podría llegar a hacerse realidad el sueño de Chávez de recrear la Gran Colombia, la vieja confederación en la primera mitad del siglo XIX entre Venezuela, Colombia y Ecuador, impulsada por Bolívar. El proyecto bolivariano que alimenta sus esperanzas para el continente estaría en buen camino.

La crisis colombiana es tan prolongada, y ha pasado por tantas fases diferentes, que a quien no cuente con un conocimiento detallado del país y de su pasado le resultará difícil seguir, y aún más entender, lo que está sucediendo. Durante la mayor parte de su historia, Colombia ha sufrido ciclos de violencia de extrema intensidad. Gran parte de esa violencia ha cobrado la forma de guerras campesinas y luchas por los derechos de propiedad de la tierra. La situación de guerra civil y anarquía local es tan pronunciada que a menudo se ha profetizado el colapso del Estado. Grandes zonas de ese país de tamaño continental no han estado nunca bajo el control del gobierno central. Durante la pasada década, poco más o menos, la situación se ha alterado significativamente, debido en parte al fin de la Guerra Fría y en parte a los cambios producidos en el tráfico de drogas.

Manuel Marulanda*, el líder de las FARC, gobierna de hecho una tercera parte del país. El ELN es bastante más débil, pero también cuenta con la capacidad de movilizar a una franja sustancial de la población. Las FARC controlan grandes zonas de Colombia desde hace cuarenta años, y sus guerrilleros pueden aparecer en cualquier momento en casi cualquier punto del país. Durante la mayor parte de ese tiempo, Marulanda aparecía como un líder campesino ligado al Partido Comunista Colombiano y bajo las órdenes de Jacobo Arenas, uno de los teóricos comunistas más sofisticados de toda Latinoamérica. El movimiento campesino estaba dirigido, para lo bueno y para lo malo, por

---

* Su nombre real es Pedro Antonio Marín Marín, alias *Tirofijo* {N. del T.}.

el Partido Comunista, que lo alentaba en algunos momentos y lo frenaba en otros, según las necesidades políticas del momento.

Las FARC y el Partido Comunista obtuvieron algunos éxitos notables, como cuando las guerrillas sobrevivieron en 1964 al ataque lanzado sobre su base de Marquetalia por el ejército colombiano con ayuda estadounidense; pero también hubo desastres, como el ocurrido a finales de la década de 1980 cuando el partido recomendó la aceptación de la oferta de paz del gobierno y la creación de una organización civil, la Unión Patriótica, para participar en la política ordinaria. Muchos líderes guerrilleros, de las FARC y de otros grupos, bajaron de las montañas para participar en las campañas políticas de la Unión Patriótica, pero tanto ellos como miles de sus seguidores fueron asesinados por grupos paramilitares de extrema derecha. Se demostró así el error de aquella política; aquella experiencia tuvo tanto impacto sobre Marulanda que hasta el momento piensa que un acuerdo de paz podría conducir a una repetición de aquella catástrofe.

Aunque las FARC están en guerra contra el ejército colombiano, sus principales adversarios son las organizaciones paramilitares, independientes de las fuerzas armadas regulares, si bien a menudo operan con su apoyo tácito. Financiadas por los traficantes de drogas, son inmensamente ricas y poderosas y despiadadas en la guerra. Las FARC también obtienen fondos de la economía de la droga, aunque principalmente de los cultivadores y productores más que de los vendedores y traficantes. El límite entre ambos tipos de operaciones puede no obstante ser sutil, y existe al menos un caso documentado en que un jefe local de las FARC financiaba sus operaciones mediante el propio tráfico.

Desde el exterminio de la Unión Patriótica en 1987-1989, la situación ha cambiado considerablemente. Las FARC se hallan en una posición más favorable, lo que ha obligado al gobierno a aceptar negociaciones. Por otra parte, las propias FARC también han evolucionado con respecto al pasado. Tras el colapso de la Unión Soviética y el final de la Guerra Fría, ya no hay un potente Partido Comunista capaz de encabezar la guerra campesina. Jacobo Arenas, la antigua eminencia gris del movimiento, murió en 1990, y Marulanda ha vuelto a su anterior encarnación de líder campesino tradicional que opera por su cuenta, dirigiendo su guerra con astucia y con la experiencia que le dan cuarenta años de lucha.

Al mismo tiempo, la naturaleza de las zonas rurales y el trabajo en el campo han cambiado hasta hacerlos casi irreconocibles, debido en parte a la devastación provocada por la propia guerra, y en parte a la evolución del tráfico de drogas. Hace veinte años, Colombia era un gran productor de marihuana, el tercero en América por detrás de Estados Unidos y México, pero apenas crecían adormideras (cultivadas sobre todo en México y Guatemala) y muy poca coca. Colombia sólo procesaba la coca —cultivada en Perú y Bolivia— para convertirla en cocaína y exportarla. El procesamiento de la coca no requiere mucha mano de obra.

Ese panorama es hoy día muy diferente. El área dedicada al cultivo de cannabis, coca y adormidera se ha quintuplicado. Colombia es ahora el segundo productor de coca de toda América y el mayor exportador de heroína. Las cantidades de dinero generadas por esa actividad económica son tan gigantescas que apenas se pueden concebir. Según un informe reciente, los traficantes de droga obtuvieron más de 75 mil millones de dólares en 1997, cifra superior a la del producto nacional bruto colombiano. Más significativo aún es, desde el punto de vista de la guerra campesina, el impacto sobre el empleo rural. Ahora trabajan en cultivos relacionados con la droga miles de personas más que hace veinte años, y se ven seriamente afectadas por los programas indiscriminados de erradicación de las drogas.

En consecuencia, las fuerzas armadas que dirige Marulanda ya no están formadas por pequeños campesinos que luchan por su tierra, sino por obreros rurales que necesitan un empleo. Marulanda ha movilizado a ese proletariado rural que trabaja en las plantaciones de coca y marihuana y lo ha defendido con gran éxito contra los esfuerzos realizados por el gobierno, el Ejército y Estados Unidos para destruir sus medios de vida. Parte de la razón del éxito de las FARC es que disponen de dinero para financiarse.

Esos acontecimientos no son de interés únicamente para los interesados en la historia de Colombia; también han tenido un gran impacto en Venezuela, ya que parte de la «remodelación» que Marulanda ha llevado a cabo en las FARC suponía una recuperación de la historia semejante a la emprendida por Chávez. La izquierda colombiana, tras alejarse del menosprecio marxista hacia Bolívar compartido por el Partido Comunista, restauró la figura del Libertador entre su panteón de héroes, y ahora las FARC denominan a algunas de sus unidades guerrilleras «milicias bolivarianas». (Conviene señalar de paso que en Colombia siempre ha habido cierta prevención hacia la figura de Bolívar, ya que su propio héroe de la época, Francisco de Paula Santander, fue el responsable del fracaso del proyecto bolivariano de la Gran Colombia.)

Pero las FARC tampoco han sido el único protagonista en la izquierda colombiana. En el trasfondo han estado los antiguos seguidores del general Gustavo Rojas Pinilla, el dictador entre 1953 y 1957 que intentó acabar con «La Violencia», como se conoce la guerra civil que asolaba Colombia en aquellos años, y que ha comenzado a disfrutar de mejor reputación como le ha sucedido a Medina Angarita en Venezuela. Cuando Rojas Pinilla intentó regresar a la política en 1970, contó con un considerable apoyo de nacionalistas de izquierda del tipo de los que hoy apoyan a Chávez.

Durante sus primeros años de gobierno Chávez se contentó con seguir los pasos de sus predecesores de los años noventa en las relaciones con Colombia. Mantuvo discusiones sobre el problema fronterizo, tanto con el gobierno de Bogotá como con las organizaciones guerrilleras. El ministro de Fronteras en el gobierno de Caldera, Pompeyo Márquez, que era un influyente miembro del MAS alineado con Teodoro Petkoff y antiguo líder comunista con una larga relación con Marulanda, aprovechó sus contactos para conseguir una promesa de las FARC de que no operarían en territorio venezolano. También mantuvo contactos con las FARC en esa época Arias Cárdenas, gobernador del estado fronterizo de Zulia, quien declaró públicamente su creencia de que los paramilitares de extrema derecha estaban dirigidos por el ejército colombiano.

Cuando el gobierno colombiano inició negociaciones de paz con las FARC a finales de los años noventa, Colombia y Venezuela acordaron que esta última debía desempeñar un papel mediador. Caldera se reunió con el presidente colombiano Ernesto Samper en la ciudad fronteriza de Guasdualito en agosto de 1997 para formalizar ese acuerdo. Venezuela sugirió más tarde que Colombia podría seguir el ejemplo centroamericano y permitir que se constituyera un «grupo de amigos» del «proceso de paz» en el que podrían participar México, Costa Rica y España.

El proceso de paz cobró nuevo impulso en 1999 con la elección de un nuevo presidente en Colombia, Andrés Pastrana, que realizó una espectacular visita a Marulanda en la selva en mayo de ese mismo año. Se acordó un alto el fuego y se concedió a las FARC el control de facto de cinco municipios que cubrían un área de unos 42.000 km² en el sur del país. El acuerdo de paz fue roto en muchas ocasiones, pero duró tres años.

Chávez dejó claro que deseaba mantener la política de apoyo al proceso iniciado por Caldera. Varios miembros de su gobierno tuvieron contactos informales con los movimientos guerrilleros y se realizaron reuniones entre representantes de la guerrilla y del gobierno venezolano en Caracas y La Habana. Aunque Chávez seguía en líneas generales la política planteada por Caldera, tanto el propio Chávez como Arias Cárdenas y Rangel eran más bien proclives a los objetivos de las FARC.

En septiembre de 1999, el presidente Pastrana comenzó a expresar sus preocupaciones acerca de las intenciones de Venezuela; como explicó al *Washington Post,* «le he pedido a Chávez que se mantenga en su propio terreno y nos deje a nosotros solucionar nuestros propios problemas. No queremos hablar sobre los problemas internos de Venezuela, porque no queremos que ellos intervengan en los asuntos domésticos de Colombia. Si Chávez contacta con la guerrilla, queremos ser los primeros en saberlo».

Sobre esas ocasionales diferencias entre Caracas y Bogotá se cernía el gobierno de Washington, convertido en un importante protagonista en Colombia en 1999 tras el inicio del Plan Colombia, un paquete de ayudas estadounidenses destinado a dificultar el tráfico de drogas. Estados Unidos se comprometió a apoyar el gobierno de Bogotá costara lo que costara, prometiéndole 1.500 millones de dólares el primer año. Esa cifra ha aumentado hasta 3.900 millones de dólares en 2005, convirtiendo a Colombia en el quinto receptor de ayuda estadounidense (y la embajada en Bogotá en la mayor embajada estadounidense en el mundo).

El proceso de paz se interrumpió finalmente en febrero de 2002 y en mayo de ese año se celebraron elecciones en las que resultó elegido presidente Álvaro Uribe Vélez, cuyo programa incluía la eliminación de la guerrilla por medios militares. Las FARC, presentadas anteriormente como un interlocutor honorable con el que el gobierno de Bogotá mantenía negociaciones, fueron tildadas ahora por éste de «organización terrorista». El resultado del nuevo enfrentamiento militar fue una creciente desestabilización en la larga y mal vigilada frontera con Venezuela, que los guerrilleros y los paramilitares —y un creciente número de refugiados— cruzaban una y otra vez cuando querían.

En esa nueva situación, Chávez trató de mantener relaciones razonablemente cordiales con el gobierno de Uribe pero sin romper los viejos contactos con las FARC. Ese delicado equilibrio casi se vino abajo en diciembre de 2004, cuando un grupo de policías colombianos secuestró a Rodrigo Granada, uno de los líderes políticos de las FARC, que estaba de visita en Caracas. Sólo se pudo evitar la ruptura de relaciones diplomáticas y comerciales por la intervención a tiempo de Fidel Castro en Caracas y Bogotá.

Venezuela está cada vez más preocupada por la actividad militar estadounidense en el área, no sólo en relación con el Plan Colombia, sino con el despliegue estadounidense como consecuencia de la puesta en práctica del tratado del canal de Panamá. Las gigantescas bases militares estadounidenses en la zona del canal fueron finalmente entregadas a Panamá en diciembre de 1999 y las fuerzas terrestres, marítimas y aéreas de Estados Unidos se desplazaron a otros lugares, parte de ellas en el propio Estados Unidos y parte en el Caribe.

Desde que Estados Unidos obtuvo acceso a los aeropuertos de las Antillas holandesas, a poca distancia de Venezuela, los estadounidenses presionan al gobierno de Chávez para que les permita sobrevolar directamente el territorio venezolano sin permiso previo, en su campaña contra el tráfico de drogas en Colombia.

Chávez, con gran irritación de Estados Unidos, les negó ese permiso, y en ese rechazo tuvo el apoyo no sólo de la izquierda, sino de todo el alto mando de las Fuerzas Armadas venezolanas. Estados Unidos tuvo que reconocer su fracaso, y la renuncia de Venezuela a cooperar en ejercicios militares conjuntos se convirtió en otra causa de fricción entre los dos países durante los primeros años de gobierno de Chávez.

XXVIII

NUEVOS DERECHOS PARA LOS INDÍGENAS

En Venezuela nacen más mujeres hermosas que en ningún otro país del mundo, si atendemos a los criterios de las empresas que organizan las competiciones de Miss Mundo y Miss Universo, pero hasta el momento ninguna de las ganadoras pertenecía a los pueblos indígenas ni a la comunidad de descendientes de los esclavos negros.

Si hay un individuo responsable de ese estado de cosas es Osmel Sousa, antiguo diseñador de publicidad que actúa como jefe de la organización que elige cada año a Miss Venezuela. Trabaja en una pequeña villa de color rosa pálido en el centro de Caracas que sirve a la vez como oficina y como escuela para las bellezas aspirantes. La pintura rosa también domina en el interior, cuya suntuosidad lo asemeja a un burdel de Hollywood. Cada año acuden veintiséis jóvenes durante cinco meses para aprender los detalles más delicados del comportamiento, del estilo y de la presentación.

El señor Sousa se sienta tras un enorme escritorio en una pequeña sala con un gigantesco espejo de cuerpo entero. En medio del despacho hay un diminuto escenario redondo con alfombra rosada, donde sus potenciales discípulas pueden desplegar sus encantos.

Sousa posee la franquicia de la Organización Miss Venezuela y coordina una competición anual en la televisión venezolana que presenta a las jóvenes de su escuela. «Ese programa cuenta con la más alta tasa de audiencia de todo el año –dice con cierto orgullo– y por eso es el más caro. Los patrocinadores tienen que pagar mucho dinero, y con él se financian nuestra organización y nuestra escuela.» Sus chicas han ganado muchas veces las competiciones de Miss Universo y Miss Mundo.

¿Cómo selecciona a las candidatas a participar en esas competiciones? «Voy a las escuelas de modelos y a fiestas, como una especie de cazatalentos. Hacemos una prueba a cuarenta chicas de las que elegimos a diez, y la repetimos hasta quedarnos con veintiséis, que son las que vienen a la escuela y se preparan para la competición durante cinco meses. Les enseñamos a presentarse, así como algunas frases en inglés si no lo conocen todavía. Aprenden a peinarse y a maquillarse como si fueran profesionales y cómo caminar por la pasarela; y, por supuesto, van al gimnasio, hacen ejercicios y aprenden a cuidar su cuerpo.»

En la práctica, las chicas que acuden a la escuela cuentan con una beca. «No pagan nada. Sólo insistimos en que se dediquen a esto a tiempo completo. No pueden dedicarse a estudiar ni a ninguna otra cosa».

Cada año hay cincuenta jueces. «Provienen de todas las capas de la sociedad –asegura Sousa–, y cambian cada año. Son cantantes, actrices, políticas, peluqueras, diseñadoras, ex reinas de la belleza, diplomáticas... Incluso hemos contado en una ocasión con la embajadora británica.»

Esta organización es la que define las características de la belleza venezolana. ¿Cómo lo hace? «La belleza venezolana no existe, porque aquí hay una gran mezcla de razas. Si tuviera que elegir una bella nativa venezolana, tendría que ser una india, con un rostro redondo y bastante bajita; así que nuestra filosofía no es elegir una belleza venezolana, sino una joven que haya nacido en Venezuela. Podría tener un padre húngaro o una madre española, cualquier cosa, con tal que haya nacido en Venezuela.»

¿Y qué pasa con las negras? Venezuela es un país del Caribe en el que había una gran población de esclavos negros, y los negros constituyen una proporción muy alta de la población en las provincias costeras. «Sí, tenemos negras» –dice Sousa, y muestra un folleto publicitario con los rostros y figuras de los años anteriores–. «Mire, siempre tenemos una negra. Aquí tiene a una», y señala una fotografía de Miss Delta, un rostro compungido y blanquecino entre una docena de arias. «Se parece a Naomi Campbell, ¿no cree?»

Pero hay una terrible verdad que se ve obligado a admitir. «Miss Venezuela nunca ha sido negra.» ¿Y por qué? «Porque el pueblo venezolano no se vería bien representado por una negra.»

Mientras la industria publicitaria presente sólo mujeres blancas en sus anuncios, y mientras instituciones como la Organización Miss Venezuela siga ofreciendo modelos europeos de belleza, sin duda seguirá siendo así.

¿Qué sucede luego con las que son elegidas como reinas venezolanas de la belleza, las que no se convierten en candidatas a la presidencia como Irene Sáez? Sousa mira su libro de fotografías. «Ésta se casó con un multimillonario. Ésta con un magnate del petróleo. Ésta fue nuestra tercera Miss Mundo, trabaja en el cine en Estados Unidos. Ésta trabaja en una compañía telefónica en Estados Unidos y gana montones de dólares. Esta otra es modelo en Italia.»

Se inclina hacia atrás en su butaca y reflexiona sobre los éxitos de sus discípulas. «Todas ellas provienen de la clase media y todas ellas se casan con hombres muy ricos. A todas ellas les ha ido muy bien y estamos muy complacidos por ello. A las chicas venezolanas de buena familia no les apetece competir en estos concursos. Las chicas ricas tienen demasiado dinero.»

Así pues, ¿cómo son los venezolanos? Desde 1945 se han establecido en Venezuela un millón de europeos. ¿Son venezolanos?

En las costas caribeñas del país pulula la progenie de los antiguos esclavos de África. ¿Son venezolanos?

En las provincias fronterizas del país, en áreas olvidadas de los estados de Zulia y Táchira al oeste, y de Amazonas y Bolívar al sur, viven más de 300.000 aborígenes, que constituyen innumerables tribus y naciones. ¿Son todos ellos venezolanos?

Los «venezolanos» raramente se hacen estas preguntas. Durante décadas han enarbolado eslóganes nacionalistas y se han inclinado en silencio ante las imágenes de Colón y de Simón Bolívar, pero no se preguntan quiénes son ni de dónde provienen.

Éste es el desafío que afronta el gobierno de Chávez, y no se amilana ante él: «La historia no es un cuento épico –le dijo a Agustín Blanco Muñoz–; es la historia de la cultura, de cómo se creó el país, por qué somos del color que somos, por qué el país se llama Venezuela, y cuál es el proceso que nos ha traído hasta donde estamos ahora». En 1999, durante las sesiones de trabajo de la nueva Asamblea Constituyente, comenzaron a hacerse algunas de esas preguntas sobre la identidad nacional. Las discusiones más acaloradas fueron las referidas a los derechos que había que reconocer en la nueva Constitución a los pueblos indígenas del país.

De los 23 millones de habitantes de Venezuela, unos 300.000 están catalogados como aborígenes, aproximadamente el 1,4 por 100, aunque su número es seguramente mayor. El grupo más numeroso, el de los wayúu, también conocidos como guajiros, está formado por unas 197.000 personas, que viven principalmente en el estado de Zulia, entre el lago Maracaibo y la frontera con Colombia.

En las regiones semidesérticas del este y del sur viven otros 100.000 aborígenes: 44.000 en Amazonas, 35.000 en Bolívar y 21.000 en Delta Amacuro. Al norte del Orinoco viven unos 7.000 en Anzoátegui y 6.000 en Apure.

Se supone que en Venezuela hay 26 grupos aborígenes diferentes, y éstos son los nombres que se dan a sí mismos: wayúu, warao, pemón, añú, yanomani, jivi, piaroa, kariña, pumé, yecuana, yupka, eñepá, kurripakao, barí, piapoko, baré, baniva, puinave, yeral, jodi, kariná, warekena, yarabana, sapé, wanai y uruak.

El gobierno de Chávez mostró desde el primer momento gran interés por el futuro de los pueblos indígenas. Atala Uriana, una dirigente wayúu del Polo Patriótico en el estado de Zulia, fue nombrada ministra de Ambiente y de los Recursos Naturales Renovables, aunque más tarde dimitió para convertirse en miembro de la Asamblea Constituyente.

Previamente a las elecciones a esa Asamblea se adoptaron disposiciones especiales para asegurar la elección de al menos tres representantes de los pueblos indígenas. CONIVE, el Consejo Nacional Indio de Venezuela, celebró una conferencia en marzo de 1999 para elegir a sus delegados: Nohelí Pocaterra, trabajadora social wayúu y presidenta del Consejo Mundial de Pueblos Indígenas; José Luis González, sociólogo pemón, destacado miembro de CONIVE y fundador de la Asociación Indígena en el estado de Bolívar; y Guillermo Guevara, un jivi director de la Organización Regional de los Pueblos Indígenas del estado de Amazonas. Los tres contaban con una larga experiencia en la defensa de los derechos de los pueblos indígenas.

La historia de los asentamientos blancos y la resistencia indígena en Venezuela es larga, complicada y poco estudiada, aunque lo que ha estado claro durante mucho tiempo es que la independencia a principios del siglo XIX empeoró la situación de los pueblos indígenas. Durante dos siglos, los españoles habían permitido que los capuchinos, jesuitas y franciscanos organizaran sus misiones, y en las áreas de influencia misionera los indios gozaban de cierta protección; pero los jesuitas se retiraron en la década de 1760 y a los capuchinos les esperaba una suerte más violenta medio siglo después. Sus extensas misiones a lo largo del río Caroní estaban cerca del delta del Orinoco por razones estratégicas, ya que contribuían a proteger el país frente a ingleses y holandeses. En 1817 su *status* se vio afectado por la llegada de las fuerzas de Bolívar, quien se dio cuenta de que quien controlara las ricas misiones de los capuchinos ganaría la guerra. Los misioneros, como el conjunto de la Iglesia católica, se habían puesto de parte de los españoles, y el 7 de mayo de 1817 sufrieron las consecuencias de esa decisión. Veinte misioneros, de entre treinta y dos y setenta años, fueron ejecutados. Las tropas del Libertador se apoderaron de las misiones, robaron su grano y su ganado y enrolaron a los indios de las misiones en sus regimientos.

Durante todo el siglo XIX, los sucesivos gobiernos no desarrollaron ninguna política especial para los pueblos indígenas, aparte de la vana esperanza de la restauración de las viejas misiones. Los indios fueron empujados implacablemente lejos del centro, hacia las fronteras del Estado.

Más al sur, los españoles comenzaron a remontar las aguas del alto Orinoco a mediados del siglo XVIII. A los yecuana, entonces conocidos como makiritare, no les gustaron demasiado los modales de los recién llegados, y entre 1765 y 1775 organizaron una seria campaña de resistencia. En una sola noche a finales de 1775 capturaron y quemaron diecinueve fuertes y campos españoles a lo largo de la carretera construida desde Angostura –o Ciudad Bolívar–, hasta La Esmeralda, en el alto Orinoco.

Más de un siglo después, en mayo de 1913, durante el *boom* del caucho, los blancos se tomaron la revancha. El coronel Tomás Funes se apoderó de San Fernando de Atabapo con una pequeña fuerza de trabajadores del caucho, y el gobernador de la ciudad, Roberto Pulido, así como su mujer y hermanos y 130 colonos resultaron muertos, en lo que no fue sino un primer paso para la matanza de los indios makiritare. El coronel Funes ejerció el poder en la ciudad durante nueve años, sin ningún control por parte del Estado central, y mató a cientos de indios. El libro *Los hijos de la luna* describe cómo «docenas y docenas de aldeas makiritare fueron destruidas y sus habitantes asesinados. Se calcula que aproximadamente dos mil indios fueron asesinados durante esos trágicos años».

El coronel Funes se rindió en 1921 a las fuerzas del general Emilio Arévalo Cedeño, un famoso líder guerrillero antiGómez aliado con Maisanta, el bisabuelo del presidente Chávez. Funes creyó insensatamente que se había rendido a cambio de su vida, pero fue fusilado de todas formas. Los pueblos indígenas de Venezuela recuerdan la historia de su opresión con mayor detalle que los herederos de los colonos blancos, y todavía hoy sus quejas son a menudo ignoradas o rechazadas.

En octubre de 1999 los indios pemón que viven en el sureste de Venezuela atrajeron la atención sobre su presencia destruyendo varias torres eléctricas. La construcción de esas torres en su territorio, para conducir una línea de alto voltaje desde la presa de Guri hasta Brasil, comenzó durante el gobierno de Caldera. A los pemón no les gustaban esas torres y pensaban que la fácil disponibilidad de electricidad barata induciría la llegada de compañías mineras. Los depósitos de oro de la región habían atraído ya a un ejército de buscadores con escaso respeto por los derechos de los pemón.

La posición oficial del gobierno era que las torres eléctricas causarían poco daño al medio ambiente y que se necesitaba el desarrollo de la región para crear empleo. El proyecto eléctrico, que costó 110 millones de dólares, no se podía interrumpir, ya que se habían firmado contratos con las ciudades del norte de Brasil. Una vez completada la línea fue inaugurada por Chávez en agosto de 2001, en presencia de Fidel Castro y del presidente Fernando Henrique Cardoso de Brasil. Chávez aseguró que había hecho todo cuanto podía por evitar los daños a la selva virgen.

En diciembre de 1999 una de las grandes líderes indígenas de Latinoamérica, la guatemalteca Rigoberta Menchú, premio Nobel de la Paz en 1992 y protagonista incansable de la campaña continental para garantizar los derechos de los pueblos indígenas, llegó a Caracas para dar su bendición a los cambios relacionados con los derechos de los indígenas en la nueva Constitución:

En muchos países se han venido discutiendo estas cuestiones durante los últimos quince o veinte años, y han imaginado que dar derechos a los pueblos indígenas sería algo malo, o que podría perjudicar al resto de la ciudadanía; pero hemos mostrado que somos patriotas y que es ahí donde estamos, aunque nos hayamos visto golpeados por el racismo y la exclusión [...]. Es importante que la gente abandone esas fantasías, ya que impiden el desarrollo de la coexistencia pacífica entre diferentes grupos.

La actitud de los colonos blancos hacia los pueblos indígenas ha venido cambiando en los últimos años en toda América. En algunos países, los pueblos indígenas constituyen la mayoría de la población y han comenzado a reivindicar el poder que les corresponde. En otros países, los mestizos están comenzando, como los negros, a pensar cómo definirse en situaciones nuevas y cambiantes.

Estas cuestiones étnicas se han convertido ya en importantes temas de debate y acción para el siglo XXI, en particular en los países andinos. La Venezuela de Chávez es uno de los países de vanguardia donde esas cuestiones están saliendo a la luz, donde la oposición racista blanca –típica de los colonizadores blancos de las Américas– ha sido más ruidosa, y donde el gobierno se ha puesto más decididamente de parte de los negros y aborígenes.

XXIX

El carácter cambiante de la oposición

Durante el primer año de gobierno de Chávez, los habitantes preocupados y políticamente conscientes de Caracas procuraban hacerse con el diario *El Mundo,* el periódico vespertino publicado por el grupo Capriles y dirigido con gran brío por Teodoro Petkoff, el antiguo izquierdista ahora en la retaguardia. *El Mundo* era en esa época el rostro inteligente de la oposición a Hugo Chávez: un periódico preciso, informado e intensamente irritante, que expresaba sus opiniones con considerable vitalidad.

Teodoro Petkoff, como muchos otros participantes en el drama venezolano, fue antiguamente un combatiente guerrillero. Nacido en 1931 en una familia de inmigrantes búlgaros que se había asentado cerca de Maracaibo, se unió a la organización juvenil del Partido Comunista en 1949, al principio de la era Pérez Jiménez. Aunque estudió para ser médico como su madre, pronto se sintió más atraído por el activismo político y el periodismo. En 1961 defendió en el comité central del Partido Comunista la rebelión armada contra el gobierno de Rómulo Betancourt, y en 1962 siguió a Douglas Bravo a las montañas. Detenido dos veces, permaneció durante tres años, entre 1964 y 1967, en la prisión de San Carlos de Caracas, de la que se fugó en una espectacular evasión colectiva.

Petkoff se convirtió en un disidente permanente, cada vez más descontento con la estrategia del Partido Comunista. En 1968 criticó la invasión soviética de Checoslovaquia, apoyada por el Partido Comunista Venezolano y por Fidel Castro. En 1969 aceptó la oferta que el presidente Caldera hizo a los grupos guerrilleros de bajar de las montañas o regresar del exilio, y en 1970 contribuyó a crear el Movimiento al Socialismo, el partido fundado por Américo Martín a partir de una escisión del Partido Comunista.

Durante los siguientes treinta años, Petkoff fue una importante figura de la izquierda venezolana. Eurocomunista *avant la lettre,* fue el candidato presidencial de la izquierda en varias ocasiones. En los años noventa, cuando la crisis de la sociedad venezolana se hizo cada vez más grave, puso su nombre, su credibilidad, su inmensa energía y su talento al servicio del presidente Caldera, el octogenario Kerenski del *ancien régime.* Como ministro de Desarrollo de Caldera, proporcionó a su gobierno agonizante la posibilidad de sobrevivir. Fue un gesto típicamente valiente.

A mediados de 1998, cuando los dirigentes del MAS decidieron poner su partido al servicio de la campaña presidencial de Hugo Chávez, Petkoff saltó del vehículo político que había ayudado a crear. Su salida del MAS fue un momento decisivo para muchos viejos izquierdistas venezolanos. Algunos permanecieron con Chávez, mientras que otros se convirtieron en columnistas de *El Mundo,* el periódico que Petkoff dirigía a fin de propagar su propia posición política hostil al nuevo presidente.

Durante la mayor parte del primer año de gobierno de Chávez los columnistas de *El Mundo* y de otros periódicos, en particular de *El Universal,* se distanciaron de la nueva política. Sorprendentemente para un proyecto revolucionario con tantos periodistas en sus filas, el gobierno de Chávez se mostró notablemente torpe en las relaciones públicas, sin saber cómo hacer frente a los ataques de una prensa abrumadoramente hostil.

El grupo de columnistas hostiles reunido y dirigido por Petkoff hacía mucho ruido; pero eran voces que clamaban en el desierto, sin ningún respaldo político. La abrumadora derrota de los partidos tradicionales en las elecciones celebradas a finales de 1998 y su notable falta de apoyo en los corazones y las mentes de la gran mayoría del pueblo significaron el colapso de cualquier oposición política organizada a Chávez. Tan hondo era el descrédito en el que habían caído los políticos del pasado, que muchos de ellos simplemente abandonaron la escena o se encerraron en casa a escribir sus memorias.

La única oposición seria durante el primer año, aparte de los periodistas, provino de los líderes de los grupos económicos antes poderosos, tradicionalmente acostumbrados a que se les escuchara en cuanto abrieran la boca: hombres como Vicente Brito, presidente de Fedecámaras, Antonio Herrera Vaillant, vicepresidente de Venamcham, la cámara de comercio venezolano-estadounidense que agrupa a un millar de empresas nacionales y extranjeras, o Luis Eduardo Paul, presidente de la Cámara Petrolera. Durante los debates sobre la nueva Constitución, esos individuos y sus grupos trataron de hacerse oír en entrevistas y conferencias de prensa, en las que insistían en su oposición a las cláusulas económicas que podían afectar desfavorablemente a sus intereses; pero al igual que los columnistas, carecían de un respaldo político significativo.

Ocasionalmente se podía oír alguna voz de la época anterior. Muchos viejos conservadores temían lo que llamaban el «neopopulismo» de Chávez. Eduardo Fernández, candidato a la presidencia en 1989 por Copei, denunció «el mesianismo, el paternalismo, el centralismo y la visión rentista de la economía» que, en su opinión, se habían apoderado de Venezuela y Latinoamérica, al alzarse «masas patéticas y despolitizadas» por encima de los viejos partidos e ideologías.

A finales de 1999, durante la campaña del referéndum sobre la nueva Constitución, esa oposición se hizo cada vez más estridente, adoptando las actitudes tradicionales de la derecha latinoamericana. Se expresaron temores de que la democracia fuera destruida por medios democráticos. Chávez fue atacado como un «conspirador» de larga trayectoria y criticado por su uso de un lenguaje violento, «el lenguaje de la guerra civil». La oposición se quejó de que se estuvieran abandonando los buenos modos habituales en el debate político, mientras «el país se dividía en dos mitades que no se hablaban entre sí».

Gran parte de la retórica exagerada de esa oposición embrionaria estaba destinada a convocar potenciales opositores a Chávez para unirse a una nueva cruzada política contra él. Chávez, se aseguraba, estaba contra los partidos políticos, contra la comunidad de empresarios, contra los medios de comunicación y contra la Iglesia católica. Si esos sectores de la sociedad se despertaban ante la amenaza que suponía Chávez, se podría organizar un nuevo movimiento político de oposición.

Algunos críticos comenzaron incluso a indicar que sectores del Ejército estaban descontentos con el proyecto de Chávez y que podrían estar dispuestos a escuchar incitaciones subversivas a un nuevo golpe.

En el viejo Movimiento Bolivariano Revolucionario de Chávez también había críticos, gente descontenta con la forma en que el gobierno afrontaba los problemas. Esa gente quería que Chávez fuera más revolucionario, no menos. Querían iniciativas contra los ricos y privilegiados y una defensa más firme de los intereses venezolanos frente a los de Estados Unidos. Pero como se deduce claramente de los detalles de este libro, un golpe militar no es un acontecimiento cotidiano que cualquier oficial descontento pueda organizar. Incluso cuando lo planifican hombres de gran competencia y capacidad, con apoyo popular, puede fracasar fácilmente.

Muchos de los viejos políticos creían que sus desacreditados partidos volverían a resurgir de nuevo. Eso es lo que había sucedido en Perú tras el general Velasco y en Argentina tras el general Perón, donde los viejos partidos volvieron a entrar en acción. Pero Venezuela estaba pasando por una conmoción más profunda que probablemente cambiaría el panorama político para siempre. Si tenía que surgir finalmente una oposición política seria y democrática, era más probable que proviniera de las filas de los chavistas que de la oposición. Pero a medida que Chávez se iba asentando más firmemente en el poder, tras el éxito del referéndum sobre la nueva Constitución a finales de 1999, la oposición emprendió un camino más ominoso. Los tigres de papel representados por Petkoff y sus iguales se hicieron cada vez más irrelevantes, mientras que las fuerzas reales entre bastidores —en la comunidad de empresarios, en la compañía petrolera estatal y en la embajada estadounidense— salían a escena. El poder pasó de los columnistas de los periódicos a sus propietarios.

XXX

LOS VIEJOS SINDICATOS SE OPONEN A LA REVOLUCIÓN EN OCTUBRE DE 2001

El gobierno de Chávez no contaba con el apoyo de ningún partido político ni de ningún sindicato importantes. De hecho, lo que quedaba de los partidos y sindicatos tradicionales venezolanos después de 1998 se sumó a la oposición de derechas; en particular, los sindicatos «amarillos» se confabularon con la organización patronal para oponerse al gobierno.

A Chávez no le disgustó especialmente ese hecho. Anhelaba tanto borrar los restos del *ancien régime* que había mangoneado el país durante décadas, que no sentía ningún deseo de restablecer las instituciones que lo habían sostenido. Su objetivo era establecer en Venezuela un gobierno revolucionario genuinamente «original», como lo habría imaginado su gurú filosófico del siglo XIX, Simón Rodríguez, a quien debe más que a Marx o a Castro. El consejo político de Rodríguez a los países recién independizados en la década de 1820 era claro como el cristal:

La América Española es Orijinal = Orijinales han de ser sus instituciones i su gobierno = I Orijinales sus medios de fundar uno i otro. O Inventamos o Erramos.

Chávez estaba decidido desde el primer momento a «inventar», y eso significaba arrumbar los viejos modelos políticos. Ese menosprecio de instituciones como los partidos políticos o los sindicatos era un fenómeno curioso y poco habitual en la izquierda. La retórica izquierdista se había concentrado durante más de un siglo en la «construcción del partido» y en crear organismos propios de la clase obrera. Incluso en las condiciones tercermundistas de Latinoamérica, donde la clase obrera organizada no ha constituido normalmente más que una pequeña minoría, la izquierda consideraba el partido y el movimiento sindical como parte esencial de su proyecto político. La Cuba de Castro, el Chile de Allende o la Nicaragua de los sandinistas consideraban muy importantes esas instituciones. ¿Cómo se podía organizar el pueblo recién emancipado, sino mediante esas organizaciones políticas tradicionales?

El izquierdismo de Chávez se inscribe en la tradición latinoamericana, con una enérgica retórica antiimperialista y un deseo genuino de mejorar la situación de los sectores más pobres de la población, y esas ambiciones quedaron plasmadas en la Constitución de 1999, en la que una docena de artículos se ocupan directamente del trabajo y de los derechos de los trabajadores; los artículos 95 y 96, en particular, reafirman el derecho a constituir sindicatos y el derecho de huelga.

Pero Chávez no se sumó a las iniciativas tomadas por otros para crear un nuevo movimiento sindical. Partía de la firme creencia de que los partidos y sindicatos habían quedado desacreditados en Venezuela por el comportamiento de los gobiernos anteriores durante medio siglo. Cuando fue elegido presidente en 1998, entró en funciones como alguien totalmente desconectado del pasado. Su victoria se alzó sobre los escombros del sistema anterior, que se había venido abajo. ¿Qué necesidad había entonces de recrear una estructura política que había fracasado tan lamentablemente?

El apoyo a Chávez provenía precisamente de la gran mayoría social, hasta entonces desorganizada, fuera del alcance de la política tradicional. Movilizó a sus seguidores apelando a ellos como pobres y desheredados, campesinos o habitantes de los ranchitos urbanos; no apeló a ellos como trabajadores, y menos aún relacionándolos con los trabajadores privilegiados que constituían el grueso de los sindicatos politizados durante la era anterior. Cuando trató de movilizar a los trabajadores en los primeros años de su presidencia, se dirigió en primer lugar al sector informal desorganizado, hasta entonces marginado –y de hecho ignorado y rechazado– por el sindicalismo tradicional.

La organización tradicional de la clase obrera venezolana ha sido durante varias décadas la Confederación de Trabajadores Venezolanos (CTV). Se trataba de una institución políticamente poderosa e influyente, fundada en 1936, que había participado en todas las luchas progresistas del último medio siglo, aunque nunca había incluido a más del 12 por 100 de los trabajadores. Originalmente vinculada a Acción Democrática, el principal partido de gobierno desde 1958, la CTV comenzó a sufrir las consecuencias de esa relación en la década de 1990, cuando los gobiernos neoliberales introdujeron reformas que afectaban desfavorablemente a los intereses de los trabajadores. La CTV quedó ampliamente desacreditada como sindicato amarillo con sus correspondientes matones y privilegios, y su declive dio pie al surgimiento de varios sindicatos independientes vinculados a La Causa R, en particular, en el complejo industrial de Ciudad Guayana. Esos nuevos movimientos abrieron la vía a la derrota de los viejos partidos políticos y sus sindicatos, pero no a su propio éxito. Chávez se benefició de la nueva situación más que los políticos promovidos por los sindicatos independientes, e inició su presidencia sobre una *tabula rasa*.

Tras la victoria de Chávez, la CTV aparecía para muchos como parte del desacreditado *ancien régime*. La pérdida de miembros y de la financiación política que antes le facilitaba la compra de voluntades la impulsó a iniciar un proceso de reformas internas para tratar de recuperar fuerza y credibilidad. Con el apoyo financiero de su principal aliado externo, el American Center for International Labor Solidarity (ACILS), el brazo internacional de la AFL-CIO estadounidense, modernizó su estructura interna, jubiló a parte de la vieja guardia y celebró elecciones para designar una nueva dirección*.

Pronto se inició una batalla entre la CTV, que trataba de capitalizar su fuerza entre los trabajadores organizados, y los sindicatos chavistas, más interesados en movilizar al sector informal hasta entonces no organizado, que cuenta con la mayoría de la fuerza de trabajo del país. La CTV siguió dejando fuera de sus filas al sector informal.

---

* El ACILS cuenta con financiación del National Endowment for Democracy, un organismo del Congreso estadounidense {*N. del T.*}.

En las elecciones a la dirección de la CTV celebradas en octubre de 2001, los sindicatos favorables a Chávez intentaron obtener representación, pero la lista de Acción Democrática siguió manteniendo el control. Su candidato, Carlos Ortega, obtuvo el 57 por 100 de los votos, mientras que Aristóbulo Istúriz, el candidato chavista y antiguo dirigente de La Causa R, sólo obtuvo el 16 por 100. El gobierno declaró inmediatamente que las elecciones habían sido fraudulentas.

Los seguidores de Chávez organizaron un sindicato rival, la Unión Nacional de Trabajadores (UNT), que celebró su primer congreso en 2003; pero al faltarle el apoyo explícito del propio Chávez, no ha pasado de ser un lugar de encuentro y discusión entre radicales para convertirse en una nueva institución capaz de organizar a los sectores formal e informal*. Chávez comenzó a valerse de estructuras semimilitares *ad hoc* —«círculos bolivarianos», «patrullas» electorales, «misiones» educativas— para organizar a los sectores hasta entonces desorganizados de la sociedad. Chávez es un maestro en el arte de la «invención», pero en la lucha por la «originalidad» todavía tiene que decidirse el papel de los trabajadores organizados.

La dirección de la CTV ha permanecido encarnizadamente hostil a Chávez desde que entendió que las iniciativas de éste amenazaban su posición privilegiada, alcanzada al cabo de décadas; en otoño de 2001, Carlos Ortega se unió a los conspiradores que maquinaban el derrocamiento del presidente. Pero si bien la CTV tenía una considerable presencia en la industria, le faltaba apoyo en el conjunto del país; para tratar de derrocar al gobierno, se vio obligada a unirse a otros sectores sociales, en particular a la organización patronal Fedecámaras. Una y otra participaron en los preparativos del golpe militar de abril de 2002 y coordinaron el paro de diciembre 2002, que consiguió cerrar por unos días la industria petrolera. Se asistió así a una colaboración insólita entre sindicatos y patronal para tratar de derrocar un gobierno elegido democráticamente.

---

* A finales de 2005 la UNT asegura contar con 1.200.000 trabajadores afiliados, la misma cifra que registraba la CTV en 2001. Según otra fuente, la CTV actualmente sólo cuenta con 200.000 afiliados (véase http://www.rebelion.org/noticia.php?id=22146) *{N. del T.}*.

SEXTA PARTE

LOS TRES INTENTOS DE LA OPOSICIÓN DE PONER FIN A LA REVOLUCIÓN BOLIVARIANA

XXXI

LOS DECRETOS REVOLUCIONARIOS DE NOVIEMBRE DE 2001, LA DIMISIÓN DE LUIS MIQUILENA Y LA MOVILIZACIÓN DE LA OPOSICIÓN

La gran Caracas se extiende sobre innumerables cerros, y en la estación húmeda las cumbres atraviesan las nubes que se ciernen sobre los valles de más abajo. En esas escarpadas pendientes viven varios millones de personas en ranchitos que en otros lugares llaman chabolas, favelas o villas-miseria; no siempre se trata de barracas de cañas y barro o de tablones, cartón y chapas de hojalata, aunque ese material no esté totalmente ausente, sino de casas de ladrillos baratos y bloques de hormigón construidas artesanalmente. El rasgo característico que los define es la estrecha proximidad entre ellos, apilándose unos sobre otros en la lucha por el espacio vital.

El movimiento de la gente entre ellos es incesante. Se ven algunos blancos o mestizos, pero la gran mayoría son de piel notablemente oscura, descendientes de esclavos o de origen indígena. Venezuela está situada geográficamente entre Brasil y las islas del Caribe y los descendientes de esclavos e indios superan con mucho a los de los colonos europeos. La gente es alegre y comunicativa, pero aunque Venezuela es uno de los países más ricos de Latinoamérica, viven en una pobreza permanente y absoluta. Los servicios educativos y sanitarios son escasos, como lo es el empleo. Muchos se ganan la vida como buhoneros en los valles de más abajo.

El aire es claro y el paisaje quita la respiración. El ambiente es el de una ciudad de montaña en la Europa medieval, aunque las instalaciones sean más modernas. El agua y la electricidad son teóricamente disponibles, pero la retirada de la basura está escasamente organizada y ésta se amontona con frecuencia en las empinadas escaleras de piedra y a lo largo de estrechas terrazas que cruzan esa inmensa conglomeración urbana, toda ella peatonal, ya que ningún autobús ni automóvil puede escalar los cerros sobre los que está construida. La seguridad es la preocupación principal, y las verjas de hierro y las puertas con cerrojo son el elemento más importante y más caro de la construcción de un ranchito.

Desde las laderas de los montes que rodean Caracas, los pobres miran hacia abajo a los barrios ricos, la «otra» Venezuela que ha gobernado el país desde la conquista, con los confortables hogares de la elite, los hombres de negocios, los periodistas y los diplomáticos extranjeros.

Esa diminuta minoría de venezolanos, en su mayoría blancos, vive en amplios apartamentos o quintas unifamiliares con sirvientes y piscina, compran en supermercados bien abastecidos y van al trabajo en automóviles con aire acondicionado por amplias autovías. Le viene a uno al recuerdo la imagen de Sudáfrica y el contraste entre Soweto y los barrios blancos de Johannesburgo. En Latinoamérica no hay *apartheid* legal, pero aun así el fenómeno de la discriminación racial y la injusticia sigue igualmente vigente. Colonos blancos han gobernado el continente desde el tiempo de los conquistadores y en países como Venezuela un continuo flujo de emigrantes europeos en los siglos XIX y XX reforzó la elite blanca. Su arraigado y con frecuencia no reconocido racismo sigue dominando la política del país.

Durante decenios, el temor permanente de la población blanca de Caracas ha sido que los «monos» o «malandros» oscuros y empobrecidos de los cerros que rodean la ciudad descendieran de ellos a sus felices zonas de recreo para cobrarse venganza. El *Caracazo* de 1989 dejó un recuerdo indeleble de lo que podría suceder si los sistemas heredados de control social se vinieran abajo. Algo similar, aunque sin violencia, es lo que sucedió en abril de 2002, cuando los habitantes de los cerros descendieron silenciosa y espontáneamente al valle para bloquear las calles y avenidas y restaurar la presidencia de Chávez, después de que éste hubiera sido apartado del poder durante unas horas en un golpe de Estado de opereta.

En 1999 nació en Venezuela una nueva era, tras una década de crisis económica y social y el colapso de los viejos partidos políticos corruptos. Hugo Chávez apeló a los pobres de los ranchitos para llevar a cabo una revolución y éstos habían comenzado a responder en el momento de su derrocamiento (temporal) en abril de 2002. Pero su estilo de gobierno durante los primeros años en el poder le había creado muchos enemigos y había irritado cada vez más a la elite blanca del país; les disgustaban sus propuestas radicales de reforma agraria y odiaban su plan de poner freno al programa de privatización de la industria petrolera diseñado por los gobiernos anteriores. Pero lo que más temían era la movilización de los pobres. Generales del Ejército, hombres de negocios conservadores, ejecutivos del petróleo y magnates de los medios comenzaron a conspirar contra él para derrocarlo. A finales de 2001 esa oposición efervescente había formulado planes para llevar a cabo un golpe de Estado al estilo de Pinochet.

El país fue experimentando un creciente sensación de crisis durante todo el año. La oposición organizó en Caracas grandes manifestaciones de protesta, con el apoyo de una insólita alianza entre Fedecámaras, la principal organización patronal, y la Confederación de Trabajadores de Venezuela (CTV), organización sindical vinculada a Acción Democrática.

Esas protestas cobraron nueva fuerza a finales de año tras un decreto gubernamental en noviembre de 2001, que introdujo 49 leyes radicales. Ese rosario legislativo estaba destinado a revolucionar la infraestructura económica del país y a poner en práctica los cambios ya esbozados en la nueva Constitución de 1999. Tres años después de que Chávez llegara al poder, el proceso revolucionaro «bolivariano» comenzaba a cobrar velocidad.

La Ley Habilitante, que permitía la puesta en práctica de esas nuevas medidas, fue promulgada en noviembre sin muchas alharacas (el gobierno había cobrado conciencia de repente de que la autorización original anterior otorgada por la Asamblea Nacional en noviembre de 2000 sólo era válida para un año). Chávez anunció los detalles en televisión desde el palacio de Miraflores, y para señalar la importancia de la nueva legislación se rodeó de su Consejo de Ministros.

Las 49 leyes estaban destinadas a regular (entre muchas otras cosas) la propiedad de la tierra, la producción y los impuestos sobre el petróleo y la actividad de la industria pesquera. Una de las leyes invalidaba los planes del gobierno de Caldera de privatizar el sistema de seguridad social del país. Los detalles de la nueva legislación habían sido preparados durante varios meses por un comité presidido por la vicepresidenta Adina Bastinas, economista que antes había trabajado en el Banco Interamericano de Desarrollo.

La ley sobre la reforma agraria, que siempre ha sido un tema conflictivo en Latinoamérica, prohibía la posesión individual de más de 5.000 hectáreas y daba poderes al gobierno para expropiar y redistribuir las fincas abandonadas o improductivas. Los terratenientes venezolanos habían disminuido en número durante los años del *boom* petrolero, al preferir dedicarse a la industria o al comercio; pero la amenaza del gobierno a sus grandes haciendas infrautilizadas y poco rentables en Los Llanos afectó a su *amour propre*. La reforma agraria se convirtió en símbolo de la revolución bolivariana, indicando su intención de llevar a cabo un cambio espectacular. Además, también se extendió a las áreas urbanas. En un decreto de febrero de 2002 se animaba a las autoridades locales a vigilar las parcelas urbanas y a proporcionar títulos de propiedad a quienes llevaban residiendo en el mismo terreno desde hacía tiempo.

En último término, lo más importante fue la Ley de Hidrocarburos, que pretendía recaudar más royalties del petróleo e insistía en que la empresa petrolera estatal, Petróleos de Venezuela, poseyera el 51 por 100 de todas las empresas conjuntas con participación extranjera. Redactada por Álvaro Silva Calderón, nombrado ministro de Energía y Minas después de que Alí Rodríguez se convirtiera en secretario general de la OPEP, establecía un nivel mínimo de royalties del 30 por 100, que debían pagar al gobierno las empresas petroleras privadas. El objetivo final de los radicales era obligar a la compañía petrolera estatal a gastar menos en inversión exterior y a proporcionar más dinero para proyectos sociales en el país. La nueva ley ponía fin a las esperanzas de la vieja guardia de ejecutivos de Petróleos de Venezuela de privatizar la empresa y venderla a los inversores venezolanos y extranjeros.

Esa vuelta de tuerca revolucionaria –primera indicación real tras la redacción y aprobación de la Constitución de que Chávez tenía una agenda genuinamente radical– constituía una seria amenaza para los intereses de la elite blanca y los dirigentes de PdVSA y provocó inmediatamente declaraciones de protesta de la oposición y la organización de manifestaciones en la calle. Los portavoces de la oposición declararon que no habían sido consultados sobre las nuevas medidas y objetaron lo que entendían como una amenaza a la propiedad privada. Chávez insistió en que cientos de expertos e interesados habían sido consultados, pero admitió que no había tenido tiempo «para sentarse con todos».

La primera figura importante en protestar públicamente fue el general Guaicaipuro Lameda, el jefe máximo de Petróleos de Venezuela. El general Lameda había sido nombrado por Chávez, pero se unió a las filas de los que pensaban, dentro de la empresa, que debía ser privatizada y criticó la nueva Ley de Hidrocarburos por imponer un aumento de los royalties del petróleo. Chávez lo destituyó inmediatamente y lo sustituyó por Gastón Parra, un radical universitario a la antigua. El general Lameda se pasó de inmediato al campo de la oposición y se unió a la conspiración para derrocar al presidente.

La organización de grandes manifestaciones y huelgas políticas se convirtió en la estrategia prioritaria de la oposición. Junto con las encuestas de opinión adversas, que parecían sugerir que el apoyo a Chávez había disminuido, esas manifestaciones dieron pábulo a la idea generalizada de que el gobierno era impopular y se hallaba amenazado.

También se produjo un serio debilitamiento en las filas del gobierno. El general Lameda había sido nombrado personalmente por Chávez, y pronto Luis Miquilena, su más importante asesor civil desde su estancia en la prisión de Yare, decidió también abandonar el barco. Durante los primeros años de gobierno de Chávez había sido responsable de escudriñar a todos los candidatos chavistas para la Asamblea Nacional y el Tribunal Supremo. Chávez había confiado en él para navegar por las turbias aguas de la política civil, con la que el presidente estaba poco familiarizado, y en otoño de 2001 ocupaba el importante puesto de ministro del Interior. Miquilena pensó que había llegado el momento del poner freno a la revolución. A primeros de diciembre pidió una reunión con Chávez y le dijo por las buenas que había que dejar sin efecto las nuevas leyes. «Han sido ellas las que han provocado estas protestas y deberíamos retirarlas», le dijo.

Chávez le respondió que no era momento de aminorar la marcha sino, por el contrario, de acelerar el proyecto de transformación el país. Miquilena se mostró en desacuerdo e insistió en sus argumentos. Chávez se negó a aceptarlos y Miquilena se vio obligado a dimitir, siguiendo al general Lameda al campo de la oposición.

La partida de Miquilena supuso un golpe considerable para Chávez, no sólo porque había sido un importante aliado, sino también por su prestigio personal, tanto en el poder judicial como en la Asamblea Nacional. Dado que muchos miembros de ambas instituciones habían sido elegidos por el propio Miquilena, la retirada de su apoyo tuvo un serio efecto negativo. A finales de 2001, el gobierno estaba a punto de perder su mayoría en la Asamblea y su fuerza en el poder judicial se había debilitado.

Miquilena representaba al considerable grupo de chavistas de primera hora descontentos del *ancien régime* que esperaban que Chávez se adaptara a su propia agenda modestamente reformista. Esa gente había empezado a entender a finales de 2001 que Chávez no obedecía a nadie y que no estaba dispuesto a dejarse utilizar por otros. Los grupos de oposición, alentados por esas importantes defecciones, llegaron a creer, equivocadamente, que contaban con la mayoría y podían obligar al presidente a dimitir. Estaban a la ofensiva, y utilizaron eficazmente las manifestaciones en la calle para movilizar a sus seguidores y para dar color y credibilidad a sus protestas antigubernamentales. En diciembre organizaron una huelga general, la primera de las muchas que seguirían.

Chávez trató de inyectar nueva energía popular en sus propias filas y lanzó una nueva iniciativa: los Círculos Bolivarianos. Llamó a sus seguidores a organizarse en pequeños grupos de alrededor de una docena de personas, que harían campaña en sus localidades y barrios, ayudando a la gente a entender los beneficios que les aportaban los planes del gobierno. Se animó a la gente a organizarse localmente y a solicitar microcréditos al Banco estatal, para establecer sus propios pequeños negocios y cooperativas. El principal objetivo de los Círculos era crear un órgano de acción política para quienes habían permanecido mucho tiempo fuera de la sociedad y de la estructura formal de los partidos políticos existentes.

La batalla entre gobierno y oposición se intensificó de forma pública con manifestaciones callejeras enfrentadas, en las que cada parte trataba de demostrar que contaba con la mayoría. En privado, el gobierno trataba de apuntalar su posición política, mientras que la oposición ensayaba sus planes para un golpe de Estado, buscando apoyo dentro las Fuerzas Armadas y en Washington. A principios de 2002 la escena estaba dispuesta para una prueba de fuerza.

XXXII

El primer intento de la oposición: golpe y contragolpe en abril de 2002

Durante los primeros meses de 2002 en Caracas se respiraba un ambiente conflictivo y explosivo. En la ciudad reinaba una sensación de desastre inminente. Cada semana tenían lugar manifestaciones y contramanifestaciones, y el país se movilizaba tras pancartas rivales. Grupos de oficiales en la reserva, políticos de los viejos partidos, líderes sindicales y portavoces de la jerarquía católica se unían para denunciar al gobierno y asegurar que gozaban de apoyo en las Fuerzas Armadas para un posible golpe; los periódicos y los canales de televisión privados repetían una letanía sin fin de historias hostiles a Chávez y los funcionarios de Washington comenzaron a realizar comentarios críticos sobre lo que muchos veían como una situación muy deteriorada.

Para los observadores especializados en Latinoamérica, en abril de 2002 Caracas comenzaba parecerse a Santiago de Chile en septiembre de 1973. Nadie tenía duda de que se estaba preparando un golpe de Estado. Entre los que sabían más que la mayoría estaba la Agencia Central de Inteligencia estadounidense. Un informe de la Agencia del 6 de abril, titulado «Maduran las condiciones para un intento de golpe», describía así lo que estaba sucediendo en Caracas:

Facciones militares disidentes, incluidos algunos oficiales de alta graduación y un grupo de jóvenes oficiales radicales, aumentan sus esfuerzos para organizar un golpe contra el presidente Chávez, posiblemente este mismo mes... [borrado]. El nivel de detalle de los planes conocidos... [borrado] apunta al arresto de Chávez y otros diez mandos.

Esa nota informativa de abril proseguía explicando cómo se desarrollaría el golpe proyectado: «Para provocar la acción militar, los conspiradores pueden tratar de explotar las tensiones generadas por las manifestaciones de la oposición programadas para finales de este mes». Todas las pruebas indican que el gobierno estadounidense estaba al tanto de los planes de los golpistas en Caracas, pero que no hizo ningún esfuerzo por informar al gobierno venezolano de lo que se estaba preparando; antes, al contrario, Estados Unidos no sentía ningún deseo de estorbar los planes de los conspiradores, ya que los líderes de la oposición habían visitado Washington en varias ocasiones en los primeros meses de 2002, asegurándose el visto bueno para sus planes.

Washington no escondía su disgusto por la dirección radical que estaba adoptando la revolución bolivariana. La conspiración contra Chávez había sido cuidadosamente planeada por los principales industriales y hombres de negocios del país, los líderes de la principal central sindical, los propietarios de los principales periódicos y canales de televisión, los obispos de la Iglesia católica y oficiales conservadores de las Fuerzas Armadas. Washington dio el visto bueno a sus planes.

Durante los primeros meses de 2002 los conspiradores concentraron sus ataques en la reforma estructural de Petróleos de Venezuela propuesta por el gobierno en noviembre de 2001, a la que se opuso tan vehementemente el general Lameda. En abril de 2002 se convocó una huelga de dos días para protestar contra esas reformas, pero su objetivo real era conseguir la caída de Chávez. Pedro Carmona Estanga, presidente de la federación patronal Fedecámaras, y Carlos Ortega, el líder de la Confederación de Trabajadores de Venezuela (CTV), habían establecido un pacto. Su llamamiento conjunto para una huelga el 11 y 12 de abril contaba con la suposición explícita de que no se desconvocaría hasta la renuncia del presidente. La huelga se convirtió rápidamente en una insurrección.

Jueves 11 de abril de 2002

En la madrugada del jueves, una gran multitud comenzó a avanzar desde el caraqueño Parque del Este hasta las principales oficinas de la compañía petrolera estatal en el centro de la ciudad. Allí habló Ortega, que incitó a la gente a prolongar su marcha hasta el palacio de Miraflores, para «expulsar al hombre que ha traicionado al pueblo venezolano». Aguijoneados por el discurso, unos 150.000 manifestantes marcharon hacia Miraflores. En el camino se encontraron con una multitud algo más reducida de seguidores de Chávez, reunidos a toda prisa aquella mañana desde los ranchitos. Las fuerzas del orden tomaron posiciones entre ambos grupos: la Guardia Nacional leal al presidente y la Policía metropolitana controlada por Alfredo Peña, el alcalde de Caracas, antiguo seguidor de Chávez que se había pasado a la oposición.

La marcha concluyó con un violento enfrentamiento en los alrededores del palacio de Miraflores, en el que murieron varias personas. Habían disparado al parecer desde ambos bandos, y la responsabilidad por esas muertes se convirtió en una cuestión controvertida desde aquel momento y durante largo tiempo; en cualquier caso, la mayoría de los muertos eran seguidores de Chávez.

Varias importantes figuras militares, entra ellas el general Néstor González González, antiguo comandante de las academias militares del Ejército, aparecieron en televisión para exigir la renuncia del presidente, una petición que pretendía aparecer como culminación de una crisis espontánea, al calor de una explosión popular en la que el gobierno había perdido el control de las calles. En realidad, la manifestación y los disparos habían sido cuidadosamente planeados.

Consciente a mediodía de los peligros inherentes a la situación, Chávez decidió —desde Miraflores— poner en práctica el llamado Plan Ávila, destinado a movilizar una fuerza de emergencia para proteger el palacio y hacer frente al inminente golpe. Uno de los más importantes y leales oficiales del palacio, el general Jorge García Carneiro, recibió la orden de poner en marcha el Plan, pero al contactar con el cuartel general del Ejército en la enorme base militar de Fuerte Tiuna para transmitirla, se le dijo que un grupo de generales pretendían arrestar al presidente. Le dijeron también que todas las salidas de la base habían sido bloqueadas. Las unidades militares que deseaban salir de allí para acudir en ayuda de la Guardia Nacional en torno al palacio de Miraflores no pudieron hacerlo.

Lo peor estaba por llegar. En el palacio pronto se supo que se habían unido a la conspiración varios oficiales de la Guardia Nacional, así como un grupo de generales de la Fuerza Aérea reunidos en la base Francisco de Miranda en el corazón de la ciudad.

Chávez trató de retomar la iniciativa con un discurso en la cadena nacional de televisión, que todas las emisoras privadas de televisión debían emitir. El impacto de su discurso fue neutralizado por las cuatro principales cadenas privadas, que dividieron la pantalla para mostrar escenas violentas en las calles alrededor del palacio de Miraflores mientras que el presidente hablaba como si no estuviera sucediendo nada. Chávez ordenó el bloqueo de las cadenas privadas, pero su orden no fue obedecida. El Canal Ocho, el único a disposición del gobierno, fue convenientemente saboteado, al parecer por medios electrónicos, quedando incapacitado para emitir.

Chávez ordenó al alto mando militar que acudiera a Miraflores desde Fuerte Tiuna para parlamentar, pero su orden fue desobedecida. Dos de los oficiales de más alto rango, el general Efraín Vázquez Velasco, jefe supremo del Ejército, y el general Manuel Rosendo, jefe del CUFAN (Comando Unificado de la Fuerza Armada Nacional), estaban demasiado ocupados planeando su caída.

José Vicente Rangel, ministro de Defensa en aquel momento, señaló más tarde que la mayoría de los oficiales con mando de tropa, muchos de ellos leales a Chávez, estaban reunidos en el edificio del Ministerio de Defensa dentro de Fuerte Tiuna. Esto fue un grave error: «En lugar de estar a la cabeza de sus tropas, estaban todos ellos bloqueados en una oficina».

Muchos de esos oficiales de Fuerte Tiuna, según el propio informe posterior de Chávez (en una entrevista con el periodista Eleazar Díaz Rangel), se sentían confundidos por las imágenes que veían en televisión, su fuente de información principal e inmediata. Los canales de televisión habían mostrado repetidamente imágenes de los seguidores de Chávez disparando al parecer sobre la multitud de los manifestantes de la oposición, y también había aparecido en la pantalla una serie de oficiales en la reserva que pedían la renuncia del presidente. La suerte parecía echada.

Un canal emitió un vídeo dramático, repetido el jueves por la tarde, que mostraba a un oficial de la Armada, el vicealmirante Héctor Ramírez Pérez, denunciando así al gobierno: «El presidente de la República ha traicionado la confianza del pueblo, está masacrando a gente inocente con francotiradores. Seis personas han muerto y hay docenas de heridos en Caracas». Más adelante se supo que el vídeo había sido grabado a primera hora del día en presencia de varios periodistas.

Chávez pudo creer que algunos de los oficiales de la base de Fuerte Tiuna estaban confusos y mal informados, pero no tenía contacto con ellos. En Miraflores tenía pocas alternativas aparte de prepararse para la resistencia armada frente a los golpistas, defendido únicamente por la Guardia de Honor del palacio, unos pocos tanques y un puñado de guardias nacionales. Se vistió su uniforme de combate y su boina roja y tomó una pistola y un fusil. También hizo varias llamadas telefónicas, una de ellas a su vecino más importante, Fernando Henrique Cardoso, el presidente de Brasil, para contarle lo que estaba sucediendo, y otras a varios mandos militares regionales para comprobar si le seguían siendo leales. Recibió noticias alentadoras del general Raúl Baduel, comandante de Maracay, y del comandante de las Fuerzas Blindadas de Maracaibo. No todo estaba perdido.

Dentro del palacio los ministros y oficiales leales reunidos comenzaron a discutir sus opciones. ¿Sería posible resistir? ¿Sería posible llegar a Maracay y establecer allí el gobierno? Algunos eran partidarios de la resistencia, y otros se mostraban más cautos. Finalmente se planteó la posibilidad de un acuerdo negociado. A medianoche llamó Castro desde La Habana para preguntar qué estaba sucediendo. Recordando el destino de Salvador Allende en 1973, le dijo a Chávez que no valía la pena sacrificarse en una inútil batalla de resistencia: «Hugo, no te vayas a inmolar, porque este camino no termina ahí, salva la vida de tus hombres, de tu gente, salva tu vida».

Chávez era una figura demasiado importante para el futuro de Latinoamérica, argumentó Castro, para permitirse morir en un golpe. El consejo era prudente y oportuno.

Chávez esbozó ante sus asesores más cercanos un escenario para un posible acuerdo negociado. Estaba dispuesto a dimitir, pero sólo con cuatro condiciones: su dimisión se presentaría ante la Asamblea Nacional; se respetaría la Constitución; debía garantizarse la seguridad física de todos los presentes en el palacio de Miraflores; y quedaría garantizada la salida del país de todos ellos.

Chávez les dijo a los generales Rosendo y Hurtado que llevaran esa oferta a los organizadores del golpe en Fuerte Tiuna, y telefoneó al cardenal Baltasar Porras pidiéndole que fuera allí. También telefoneó a varios embajadores —los de Francia, China, México y Cuba— para mantenerles al tanto de los acontecimientos.

Entretanto, en Fuerte Tiuna, los dirigentes del golpe se reunieron hacia medianoche en el quinto piso del edificio principal del Ministerio de Defensa. Entre ellos estaban Pedro Carmona y también dos oficiales de la misión militar estadounidense en Caracas, los coroneles James Rodgers y Ronald McCammon. Tenían varias oficinas en el edificio, y aunque se le había pedido al embajador estadounidense unos meses antes que las cerrara, seguían en funcionamiento. También estaba presente el general Enrique Medina Gómez, agregado militar de la embajada venezolana en Washington, que había volado a Caracas a primera hora del día.

El general Rosendo llamó al palacio de Miraflores desde Fuerte Tiuna para comunicar que los golpistas aceptaban las condiciones de Chávez; pero casi inmediatamente volvió a llamar para decir que las habían rechazado. Chávez debía rendirse incondicionalmente. Ese ultimátum era claramente inaceptable para el presidente.

Viernes 12 de abril de 2002

En aquellas circunstancias, a primera hora de la madrugada del viernes, Chávez retiró su renuncia condicionada. No firmaría ningún documento ni ofrecería resistencia en el palacio de Miraflores. Temía que incluso si aguantaba hasta el día siguiente, habría combates y pérdida de vidas humanas por la mañana, y moriría más gente. Así que declaró que los dirigentes del golpe tendrían que detenerlo y envió de nuevo a los generales Rosendo y Hurtado a Fuerte Tiuna para comunicarles su decisión. Los oficiales reunidos en la base militar se mantenían callados, según todos los informes, sin acabar de entender qué debían hacer. El golpe no estaba saliendo según los planes.

Bajo la amenaza de un ataque aéreo sobre el palacio de Miraflores al amanecer, Chávez accedió a acudir a Fuerte Tiuna, sabiendo que sería detenido al llegar. Llegó allí a las cuatro de la madrugada del viernes, hallando a varios generales del Ejército y de la Guardia Nacional esperándole. La mayoría de ellos lo trataron con respeto, según su propio informe. También había llegado el cardenal. «Encontré allí a los dos monseñores, Porras y Azuaje; los saludé, me senté junto a ellos y durante un rato estuvimos sentados en silencio.»

Chávez esperaba que una vez en el entorno militar de Fuerte Tiuna podría invertir –o al menos mejorar– la difícil situación en que se encontraba. Percibió las diferencias de opinión entre muchos de los oficiales y generales presentes. Supuso que Pedro Carmona, el civil elegido para actuar como presidente, estaba en algún lugar del edificio, pero no lo vio:

> El general Fuenmayor León fue el primero en hablar; presentó un análisis de la situación y dijo que pedía mi renuncia, en nombre de todos los presentes, a la vista de lo que entendían como una situación de ingobernabilidad.
>
> Yo les dije, con una voz serena un poco más alta de lo acostumbrado, de manera que todos pudieran oírlo, que deberían pensar largo y duro sobre lo que estaban haciendo y lo que planeaban hacer –la responsabilidad que estaban asumiendo, con respecto a Venezuela y al mundo exterior– y les dije que no iba a dimitir. Tenían ya escrito un papel para que yo lo firmara, y les dije que no iba ni siquiera a leerlo.

Chávez insistió en que sólo firmaría una carta de renuncia si aceptaban las cuatro condiciones que les había planteado. Los generales no respondieron.

> Les dije que no estaba seguro de que pudieran controlar a los militares y que había hablado con varios comandantes que me habían asegurado que no aceptarían el golpe de Estado... Pude ver que atraía su atención, ya que, claramente, algunos de ellos habían sido manipulados. Otros comenzaban a darse cuenta.

Chávez fue interrumpido por el general Néstor González González, que percibió los peligros inherentes a ese tipo de discusión. «No hemos venido aquí a discutir nada –les dijo a los reunidos–; sabemos qué

es lo que debemos hacer y os pedimos que paséis a la sala contigua.»
Los oficiales se levantaron para salir, pero se quedaron hablando en la
sala durante una hora, mientras Chávez permanecía con los obispos.

Cuando regresaron los oficiales fue el vicealmirante Ramírez Pérez
quien tomó la palabra. Dijo que los mandos no estaban dispuestos a
aceptar las cuatro condiciones de Chávez, y que, evidentemente, no le
permitirían dejar el país: tendría que «responder ante el pueblo por los
crímenes que había cometido».

Chávez respondió que no firmaría ninguna declaración de renuncia
y que tendrían que detenerlo. «No debían olvidar que estaban dete-
niendo al presidente de la República, y que tendrían que hacer lo que
consideraran necesario.»

En ese momento el general Lucas Rincón Romero, comandante del
Ejército de Tierra y el más veterano de los oficiales presentes, se unió a
los comandantes de las otras armas para anunciar —en una declaración
en televisión— que le habían pedido a Chávez su dimisión, que él se había mostrado de acuerdo y que ellos también dimitirían.

Chávez fue conducido a una pequeña sala y se le permitió que se pu-
siera una camisa y pantalones y desayunara. En aquel momento, a las
ocho de la mañana, ya llevaba dos noches sin dormir. Afortunadamente para él pudo hacer dos peticiones a los soldados que lo vigilaban: un
televisor y un teléfono. Sus peticiones fueron aceptadas. Contemplando las noticias en televisión, vio inmediatamente que las noticias del
golpe estaban siendo falsamente interpretadas. Los locutores repetían
continuamente que Chávez había dimitido y que el golpe era apoyado
unánimemente por las Fuerzas Armadas. Al fondo de la pantalla aparecía un letrero permanente: «Chávez dimite; democracia restaurada».

Mediante el teléfono, Chávez consiguió con cierta dificultad contactar con su mujer Marisabel y con su hija mayor María Gabriela.
Como presidente, no estaba acostumbrado a hacer sus propias llamadas
telefónicas, y tuvo que llamar primero al palacio de Miraflores para
conseguir sus números. Les dijo a su mujer y a su hija que trataran de
hacer llegar al mundo exterior la realidad de lo sucedido: no había dimitido, el Ejército lo mantenía prisionero, y corría serio peligro de ser
asesinado.

Marisabel consiguió contactar con la CNN, el canal de televisión estadounidense, mientras que María Gabriela habló con Castro en La Ha-

bana. Tanto la CNN como Radio La Habana emitieron pronto la noticia de que el viernes por la mañana Chávez no había dimitido, pero esa noticia tardó todo un día en llegar a Caracas.

Tras realizar esas llamadas telefónicas vitales, Chávez pudo por fin dormir unas pocas horas. Cuando se despertó fue entrevistado por dos mujeres del Departamento Jurídico Militar. Les reiteró que no había dimitido y que él era todavía el presidente de la República. De nuevo tuvo un golpe de buena suerte. Las dos funcionarias prepararon una declaración sobre su salud y luego, cuando los guardas de seguridad habían dejado la sala, una de ellas añadió unas pocas palabras al final: «Dice que no ha dimitido».

El documento fue fotocopiado y el mensaje fue transmitido por fax a Isaías Rodríguez, el principal asesor jurídico del gobierno. Él también pudo aparecer brevemente en televisión para declarar que el presidente no había dimitido. La noticia estaba comenzando a difundirse.

A mediodía del viernes, Chávez pudo ver en televisión desde su sala vigilada la ceremonia de juramento en el palacio de Miraflores de Pedro Carmona como nuevo presidente. Fue una escena extraordinaria en la que el nuevo régimen proclamaba su adhesión a la democracia, al mismo tiempo que ordenaba la clausura de la Asamblea Nacional y del Tribunal Supremo, la destitución de los alcaldes y gobernadores elegidos y la abolición de la Constitución. La palabra «bolivariana» fue borrada del nombre de la República de Venezuela. La ceremonia fue controlada y gestionada por Daniel Romero, antiguo secretario político de Carlos Andrés Pérez. Se enviaron escuadrones armados para acosar en sus hogares a las familias de los seguidores más destacados de Chávez y rodear la embajada cubana.

Carmona anunció la formación de un nuevo gobierno que incluía al general Lameda al frente de Petróleos de Venezuela. Luis Miquilena apareció en una conferencia de prensa para expresar su apoyo al nuevo gobierno. Carlos Ortega, el dirigente de la CTV y una de las principales figuras de la conspiración, quedó fuera de la lista del gobierno, lo que constituyó un grave error político. Otro error fue ordenar una total reestructuración del alto mando de las Fuerzas Armadas, destituyendo a muchos generales veteranos, entre ellos al general Vázquez Velasco, comandante en jefe del Ejército y uno de los principales partidarios en las Fuerzas Armadas del derrocamiento de Chávez. Los representantes sindicales y varios generales veteranos quedaron bastante sorprendidos por el sesgo de los acontecimientos.

El programa radical de derechas del nuevo régimen no era popular entre muchos oficiales dispuestos a respaldar el golpe, y convocaron al general Vázquez Velasco para que presidiera a la una del mediodía del sábado, esto es, al día siguiente, una reunión en la que se debatirían los acontecimientos. En el transcurso de la tarde del viernes la marea estaba ya comenzando a volverse contra los golpistas.

Chávez asegura que más tarde oyó ruidos en el exterior de Fuerte Tiuna que parecían indicar que la gente se movilizaba en su apoyo, pero no pudo encontrar a nadie que le confirmara esa noticia. La gente había comenzado efectivamente a congregarse fuera de la base militar, gritando: «Yo quiero ver a Chávez», pero pronto lo sacaron de allí.

Al anochecer le dijeron que lo iban a trasladar fuera de Caracas. Fue embarcado en un helicóptero y trasladado hacia el oeste, a lo largo de la costa, hasta la base naval de Turiamo, junto a Puerto Cabello. No sabía si lo iban a deportar o a matar. Según su propio informe, ante una audiencia en Porto Alegre (Brasil), cerca de un año después, pensaba que había llegado su hora:

> ¿Y saben de quién me acordé? Del Che. Me acordé del Che porque leí en alguna parte que alguno de los testigos de la muerte del Che escribió, después con los años: «Ernesto Guevara, herido en las piernas, estaba sentado en el piso —dolorido por las heridas— cuando entró alguien a matarlo, y cuando él vio que le va a matar con una pistola, le dijo: "Espérese un segundo, no dispare todavía". Y se puso dificultosamente de pie, contra la pared, y le dijo de pie: "Ahora dispare, para que vea cómo muere un hombre"».

Entretanto, muchos de los golpistas habían establecido contacto con gobiernos extranjeros, en particular los de Estados Unidos y España. El gobierno de derechas de José María Aznar estaba en la primera línea de las críticas europeas al gobierno de Castro en Cuba y había ampliado su apoyo a la oposición a Chávez. El viernes por la mañana, cuando las primeras noticias del golpe de Caracas llegaron al mundo exterior, los gobiernos de España y Estados Unidos hicieron una declaración conjunta pidiendo que «la situación excepcional» de Venezuela fuera reconducida en el periodo más corto posible «a la normalización democrática», para conseguir «un consenso nacional y la garantía de las libertades fundamentales». El secretario de Estado español para Iberoamérica, Miguel Ángel Cortés, explicó más tarde que el texto de la declaración se había preparado después de «cinco o seis conversaciones telefónicas» con Otto Reich, del Departamento de Estado estadounidense. Reich, antiguo embajador estadounidense en Caracas, estaba en estrecho contacto con los golpistas. Aquella mañana llamó a su oficina a los embajadores latinoamericanos en Washington para obtener su apoyo a la declaración hispano-estadounidense, pero la gran mayoría de los gobiernos de la OEA prefirieron apoyar a Chávez, para sorpresa e irritación de Washington.

El gobierno británico no estuvo directamente implicado en el golpe, pero el subsecretario de Estado del Foreign Office, Denis McShane, escribió un artículo para el *Times* publicado el sábado 13 de abril, sin lágrimas por la destitución de Chávez y describiéndolo como un «demagogo populista». McShane contaba que se había reunido con Chávez pocos días antes y que éste había aparecido «vestido con boina roja de paracaidista y camiseta de rugby y levantando el brazo como Mussolini en un gesto repugnante». En el momento en que se publicó la ofensiva diatriba de McShane, Chávez ya estaba de vuelta en el poder.

Sábado 13 de abril de 2002

Cuando Chávez despertó en la base de Turiamo en la mañana del sábado 13 de abril, un joven soldado le trajo el desayuno y le preguntó por qué había dimitido. «No, yo no he dimitido», le dijo Chávez. Llegó un joven teniente y le hizo la misma pregunta, recibiendo la misma respuesta. «Entonces —dijo el oficial— usted es todavía el presidente, y esa gente ha violado la Constitución. Nos están engañando.»

El teniente le trajo la noticia de que Baduel, comandante del Regimiento Paracaidista en Maracay, cerca de Puerto Cabello, se había negado a obedecer las órdenes del nuevo gobierno de Pedro Carmona. «El general Baduel ha dicho que no reconocerá a ningún gobierno que no sea el suyo. Ha tomado Maracay.»

Chávez preguntó al teniente cómo sabía eso. «Mi mujer está allí, acabo de hablar con ella por teléfono, y la gente de Maracay ha salido a la calle.»

¿Y qué pasa con las restantes unidades militares?, preguntó Chávez. «No lo sé –respondió el teniente–, pero nosotros aquí estamos con usted», y le dio a entender a Chávez que había un plan para llevarlo a Maracay, a dos horas de viaje por carretera.

Los golpistas, preocupados por evitar esa posibilidad, decidieron sacar a Chávez de Turiamo, y aquel mismo día lo llevaron en helicóptero a la pequeña isla de La Orchila.

En Caracas, entretanto, el presidente Carmona, aislado en el palacio de Miraflores, había convocado a los propietarios y directores de los medios de comunicación a una reunión a mediodía. Necesitaba reforzar sus apoyos. Gustavo Cisneros, de Venevisión, llegó acompañado por Alberto Ravell, de Globovisión, Marcel Granier, de Radio Caracas TV, y Omar Camero, de Televen. También estuvieron presentes Miguel Henrique Otero, de *El Universal,* y Andrés Mata, de *El Nacional.* Cisneros sugirió que la estrategia de comunicaciones del nuevo gobierno debía quedar en sus manos, sugerencia que Carmona aceptó.

Éste debió de ser el momento en que los magnates de los medios sintieron el sabor del triunfo, el resultado por el que se habían esforzado tanto. Pero cuando llegaron a Miraflores para la reunión, el palacio estaba rodeado por una gran multitud de seguidores de Chávez, y pronto oyeron noticias de la insurrección del general Baduel en Maracay. La seguridad de los magnates y el futuro del nuevo gobierno no estaban en absoluto claros.

El coronel Jesús Morao Cardona, comandante de la Guardia de Honor del presidente, situado en un gran edificio, otro lado de la carretera, frente al palacio, decidió que había llegado el momento de actuar. Había observado los acontecimientos de las veinticuatro horas anteriores en silencio, pero ahora el palacio y las calles adyacentes, incluso la autovía hacia el puerto de La Guaira, estaban ocupados por la población de los cerros. Habían bajado a la ciudad creando un inmenso océano de gente que pedía el regreso de su presidente. El coronel Morao ordenó a sus hombres apoderarse del palacio.

Carmona y sus consejeros se habían imaginado que con su golpe habían comprado la lealtad del personal del palacio y de los soldados que lo guardaban, pero no era así. El personal cumplió con su deber y sirvió café cuando se lo pidieron, pero sus corazones estaban con Chávez. Cuando las tropas del coronel Morao surgieron del túnel subterráneo que unía su cuartel general con el palacio, se apoderaron de tantos seguidores de Carmona como pudieron. Otros saltaron a sus coches y desaparecieron en la multitud. Aquella escena humillante fue captada por las cámaras. El propio Carmona huyó para unirse con los golpistas militares en Fuerte Tiuna.

Allí había comenzado ya la reunión de los mandos con el general Vázquez Velasco, prevista para la una del mediodía de aquel sábado, pero también aquel edificio estaba rodeado por miles de seguidores de Chávez que pedían su regreso. La reunión fue agitada y confusa, y varios oficiales leales se quejaron de que los golpistas les habían mentido. ¿Dónde estaban las pruebas de que Chávez había dimitido? «Yo nunca vi la declaración de renuncia –dijo un comandante–. Me han mentido. Nadie me dijo que se iba a alterar el orden existente.»

Los generales que habían apoyado en un primer momento el golpe comenzaron a redactar una segunda declaración. Reconocerían a Carmona como jefe del Estado, pero ofrecerían garantías a la población de que se mantendrían las conquistas sociales del gobierno de Chávez. Cuando le presentaron el borrador, el general García Carneiro, uno de los oficiales leales, tachó el nombre de Carmona y se lo dio al general Vázquez Velasco para que lo leyera ante las cámaras. Aquel día los canales de televisión privada, siguiendo instrucciones de sus propietarios, se habían negado a cubrir la movilización de los habitantes de los cerros tomando la ciudad y habían abandonado totalmente la cobertura de las noticias de la mañana. Sólo se emitían dibujos animados y viejas películas. El general Vázquez Velasco se vio obligado a leer su declaración por teléfono al canal de la CNN.

El general García Carneiro habló entonces con la multitud reunida fuera de la base. Trepó a un tanque y, agarrando un micrófono, anunció que las Fuerzas Armadas se habían negado a reconocer el gobierno de los golpistas, que no aceptarían a Carmona como comandante en jefe y que harían todo lo posible para asegurar el regreso de Chávez al poder.

Mientras tanto Carmona había llegado a Fuerte Tiuna y estaba conferenciando con los golpistas. Alrededor de las siete de la tarde fue detenido junto con los oficiales que lo habían apoyado. Cuando preguntó qué crimen había cometido, se le dijo que había «violado la Constitución de la República».

Fuera, los oficiales leales actuaron como disc-jockeys ante la enorme multitud, alternando grabaciones de las canciones protesta de Alí Primera, el cantante folk de Los Llanos, con cortos anuncios de que otra guarnición provincial había llegado en apoyo del gobierno legítimo.

Domingo 14 de abril de 2002

Finalmente, a las dos de la madrugada del domingo llegó la noticia de que Chávez abandonaba La Orchila en un helicóptero y de que pronto llegaría al palacio de Miraflores. Se habían enviado tres helicópteros desde Maracay para recogerlo. Llegó a Miraflores a las 3:45 de aquella mañana. Saludado por los ministros y tropas leales que habían evacuado el palacio cuarenta y ocho horas antes, pronunció una discurso emotivo para celebrar su regreso. Fuera del palacio de Miraflores, las multitudes cantaban su nuevo grito, copiado de los estadios deportivos y que estaba destinado a convertirse en emblema de la revolución bolivariana: «¡Uh! ¡Ah! ¡Chávez no se va!».

El golpe había fracasado en menos de dos días, derrotado por la alianza entre soldados y pueblo que Chávez había construido con tanto esfuerzo durante los tres años anteriores. Carmona quedó para la historia como *Pedro el Breve*.

Aquel mismo domingo, más tarde, Chávez voló a Maracay para hablar con las tropas paracaidistas de Baduel, animándolas con un enérgico discurso contra los «oligarcas» que habían tratado de derrocar su gobierno revolucionario.

Lunes 15 de abril de 2002

El lunes, Chávez atenuó su crítica a la oligarquía. Buscando la reconciliación del país, e inseguro sobre sus propias fuerzas y la posibilidad de avanzar por una vía radical, pidió un «diálogo nacional» con la oposición. Reconoció que había «muchos venezolanos en desacuerdo con el gobierno», y que esa polarización no era «positiva» para el país. Tenía que haber comunicación entre los diferentes sectores de la sociedad.

Sustituyó a su equipo económico por un grupo de ministros menos radicales y también encontró una alternativa más suave para Gastón Parra y otros directores más nacionalistas (o «patriotas») de Petróleos de Venezuela; pero en lugar que acogerse a esos gestos conciliadores, la oposición los entendió como una señal de debilidad y pronto volvió al ataque. El Tribunal Supremo, donde la oposición tenía la mayoría, emitió un auto declarando que lo que se había producido en abril era «un vacío de poder» más que «un golpe de Estado», y que los golpistas detenidos —tanto militares como civiles— debían ser puestos en libertad. Siguieron planeando el derrocamiento de Chávez como si nada hubiera sucedido.

XXXIII

El estado de ánimo de la población después del golpe de abril

Para captar el ambiente que se respiraba en Venezuela tras el golpe de abril, pasé unos pocos días en los cerros que rodean Caracas, visitando uno de los barrios más organizados al sur de la ciudad. Una única carretera trepa sinuosa a través de un deprimente paisaje de chabolas y coches quemados, llegando finalmente a una alta meseta con una vista panorámica sobre el valle de más abajo. Allí vive medio millón de personas, unos en casitas construidas artesanalmente con ladrillos y bloques «recogidos» en las obras del valle, otros en edificios de hormigón de varios pisos, y otros en chabolas improvisadas con hojalata y cartón. En una de las escuelas, donde quince maestros tienen que vérselas con más de mil quinientos estudiantes, pregunté a un organizador local qué había sucedido durante los días del golpe de abril.

«Aquí tenemos una emisora de radio cooperativa —me dijo—, y el primer día [el jueves], pedimos a la gente que bajara al palacio de Miraflores. Algunos fueron en autobuses y camiones y otros caminando.» El segundo día, «la policía fascista [la policía local controlada por Alfredo Peña, alcalde antichavista del gran Caracas] subió hasta aquí a intimidarnos, pero pronto se fueron». Por la noche se convocó de nuevo a la población local para que descendiera a la ciudad, a la base militar de Fuerte Tiuna. «La policía fascista estaba todavía por los alrededores, pero mucha gente bajó. Algunas de las madres permanecían atrás cuidando de los niños, mientras que otras organizaron la distribución de comida.»

Mi informante me dijo muy digno: «Aquí no somos chavistas, somos revolucionarios. Tenemos que defender a este gobierno pero somos más libertarios que ellos. Defendemos a Chávez porque es mejor que cualquier presidente que haya habido hasta ahora. Pensamos que es el producto de nuestra lucha. La gente lo reconoce como un igual. ¡Obviamente, es indio y negro, y quizá un poco blanco! La gente que fue a rescatar al presidente nunca había hecho antes nada parecido. Ahora se han politizado mucho, y están tratando de la autoorganizarse más que nunca».

En los cerros no todos apoyan la revolución bolivariana. En un pequeño ranchito en Catia, al otro lado de la ciudad, conocí a un fontanero autoempleado que expresaba su desilusión con el gobierno. «Voté por Chávez —me dijo—, pero ahora lamento haberlo hecho. Estoy completamente decepcionado. No he visto ninguna mejora. No quiero conflicto entre ricos y pobres, porque si eso sucede, ¿dónde encontraré trabajo?» El fontanero depende para su mantenimiento de sus clientes en el sector más acomodado de la ciudad. Haciéndose eco de las opiniones de la oposición, argumentaba que en abril no había tenido lugar ningún golpe. «Hubo un vacío de poder, un golpe del gobierno contra la sociedad civil. Los militares protegían a los civiles. Puede que me equivoque, pero Chávez debería dimitir. El gobierno no ha dado los resultados que esperábamos.»

Los ranchitos de Caracas se habían movilizado para defender al presidente, pero gran parte de la población estaba todavía confusa y dividida. El golpe de abril fue un momento decisivo para la revolución, pero era evidente que quedaba mucho trabajo por hacer.

Cuando bajé de los cerros fui a ver al comandante, como lo suelen llamar, a su apartamento privado en el segundo piso del palacio de Miraflores. Chávez estaba solo, estudiando algunos papeles en la mesa de un comedor sobriamente amueblado que mira hacia un jardín cubierto. Vestido con unas sandalias y una camisa marrón de cuello abierto, parecía relajado y considerablemente más tranquilo que cuando lo había visto seis meses antes en París. Soy un visitante privilegiado: nos hemos visto varias veces, y me saluda como a un viejo conocido con un abrazo amistoso.

Chávez, acostumbrado a atravesar multitudes estrechando manos, actividad que disfruta y encuentra políticamente rentable, se veía confinado en palacio desde el golpe de abril, mientras sus guardaespaldas —terribles figuras con trajes negros y siniestros maletines que se convierten en chalecos antibalas— practicaban nuevas habilidades. Pensaba que se hallaba ahora bajo la amenaza de un *magnicidio,* la palabra utilizada para describir el asesinato de una persona importante (el *asesinato,* palabra más corriente, es tan común en los ranchos y barrios de Latinoamérica —dos docenas cada fin de semana en ciudades como Caracas o São Paulo— que se ha convertido en sinónimo del puro homicidio).

El propio Chávez se sentía razonablemente optimista. «Aquí es posible casi cualquier cosa, Richard —me dijo cuando le pregunté qué estaba haciendo para combatir las diversas estrategias que la oposición todavía se traía entre manos—. Estoy seguro de que están pensando en un magnicidio, y para los más desesperados ésa puede parecer la única salida.» Chávez había sido advertido de la seriedad de la amenaza por Castro un par de años antes, pero hasta ahora no había comenzado a tomar medidas preventivas serias.

Insistió en que la gente había dado un sólido apoyo a los mandos militares que se habían mantenido fieles a la Constitución:

Hubo una rápida respuesta al golpe, tanto por parte de los militares como de los civiles. Cientos de miles de personas de todo el país salieron en contra del golpe. ¿Y adónde fueron? Se reunieron en los cuarteles del Ejército, y lo hicieron por la comprensión mutua que se había establecido entre oficiales y civiles mediante el Plan Bolívar. Gracias a los contactos que se habían creado entre los militares y los sectores más pobres de la sociedad, la gente apoyó al Ejército.

El proyecto revolucionario en el que Chávez se había embarcado originalmente suponía una estrecha alianza entre las fuerzas armadas y la población civil, y yo le pregunté si esa estrategia básica se había visto afectada por el golpe, ya que miembros importantes de las Fuerzas Armadas se habían unido al golpe.

«No podemos ignorar la posibilidad de otro golpe», me dijo, pero no estaba todo perdido. Aunque el Tribunal Supremo se había negado a emprender acciones contra los golpistas, el propio Chávez se había movido rápidamente en su propia área de responsabilidad. Ningún tribunal civil había abierto un proceso, pero él había podido aplicar su propia forma de justicia militar. Unos sesenta almirantes y generales se habían visto obligados a pedir el retiro.

Chávez me aseguró que no habría ningún cambio en la estrategia general, pero admitió que tendría que haber una revisión de la velocidad y del ritmo de la participación militar en el programa de desarrollo del país. Su estrategia se remitía a las experiencias de principios del siglo XIX, cuando Simón Bolívar creó una alianza entre Ejército y pueblo, haciendo así posible la independencia. Hoy día esa misma estrategia era todavía viable, aun cuando hubiera un puñado de contrarrevolucionarios dentro del cuerpo de oficiales.

Le dije a Chávez que me había sorprendido el hecho de que los canales de televisión, en las semanas posteriores al golpe, hubieran dedicado bastante tiempo a las sesiones de la Asamblea Nacional, donde toda una procesión de generales y almirantes implicados en el golpe habían comparecido ante un subcomité parlamentario. Era difícil recordar algún momento en la historia de Latinoamérica en el que altos oficiales hubieran sido obligados a pasar por un procedimiento tan humillante, pero todos fueron exquisitamente educados durante los interrogatorios. Los generales justificaban arrogantemente sus acciones, y aunque ahora estaban en la reserva, todavía imaginaban que podrían regresar algún día.

Un oficial de aspecto distinguido, en la cincuentena, con el pelo rapado y vestido con un uniforme gris cubierto de condecoraciones, argumentó que había actuado durante el golpe llevado por su amor a la nación y a las Fuerzas Armadas. Repitió los consabidos argumentos de la oposición, quejándose de que los militares se hubieran visto arrastrados a la política, ya que eso había sido una humillación para los oficiales y sus familias. Recordó que la gente habría entrechocado sus vasos cuando un oficial entró en un restaurante, no como aplauso sino como un gesto de desprecio. Ese comportamiento ofensivo hacia los oficiales se había producido, dijo, frente a él mismo y su mujer.

Hablando con Chávez recordé el caso del general Prats, el comandante en jefe de Allende en Chile en agosto de 1973. Su casa en un elegante barrio de Santiago fue rodeada por mujeres de la clase media que golpeaban sus sartenes pidiéndole que dimitiera. Prats se había sentido obligado a hacerlo, abriendo así la vía para el nombramiento del general Pinochet. El general Prats y su mujer fueron asesinados mediante una bomba colocada en su coche un año después, cuando vivían exiliados en Buenos Aires. ¿No había peligro de que ese modelo se repitiera en Venezuela?

Chávez era muy consciente del problema: «Muchos mandos militares han adquirido un nivel de vida comparable al de la clase media alta. Se han visto sometidos a esas presiones y ataques en los lugares adonde acuden y dentro de su círculo familiar, y esto ha contribuido ciertamente a socavar la unidad y fuerza de ese sector de la dirección militar».

La presión sobre los militares era importante, me dijo Chávez, pero muchos oficiales habían sido lo suficientemente fuertes para resistirlo. «Muchos mandos no cedieron a esas presiones de clase. Se negaron a ser neutralizados. Con cierto riesgo personal de sus vidas y de sus carreras militares, se alzaron en el momento más crítico y expresaron su apoyo a la Constitución.»

Admitió que seguía siendo posible otro golpe. El fracaso del golpe de abril supuso un serio retroceso para la clase política tradicional del país. No había conseguido el apoyo del pueblo, pero era evidente que seguiría buscando formas de derrocarlo. Una posibilidad era un «golpe legal», una demanda que teóricamente podría hacer la Asamblea Nacional para conseguir su renuncia. Tal posibilidad había sido muy repetida en la prensa. Se había utilizado en Ecuador en los años noventa y también en Venezuela en 1993, cuando Carlos Andrés Pérez fue obligado a dimitir por la Asamblea, acusado de corrupción.

«Bien, usted ha visto la presión de los periódicos y en la Asamblea Nacional –dijo Chávez–, pero creo que va a ser muy difícil para la oposición. Hablé con nuestro grupo de parlamentarios revolucionarios el otro día, y tras lo que sucedió durante el golpe, cuando muchos de ellos fueron perseguidos y amenazados en sus hogares, se han unido más ahora. Antes eran ochenta y seis, y ahora son noventa.» El golpe de abril había disipado algunas dudas de los diputados vacilantes, y Chávez tenía ahora una clara mayoría en la Asamblea Nacional.

«La oposición habla de chavismo descafeinado –dijo con una sonrisa– o de chavismo sin Chávez, aunque yo pienso que es un mito. Pero siguen insistiendo en que renuncie.»

Le pregunté por la posibilidad de un golpe económico, recordando la amenaza de Henry Kissinger de «hacer gritar de dolor a la economía» cuando planeaba el derrocamiento de Allende a principios de los años setenta.

«Es muy posible que traten de generar trastornos económicos –dijo Chávez–. Pueden tratar de hacer el país ingobernable según su definición, como se hizo en Chile. Estoy seguro de que es una de las tácticas que tratarán de poner en práctica.»

Chávez dejó claro que está preparado para esa posibilidad. De su parte está el hecho de que sigue contando con una mayoría sólida –como durante sus primeros años en el poder–, basada en la clase y en la raza. Por primera vez en la historia venezolana, la mayoría oculta del país –negros, indígenas y mestizos– tenía un presidente con el que se podía identificar. Las cosas podían no haber ido muy bien para ellos los años anteriores, y quizá sectores de los pobres se habían empobrecido aún más, pero frente al abierto racismo de la elite tradicional del país, Chávez es un presidente en el que todavía tienen fe y al que están dispuestos a defender.

Los líderes de la oposición podrían hacer valer su insólita capacidad de movilizar a grandes sectores de la clase media y alta en manifestaciones antigubernamentales en las calles de Caracas, pero nadie sabía cuál podía ser su fuerza real en las urnas. Estaban divididos en una docena de partidos diferentes, y no parecía que pudieran constituir una fuerza electoral sólida. No había surgido ningún líder obvio en la oposición, ni habían alcanzado un programa común.

El golpe de abril había puesto en primer plano a un hombre de negocios particularmente inútil, Pedro Carmona, sin un solo hueso político en su cuerpo. Su único programa era abolir la Asamblea Nacional y la nueva Constitución, debatida durante largo tiempo por una Asamblea elegida democráticamente y ratificada en un referéndum. Los perfiles generales de lo que podría haber hecho un gobierno de la oposición habían quedado claros. Habrían introducido un programa neoliberal, con las consiguientes privatizaciones de las empresas estatales, del tipo aplicado casi universalmente en Latinoamérica. Habrían privatizado la industria del petróleo, retirándose de la OPEP, interrumpiendo las ventas de petróleo barato a Cuba y aumentando la producción.

El error de la oposición fue creerse su propia propaganda, creencia reforzada por batallones de periodistas bien pagados. Como las manifestaciones de protesta contra el gobierno habían sido tan desacostumbradamente amplias, y como las encuestas de opinión a principios de año parecían indicar un declive del apoyo a Chávez, en las clases media y alta y entre sus portavoces y columnistas había surgido una sensación de euforia, haciéndoles creer que bastaba un empujoncito para precipitar la caída del presidente.

Pero en la práctica las encuestas de opinión en los países del Tercer Mundo no ofrecen ninguna garantía de exactitud, ya que los encuestadores raramente acuden a las áreas donde vive la gran mayoría de la población. Las manifestaciones de protesta tampoco son una prueba fiable. Pueden ser muy amplias, pero eso no significa necesariamente que ese síntoma de descontento se traduzca en votos. Los periodistas y comentaristas de Caracas no estaban acostumbrados a salir por ahí para hacer su propia investigación sobre el estado de la opinión pública. Su fracaso, y el de los medios en general, se convirtió en una cuestión importante de la agenda nacional en los meses siguientes.

XXXIV

«Los cuatro jinetes del Apocalipsis»: la guerra de los medios de comunicación

Pocas instituciones venezolanas fueron examinadas con tanto detalle tras el golpe de abril como los medios de comunicación. Los propietarios y directores de los periódicos y canales de televisión privados habían desempeñado claramente un papel muy significativo, fomentando el golpe e influyendo sobre los acontecimientos mientras éstos se desarrollaban, tanto con su ausencia como con su presencia. El gobierno denunció el golpe «mediático», y pronto se convirtió en un caso modelo de cómo no se debían comportar los medios, discutido internacionalmente.

Los diarios más vendidos en Caracas, en particular *El Universal* y *El Nacional,* son periódicos conservadores tradicionales del tipo de los que existen en la mayoría de los países latinoamericanos. Reflejan las ideas reaccionarias de la elite comercial y financiera, y expresan una cálida simpatía y apoyo al mundo político y cultural de Estados Unidos. Aunque sus propietarios reconocieron en los años noventa que el antiguo régimen estaba llegando a su fin, y pensaron que el coronel Chávez podía ser quizá un instrumento conveniente para inaugurar una nueva era no demasiado diferente a la anterior, se habían distanciado rápidamente de su gobierno durante los primeros meses de mandato, cuando el debate sobre la Constitución reveló el surgimiento de una

Venezuela nueva y más radical. Entendían acertadamente que Chávez pretendía romper el molde.

Dado que no había sobrevivido ningún partido político lo bastante poderoso como para oponerse a Chávez, durante el año que precedió al golpe de abril, los diarios de Caracas se habían movido de hecho en el vacío, asumiendo un papel político decisivo. En los años precedentes sus propietarios y directores habían estado estrechamente relacionados, mediante vínculos familiares y financieros, con Acción Democrática. Con el hundimiento de su vehículo político preferido, y desbordando todas las normas internacionalmente aceptadas de juego limpio y objetividad, hicieron una campaña incesante contra el presidente electo.

Poco familiarizados con las técnicas del reportaje, esos periódicos raramente enviaban periodistas a los ranchitos o al campo para descubrir lo que estaba sucediendo realmente. Un escuadrón de columnistas regulares, cuyas actitudes sociales y políticas olían a biblioteca cerrada y se remontaban al siglo XIX, marcaban el tono. Indudablemente, sus comentarios reflejaban las opiniones mal informadas de gran parte de las clases media y alta del país, pero también eran los líderes de la opinión pública, y contribuyeron a crear un clima en el que un golpe de estilo Pinochet habría resultado admisible y bienvenido.

Entre las consecuencias más perniciosas de esa instilación continua de veneno de los periódicos locales estaba su impacto sobre la prensa internacional. Como los periodistas extranjeros en Caracas han vivido siempre en los barrios burgueses de la ciudad, absorbiendo las opiniones y actitudes de sus vecinos y los periódicos que leían, gran parte de la agenda reaccionaria de la elite blanca pasó a formar parte de los informes en el extranjero sobre Venezuela, y en particular sobre Chávez, al que las agencias se referían como «un coronel incendiario». Así, la imagen de la revolución bolivariana que llegaba al mundo exterior estaba seriamente distorsionada por los textos escritos por un puñado de periodistas extranjeros, en particular los que escribían para *Le Monde* y *Libération* en Francia, *The Economist* y *The Financial Times* en Gran Bretaña, o *El País* y *El Mundo* en España, así como, evidentemente, el *Washington Post* y el *New York Times*. Rara vez han transmitido y analizado tan inadecuadamente los medios extranjeros los acontecimientos políticos en un país importante, uno de los mayores productores de petróleo del mundo occidental.

Particularmente importante en esa distorsión de la realidad fue el uso de encuestas de opinión dudosa, tanto por la prensa local como por la extranjera, creando un clima en el que suponía siempre que el apoyo a Chávez había descendido por debajo del 40 por 100, y que, por tanto, las grandes manifestaciones de masas de la oposición en las calles representaba una mayoría hostil que no cabía ignorar. Nunca se explicó a los lectores que las encuestas de opinión no reflejaban las opiniones de la población de los ranchitos y áreas rurales, ni tampoco estaba claro si el 60 por 100 supuestamente hostil a Chávez apoyaba realmente a la oposición.

Si los periódicos eran hostiles, los canales de televisión privados eran abiertamente subversivos. Sus propietarios estaban estrechamente relacionados con los planificadores del golpe de abril, y gran parte de las acciones emprendidas durante los dos días que duró quedaron reflejadas (o no, según convenía) en el espejo deformante de la televisión. El primer día, los canales dieron prioridad a la manifestación de la oposición, difundiendo la falsa noticia de que sólo los seguidores de Chávez habían disparado y la aún más falsa de que Chávez había dimitido. El segundo día, los propietarios de los medios visitaron el palacio de Miraflores para expresar su solidaridad al presidente Carmona y luego, cuando el golpe fracasó, sus canales de televisión abandonaron toda pretensión de objetividad. Se negaron a filmar a la multitud que bajaba de los cerros para exigir el regreso de su presidente y se limitaron a mostrar dibujos animados y viejas películas.

Una vez que regresó al poder, Chávez describió con cierta justificación a los cuatro canales de televisión privada del país como «los cuatro jinetes del apocalipsis». Sus propietarios estaban entre los individuos más ricos del país y emplearon su poder con una terrible falta de responsabilidad social. Venevisión, el canal con mayor audiencia, es propiedad de Gustavo Cisneros, amigo de Felipe González, descrito a veces como el «rey de las empresas de riesgos compartidos». Inmensamente rico, estrechamente vinculado a grupos políticos y comerciales de Estados Unidos, Cisneros construyó su imperio mediante alianzas con multinacionales estadounidenses, empezando con Pepsi-Cola para pasar a Coca-Cola y Pizza Hut y terminando con AOL Warner*.

---

* Entre sus amistades se cuentan Carlos Andrés Pérez, Isabel Preysler, Miguel Boyer, la diseñadora Carolina Herrera, el rey Juan Carlos y los ex presidentes del gobierno español Felipe González y José María Aznar *(N. del T.)*.

Radio Caracas Televisión (RCTV), un canal famoso por sus culebrones, está dirigida por Marcel Graniers, un multimillonario cuya gran afición es coleccionar Ferraris. Un tercer canal, Globovisión, dirigido por Alberto Federico Ravell y Ricardo Zuluaga, ambos destacados prebostes de Acción Democrática. El canal de Globovisión «24 horas de Información» es incansablemente hostil al gobierno, mientras que su canal ordinario programa debates muy semejantes a las columnas de opinión-propaganda de los periódicos. El cuarto canal privado, Televen, es propiedad de Omar Camero.

Los dos principales periódicos de Caracas estaban (y están) dirigidos también por gente antiguamente asociada con Acción Democrática. Andrés Mata es el director de *El Universal* y Miguel Henrique Otero el de *El Nacional*. Esos diarios de Caracas constituyen un caso especial, ya que en otras zonas del país los periódicos suelen adoptar un tono más neutral, como es el caso de *Panorama,* un periódico desconocido para la mayoría de los observadores extranjeros pero que es el segundo en difusión en el país; se publica en la ciudad petrolera de Maracaibo y mantiene una línea notablemente independiente. *Panorama* pertenece a una familia muy acomodada; en las semanas posteriores al golpe volé a Maracaibo para hablar con Esteban Piñeda Velloso, el único propietario de un periódico en Venezuela que se negó a unirse a los demás medios en la exigencia a Chávez de que renunciara.

Es fácil ver por qué *Panorama* tiene tanto éxito. El día del golpe, cuando los periódicos de Caracas cerraron durante veinticuatro horas sorprendidos por la derrota del golpe que habían promovido, *Panorama* siguió en marcha, sacando a la calle cuatro ediciones distintas para informar de cada fase del regreso al poder de Chávez.

Piñeda, uno de los más destacados y exitosos empresarios de Maracaibo, me contó cómo los otros magnates de la prensa habían tratado de arrastrarlo a su conspiración para derrocar al presidente. Se negó a unirse a ellos y tras el golpe de abril se retiró del Bloque de Prensa, la asociación nacional de editores de periódicos, como protesta por su declarado entusiasmo por el golpe.

Aunque su periódico, muy leído por los militares, no hizo campaña por Chávez, Piñeda opina que el presidente estaba deseoso de hacer algo para el 80 por 100 de la población más pobre. Fue una de las pocas personas con las que me encontré aquel año optimista sobre el futuro. Pensaba que un «golpe económico» dañaría más a los hombres de negocios que participaran en él que a Chávez, y creía que los esfuerzos de la oposición por librarse del presidente por medios constitucionales estaban destinados a fracasar. Tenía razón.

XXXV

El segundo intento de la oposición: el «golpe económico» de diciembre de 2002

En los meses posteriores al fallido golpe de abril de 2002, amplios sectores de las clases media y alta siguieron organizando en sus ricas zonas residenciales ruidosas protestas contra el gobierno. Como respuesta, los pobres bajaban de los cerros a intervalos regulares para demostrar su lealtad a «su» presidente. El dudoso estado de ánimo del país, demostrado en 2001, se prolongó durante 2002. La oposición, no escarmentada por su fracaso en abril, adoptó de nuevo la estrategia de una huelga general, convocada para el 2 de diciembre.

Esta vez los esfuerzos de la oposición, consciente de que contaba con escaso apoyo en el gran sector de la población constituido por los trabajadores no organizados y autoempleados, se volcaron en crear el caos en la industria petrolera. Planearon interrumpir totalmente la producción de Petróleos de Venezuela. La huelga, a la que más bien habría que llamar «lockout», ya que la convocó Fedecámaras y afectó a los directivos y empleados administrativos más que a los trabajadores, estaba destinada a provocar un colapso económico y con él la renuncia de Chávez. El eslogan de la oposición era «Navidad sin Chávez». Éste era el «golpe económico» que venía gestándose desde abril.

Pero la oposición pronto descubrió que la situación ya no les era tan favorable. Las fuerzas armadas estaban ahora más unidas con el presidente que antes, ya que los generales conservadores implicados en el golpe habían pasado a la reserva y ahora sólo podían conspirar desde fuera.

La situación internacional también era diferente. Estados Unidos había recibido con alegría el golpe de abril, pero en diciembre tenía problemas más importantes en otros lugares: quedaban pocos meses para la invasión de Iraq. Washington se vio obligado a mostrar mayor circunspección y se pronunció públicamente a favor de negociaciones formales entre gobierno y oposición patrocinadas por la Organización de Estados Americanos, iniciadas en noviembre 2002 bajo la presidencia de César Gaviria —antiguo presidente de Colombia y dirigente de la OEA—, y bendecidas por el antiguo presidente estadounidense Jimmy Carter. El mundo exterior deseaba fervorosamente una solución negociada para la crisis política y social de Venezuela, aunque dentro hubiera más reticencias.

Más importante que el cambio de actitud de los militares y de Estados Unidos fue la creciente movilización de los pobres. Éstos habían votado repetidamente por Chávez desde 1998, pero su programa revolucionario se había desarrollado en gran medida desde arriba, sin mucha participación popular. Tras el golpe de abril, muchos de los menos privilegiados percibieron que el gobierno precisaba apoyo. Las repetidas manifestaciones de protesta de la oposición tuvieron un efecto inesperado, al provocar un fenómeno que la mayor parte de las clases media y alta habrían preferido evitar, el despertar de la conciencia política de los pobres y el fantasma de una guerra de clases y de razas.

Los portavoces de la oposición se quejaban de que Chávez era un izquierdista incompetente que llevaba el país a un caos económico, pero bajo el odio acrecentado de la clase dominante tradicional estaba el terror de esa elite blanca enfrentada a la masa movilizada de la mayoría de la población venezolana: negros, indios y mestizos. Aunque la diferencia de clase desempeñaba un papel importante, era el racismo lo que explicaba el grado de odio contra la revolución bolivariana en 2002. Ese racismo venezolano era viejo y nuevo. A cierto nivel se remontaba a cinco siglos atrás, dirigido por los colonizadores europeos hacia sus esclavos africanos y los habitantes indígenas del país, pero a éste se sumaba el racismo de las nuevas generaciones de blancos europeos llegados durante el siglo XX, atraídos por la promesa económica de la industria petrolera. Esa gente estaba todavía poco vinculada al país que los había acogido y a menudo ignoraban su realidad humana. Chávez –que no escondía su propósito de ser el presidente de los pobres– se convirtió en el foco de su rabia racista. Pero los ricos eran pocos y los pobres muchos. Si éstos se movilizaban, los ricos se verían desbordados por el número.

Aun así, la oposición creía contar con todos los triunfos en Petróleos de Venezuela. Esa compañía estatal, nacionalizada más de veinticinco años antes, había sido gestionada siempre en beneficio de sus directivos y empleados, invirtiendo sus beneficios en cualquier otro lugar excepto en Venezuela. Antes de la llegada de Chávez al poder se preparaba para la privatización, con gran satisfacción de la mayoría de sus ingenieros y directivos, potenciales beneficiarios de esa operación. Chávez bloqueó esa posibilidad, ya que la nueva Constitución de 1999 impedía la privatización. La elite, ahora desesperada de la empresa estatal, se alistó entusiasmada en las tropas de choque de la oposición. Cuando se convocó la huelga general en diciembre, los directores de la compañía petrolera hicieron cuanto pudieron para detener el funcionamiento de toda la industria. Como el resto de la oposición, querían provocar un cambio de régimen.

Pero no esperaban lo que sucedió. Chávez había preparado bien el terreno. El 6 de diciembre, al final de la primera semana de huelga, celebró el cuarto aniversario de su victoria electoral en diciembre de 1998. En abril había demostrado una capacidad propia de Houdini de escapar de una situación difícil. Esta vez, les dijo a los oyentes que no iba a permitir que lo sorprendieran. El gobierno sabía lo que iba a suceder y había preparado sus planes.

Éstos funcionaron bien, y a medida que transcurría diciembre, la oposición se vio cada vez más frustrada por la ausencia de impacto político de su huelga. La gran masa de la población aceptó con ecuanimidad la escasez de alimentos, los apagones eléctricos, la escasez de petróleo y los fallos en los transportes. A finales de diciembre, Chávez respondió con vigor, dejando a la oposición –que nunca había esperado que su huelga durará hasta Navidad– dividida y sin líderes y con un futuro incierto.

El gobierno, sin embargo, no había anticipado la extensión de la huelga a dos áreas de actividad de la compañía petrolera: la flota de petroleros y la tecnología informatizada. Muchos capitanes de los petroleros venezolanos se unieron a la huelga, y llevó cierto tiempo sustituirlos y poner sus barcos a cargo de nuevas tripulaciones. Evitar el sabotaje de los ordenadores fue aún más difícil. Chávez explicó la amplitud del sabotaje en un discurso a primeros de enero de 2003:

> Allá en Oriente, por ejemplo, detectaron nuestros técnicos lo siguiente: sabotearon cambiando los puntos de ajuste de los sistemas de control, por ejemplo, unos sistemas de control que tienen allí introducida en las computadoras una variable para que la temperatura en unas calderas o en unas plantas no pase de 600 grados por ejemplo el techo de la temperatura. Por encima de 600 grados entra en riesgo la planta.
>
> Bueno, estos señores no sólo abandonaron su responsabilidad, sino que antes de irse cambiaron los puntos de ajuste, es decir, en este ejemplo que les traigo elevaron el techo de 600 grados a 800 grados centígrados. ¿Qué hubiese pasado si nuestros técnicos patriotas y bien capacitados no chequean bien estos sistemas de control y sus puntos de ajuste? ¿Y si arrancan los sistemas y las válvulas y todo el sistema operacional? Lo que hubiese ocurrido es que cuando la temperatura hubiese pasado de 600 grados, al llegar a 800, se hubiese generado un desastre, una explosión.

El sabotaje, como la propia huelga, tuvo el resultado opuesto al que se esperaba. Chávez era muy consciente de que la pretensión de la oposición de paralizar la industria petrolera —emblema del país para todos los nacionalistas— no era popular entre las Fuerzas Armadas. A principios de enero, los mandos del Ejército le dieron carta blanca para aplastar la huelga. El ejército comenzó a vigilar las instalaciones, los puertos y los oleoductos.

Tras la derrota de la huelga, la tarea esencial era poner de nuevo Petróleos de Venezuela bajo control gubernamental. Se destituyó a los directores de la empresa y se reorganizó todo su estructura. Se dividió en dos entidades regionales y se cerraron sus oficinas centrales en Caracas. El ministro del Petróleo aseguró, optimista, que la producción de petróleo volvería a su nivel normal en el plazo de un mes. Chávez perfiló los cambios a realizar en las empresas y su dirección en un discurso pronunciado en Caracas el 5 de enero de 2003:

Hemos tomado la trascendental decisión de emprender una profunda reestructuración de nuestra empresa Petróleos de Venezuela para hacerla más fuerte y eficiente, más adecuada a los intereses de la nación y no de un grupito de privilegiados que hubieran querido ver eternizadas sus prebendas.

Esos ejecutivos, dijo Chávez, habían sido despedidos. Ahora serían legalmente responsables por «sus desmanes y desafueros». La dirección conservadora fue sustituida por ejecutivos radicales forjados en anteriores luchas internas. Los directores más antiguos no fueron los únicos que perdieron su empleo. En un primer momento se despidió también a 1.000 huelguistas, luego a 2.000 y finalmente a 18.000, casi la mitad de los 40.000 empleados.

Alí Rodríguez describió la magnitud del problema en una entrevista con el escritor estadounidense Greg Wilpert en julio de 2004:

Casi 19.000 personas dejaron Petróleos de Venezuela, y entre ellas estaban la mayoría de los que gestionaban todas las operaciones de la corporación: exploración, producción, transporte, refinado, comercio, ventas y finanzas. Esto supuso obviamente un problema en la reconstrucción de todos esos sistemas.

Petróleos de Venezuela tenía sin duda un exceso de personal, pero adelgazar el negocio habría sido políticamente imposible si los gestores no se hubieran puesto en huelga. Como habían abandonado sus obligaciones durante sesenta y dos días consecutivos, fueron legalmente despedidos, según los términos del artículo 102 de la Ley Orgánica del Trabajo. Alí Rodríguez explicó cómo se les había sustituido:

Pese a perder todos esos empleados, entre los que había gente muy especializada con larga experiencia en la empresa, los trabajadores de la compañía pudieron sustituirlos [...]. También contamos con la reincorporación de empleados jubilados. Una característica de la industria del petróleo ha sido que, en muchos casos, la gente se retiraba cuando todavía era joven y se iba a trabajar a otras empresas, dentro y fuera del país, a menudo como consultores...

Chávez, con la confianza acrecentada, prosiguió una vigorosa campaña contra los huelguistas en otros sectores en una serie de discursos en enero de 2003. Anunció que se enviaría a las tropas para detener el acaparamiento de comida y para mantener abiertas las escuelas y los bancos. También amenazó con revocar las licencias de los cuatro canales de televisión privados que habían hecho campaña activa por su derrocamiento. El periodo de diálogo y conciliación iniciado tras el fallido intento de golpe en abril del año anterior se había acabado. El daño a la economía había sido devastador y el gobierno se vio obligado a imponer un control de precios y de cambios en un intento de evitar la huida de capitales.

Este cambio en el estado de ánimo en Venezuela reflejaba un cambio radical en otros países de Latinoamérica, junto con una atmósfera de incertidumbre en Washington. La elección de presidentes de izquierda en Brasil y Ecuador proporcionó una esperanza a Chávez, aunque no necesariamente indefinida. Luiz Inácio da Silva (Lula) entró en funciones en Brasilia el día de Año Nuevo de 2003, y Lucio Gutiérrez (otro antiguo coronel progresista) en Quito pocos días después. De hecho, en la reunión de presidentes latinoamericanos en Ecuador para la ceremonia de toma de posesión se formó un grupo de «amigos de Venezuela», destinado a encontrar una solución pacífica a la crisis venezolana mediante los buenos oficios de la Organización de Estados Americanos.

Entretanto, en Washington seguía sonando la trompeta con un tono incierto. Otto Reich no consiguió el apoyo del Congreso para su nombramiento como jefe de Operaciones en Latinoamérica, lo que constituyó un golpe para los neoconservadores del gobierno estadounidense, como lo fue la dimisión del ministro de Asuntos Exteriores mexicano, Jorge Castañeda, conocido por sus simpatías hacia Estados Unidos. Los demócratas comenzaron a hacerse oír en el Congreso estadounidense, y un grupo de ellos llegó con un mensaje de apoyo a Chávez.

Para desesperación de la oposición, Chávez inició una radicalización de lo que siempre había entendido como una «revolución». Los pobres del país se movilizaron tras él de una forma inimaginable un año antes. Cuando varias escuelas se unieron a la huelga, los padres y alumnos se organizaron en las barriadas para mantenerlas abiertas. Bancos, periódicos y canales de televisión comenzaron por primera vez a sentirse seriamente preocupados por la amenaza de expropiación.

La oposición, aun cogida con el pie cambiado, seguía siendo una fuerza formidable, un extraño surtido de políticos y sindicalistas desacreditados del *ancien régime,* ejecutivos de PdVSA, importantes intereses empresariales, magnates de los medios de comunicación y grandes franjas de una clase media con los pies en Venezuela pero el corazón en Estados Unidos. Pero el fracaso de la huelga de diciembre los había dejado descorazonados. Chávez había conseguido derrotarlos de nuevo convocando a las clases bajas olvidadas del país, desencadenando fuerzas que a él mismo, por no hablar de otros gobiernos, le sería difícil volver a meter en la botella. Venezuela estaba cambiando ostensiblemente.

XXXVI

Proporcionar alimento y educación al pueblo: el desarrollo de las «misiones» en 2003-2004

La derrota de la huelga del petróleo y el restablecimiento del control gubernamental sobre PdVSA iniciaron una fase completamente nueva y aún más radical en el desarrollo de la revolución bolivariana. Por primera vez el gobierno pudo hacerse cargo de los oleoductos de la nación y llevarlos, por decirlo así, directamente hasta los ranchitos y las áreas rurales. En el transcurso de 2003 enormes sumas de dinero del petróleo fueron aplicadas a nuevos e imaginativos programas sociales, conocidos como «misiones», que se fueron estableciendo gradualmente en todo el país.

Esas «misiones» han combatido el analfabetismo, han proporcionado educación a los fracasados en las escuelas, han promovido el empleo, han proporcionado alimentos baratos y han extendido los servicios médicos gratuitos a las áreas pobres de las ciudades y el campo, con la ayuda de miles de médicos cubanos. Los edificios de Petróleos de Venezuela en Caracas, vaciados de sus burócratas, se han convertido en el cuartel general de una nueva universidad «bolivariana» para los pobres, y el dinero del petróleo se está utilizando para establecer Vive, un canal novedoso de televisión cultural que comenzó a romper el molde estadounidense tradicional de los medios de comunicación latinoamericanos.

Las misiones se crearon para superar el letargo burocrático del Estado, cuya Administración había permanecido en gran medida en manos de la oposición. Así, las misiones educativas no fueron gestionadas inicialmente por el Ministerio de Educación, ni las sanitarias por el Ministerio de Sanidad. Fueron el producto singular de la revolución bolivariana, desarrollado fuera de las instituciones del *ancien régime*. La sensación de compromiso y entusiasmo que generaron recordaban la atmósfera de los primeros años de la revolución cubana en la década de 1960.

La más importante fue *Misión Barrio Adentro*, un extraordinario programa sanitario a cargo de médicos cubanos en los barrios más pobres de Caracas y otras ciudades, extendiéndose hasta áreas olvidadas del campo. Cuba venía exportando médicos a todo el Tercer Mundo desde hacía muchos años, y en la década de 1990 más de 40.000 de ellos trabajaban en distintos países de África y Latinoamérica. Venezuela se ha beneficiado de ese programa desde 1999, cuando un par de centenares de médicos cubanos llegaron para establecer algunos centros sanitarios.

A principios de 2003 se inició un nuevo programa ampliado bajo los auspicios de Freddy Bernal, el dinámico alcalde de Libertador, el mayor distrito municipal de gran Caracas. Más de 8.000 médicos llegaron de Cuba, y trabajando en parejas establecieron instalaciones en los cerros, alojándose inicialmente en casas del pueblo y trabajando en centros comunitarios. Un año después muchos de ellos ya trabajaban en instalaciones recién construidas. Durante el segundo año el número de médicos cubanos aumentó hasta más de 13.000, que trabajaban junto con 5.000 asistentes sanitarios venezolanos. Al mismo tiempo se enviaba a Cuba a pacientes venezolanos para ser sometidos a tratamiento médico avanzado, mientras que cientos de jóvenes venezolanos llegaban a Cuba a estudiar.

El impacto político de esos programas fue inmediato y muy beneficioso para el gobierno de Chávez. Otros gobiernos anteriores, en particular en los años setenta, habían tratado de hacer algo parecido, pero los ambulatorios de aquella época no eran más que un recuerdo a finales de siglo. La escala de *Barrio Adentro* era algo totalmente nuevo. En 2003 y 2004 visité varios de sus centros de salud dirigidos por cubanos, tanto en ciudades como en el campo, y el entusiasmo y compromiso de los cubanos y su cálida acogida por la población local eran claras indicaciones del avance de la revolución. Muchos de esos cubanos habían trabajado ya en países del Tercer Mundo –Haití, Honduras, Gambia y Angola– y ésta era su primera oportunidad de ver una sociedad latinoamericana tan dramáticamente dividida entre ricos y pobres. Proporcionaban servicios sanitarios veinticuatro horas al día, una semana tras otra, y pronto se habían convertido en instituciones familiares en los barrios.

Los domicilios improvisados del primer año fueron sustituidos en 2004 por edificios de ladrillo hexagonales de dos pisos con una clínica en la planta baja y habitaciones para vivir en la superior. A los doctores se les pagaba el equivalente a 250 dólares al mes para sus gastos locales, mientras que las medicinas eran proporcionadas gratuitamente por Cuba. Ponían un énfasis particular en la medicina preventiva y en el segundo año ya pudieron ofrecer tratamiento odontológico y oftalmológico.

Un segundo programa, *Misión Robinson*, fue una campaña de alfabetización destinada en primera instancia a enseñar a leer y a escribir y a usar las operaciones aritméticas a un millón de personas. Aunque ésta quedó a cargo de venezolanos, su inspiración fueron los primeros triunfos de la revolución cubana en 1961. *Misión Robinson* se benefició de la reciente experiencia cubana en ese campo en otros países del Tercer Mundo. Allí donde en otro tiempo los estudiantes cubanos iban con lápices y cuadernos, a los venezolanos se les proporcionó (desde Cuba) aparatos de televisión, grabadores de vídeo y gafas para leer, así como los manuales impresos (algunos de ellos traducidos a las lenguas indígenas) necesarios para una campaña masiva de alfabetización en el siglo XXI. El nombre del proyecto provenía de Samuel Robinson, el seudónimo que adoptó Simón Rodríguez como homenaje a Robinson Crusoe.

Otro programa educativo, *Misión Ribas,* estaba destinado a proporcionar instrucción a los jóvenes que habían fracasado en la escuela –problema muy serio en la mayoría de los países del Tercer Mundo– y que deseaban proseguir su educación secundaria. En 2004 se enrolaron unos 600.000 estudiantes en ese programa de enseñanza nocturna, pagándoles un pequeño estipendio. Se les enseñaba gramática, matemáticas, geografía y una segunda lengua. Estaba previsto que esos cursos duraran dos años.

Misión Ribas recibió su nombre de otra distinguida figura de principios del siglo XIX, José Félix Ribas, combatiente en las guerras de la independencia, que nació en 1775 y se casó con Josefa Palacios, tía de Bolívar. Luchó en la batalla de La Victoria en 1814, y aún se recuerda su frase en aquella ocasión: «No podemos elegir entre la victoria o la muerte, tenemos que ganar». Al año siguiente fue traicionado por un esclavo y capturado por las fuerzas españolas; su cabeza cortada, hervida en aceite, fue enviada a Caracas en una jaula.

Otro proyecto, *Misión Sucre,* con el nombre del líder de la independencia en Bolivia, estaba dirigido a quienes contaban con un título escolar (o el de *Misión Ribas*) y necesitaban una preparación adicional antes de entrar en la universidad. Unos 70.000 estudiantes participaron en ese programa durante su primer año de funcionamiento.

Otro programa, *Misión Vuelvan Caras,* está destinado a ayudar a los desempleados. A los estudiantes que habían pasado por *Misión Ribas* y *Misión Sucre* se les proporciona ayuda para encontrar trabajo, con el propósito de reducir el desempleo en el primer año en un 5 por 100.

Durante 2004 se desarrollaron otras misiones con objetivos específicos. *Misión Identidad* impulsó el registro de los votantes, con el propósito de que toda la población quedara inscrita en el censo electoral. Al tiempo que se localizaba a los habitantes sin papeles, se les proporcionaron igualmente a los cientos de miles de extranjeros que llevaban muchos años viviendo en Venezuela, para que quedaran formalmente nacionalizados y gozaran del derecho de voto. La mayoría de esos sin papeles provenían de Colombia y Ecuador, pero muchos eran europeos que no se habían preocupado por registrarse antes.

Otras tres misiones están destinadas a las áreas rurales: *Misión Zamora* era un programa para la atención a los campesinos; *Misión Piar* atendía a los problemas de las comunidades mineras y *Misión Guaicaipuro* a los grupos indígenas. Finalmente, *Misión Mercado* se creó para construir y gestionar supermercados que proporcionasen comida barata a la población urbana.

La oposición criticó duramente los nuevos proyectos durante el primer año, calificándolos de «populistas» –término que suelen usar con un tono peyorativo los sociólogos latinoamericanos–; pero frente a la tragedia de la extrema pobreza y el menosprecio en un país con una renta del petróleo que rivaliza con la de Arabia Saudí, era difícil entender por qué un gobierno elegido democráticamente no podía desarrollar programas de choque para ayudar a los más desfavorecidos. En cualquier caso, tuvieron tanto éxito que hasta los portavoces de oposición se vieron obligados a admitir —durante la campaña electoral de 2004— que seguirían dedicando una partida del presupuesto a la mayoría de esos proyectos si salían elegidos.

XXXVII

El tercer intento de la oposición: el referéndum revocatorio de agosto de 2004

Desde que el programa radical de la revolución bolivariana se concretó en las «49 leyes» de noviembre de 2002, la oposición a Chávez ha venido intentando derrocarlo. Organizaron un golpe de Estado en abril de 2002 y una huelga de la empresa estatal Petróleos de Venezuela en diciembre de ese mismo año. Ambas fracasaron y entonces se quedaron sin estrategia. ¿Qué otra cosa podían hacer?

En 2003 surgió otra posibilidad: una campaña por un referéndum, previsto por la Constitución, para revocar el mandato del presidente. Si la oposición era capaz de obtener las firmas del 20 por 100 de los electores registrados, se podría convocar un referéndum preguntando si Chávez debía continuar como presidente o renunciar. La oposición, ahora unida en la organización común denominada Coordinadora Democrática, confiaba en que podría superar tal desafío.

Recurrió para que les ayudara al antiguo presidente estadounidense Jimmy Carter. El Centro Carter de Atlanta se había especializado en controlar campañas electorales en países distantes y en verificar sus resultados. El propio Carter intervino activamente en la prolongada crisis política venezolana durante la huelga del petróleo y presentó varias iniciativas junto con la Organización de Estados Americanos. Visitó

Caracas en enero de 2003 y de nuevo en mayo y apoyó finalmente la idea de que la oposición organizara la recogida de firmas en lo que se denominó «referéndum revocatorio».

En diciembre de 2003, tras varios meses de campaña, tuvo lugar la recogida de firmas por todo el país durante un periodo de cuatro días. Se colocaron mesas en calles y mercados y el acontecimiento tuvo lugar en un ambiente de orgullo cívico. Al concluir, la oposición aseguró haber reunido 3.477.000 firmas, lo bastante para exigir la convocatoria del referéndum.

El gobierno, por su parte, insistió en que había habido fraude. El Consejo Nacional Electoral (CNE) tomó nota de esa reclamación y comenzó un intenso escrutinio de las listas de firmantes. Tras muchas discusiones, el CNE dictaminó que sólo 1.911.000 firmas eran legítimas. Del resto, 375.000 fueron consideradas inválidas y 1.200.000 de dudosa legitimidad. Para conseguir la cifra del 20 por 100 requerida para la convocatoria del referéndum, unas 525.000 firmas «dudosas» debían ser legitimadas mediante un nuevo escrutinio.

Tras varios meses de porfía entre gobierno y oposición durante el primer semestre de 2004, ambas partes acordaron que se permitiera a los firmantes revalidar sus firmas, y ese procedimiento formal tuvo lugar durante un periodo de tres días a finales de mayo de 2004. El 3 de junio el CNE anunció el resultado: había firmas suficientes en apoyo de la convocatoria del referéndum.

Para sorpresa general, Chávez aceptó con gusto el reto. Dijo que le complacía, apuntando que él mismo había propuesto la introducción de la cláusula del referéndum en la Constitución. En la práctica, sabía que se hallaba en una posición fuerte, y su campaña sacudió el país como un torbellino. Recurrió a toda su capacidad como estratega militar y como organizador político. Impulsó el registro de los votantes, en una campaña que recordaba el intento de censar a los negros en Estados Unidos en los años sesenta, y eso produjo cientos de miles de nuevos votantes. Como se ha mencionado ya, también promovió la concesión de la ciudadanía a los inmigrantes que llevaban mucho tiempo viviendo en Venezuela. Miles de esos inmigrantes permanecían al margen de cualquier censo; ahora no sólo se les permitió, sino que les animó a adquirir la ciudadanía, y la mayoría de ellos, evidentemente, se pusieron de parte de Chávez. El CNE calculó que en los meses anteriores al referéndum se registraron entre dos y tres millones de votantes. Cuando la campaña del referéndum se puso en marcha, los chavistas estaban organizados para patrullar con la mayor eficiencia los barrios y las áreas más remotas del país en busca de votos.

Una ventaja inesperada para Chávez en 2004 fue el espectacular y casi continuo aumento del precio mundial del petróleo, hasta casi 50 dólares el barril —con lo que casi se quintuplicaron los incrementos producidos en muchos años—, como consecuencia de la guerra de Estados Unidos en Iraq, la disminución general de la oferta mundial de petróleo y la acrecentada demanda de China e India. La firme actitud de la OPEP, impulsada por Venezuela, también desempeñó un papel importante. Gran parte de esa renta extra del petróleo fue a parar a las diversas misiones sanitarias y educativas en los barrios más pobres, algo que se convirtió sin duda en un potente estímulo para el voto a favor de Chávez.

La imagen de Chávez en Venezuela también mejoró como consecuencia del cambio de actitud política hacia él en el extranjero, en particular en Latinoamérica. Tras casi seis años en el poder, armado con poco más que retórica revolucionaria y lo que era, después de todo, poco más que un programa socialdemócrata moderado, Chávez se convirtió en líder de la emergente oposición latinoamericana a la hegemonía neoliberal de Estados Unidos. Otros presidentes ansiaban ser fotografiados junto a él para compartir el reflejo de su gloria. Mejoró las relaciones con Colombia y Chile, hasta entonces muy frías, y en julio 2004 reforzó sus relaciones amistosas con Brasil y Argentina, firmando un acuerdo de asociación con Mercosur.

Chávez, visto antes por sus vecinos como una pizca estrafalario, aparecía ahora en Latinoamérica como un gran hombre de Estado. Se convirtió en el hombre del momento, recorriendo el continente de un lado a otro. Estrechamente ligado con Castro, comenzó a rivalizar con el líder cubano en sus implacables criticas a George W. Bush, proclamando una estrategia antiimperialista que cae bien a la mayoría de los latinoamericanos. Su mensaje se oía no sólo en Venezuela sino también el resto del continente, donde las elites estaban prácticamente solas en su respaldo a las recetas económicas y políticas diseñadas en Washington. Así retuvo su popularidad, mientras que el apoyo a los dirigentes latinoamericanos abiertamente proestadounidenses —Vicente Fox en México y Alejandro Toledo en Perú– disminuía o desaparecía en la práctica. Hasta el presidente Lula de Brasil, políticamente mucho más cauto, tuvo problemas en las urnas, con la pérdida del control sobre São Paulo y Porto Alegre en las elecciones a gobernadores de estados a finales de 2004.

La oposición venezolana, unida en la Coordinadora Democrática pero dividida políticamente y sin un líder carismático que enfrentar a Chávez en su campaña, siguió comportándose como si su victoria en el referéndum fuera segura. Imaginaba orgullosamente que conseguiría una victoria comparable a la de la oposición a los sandinistas en Nicaragua en 1990. Discutieron los planes para un gobierno pos-Chávez y observaban detalladamente las encuestas de opinión, siempre dudosas y conflictivas, situando sus esperanzas en el «no sabe/no contesta». Pero su campaña proreferéndum fue sosa y mediocre. Simplemente no tenían los suficientes seguidores sobre el terreno para equilibrar el brillo y fervor de los chavistas. Su tercer intento de derrocar el gobierno estaba claramente derrotado mucho antes de que se abrieran los colegios electorales.

El 15 de agosto de 2004, para decepción de la oposición y sorpresa de los observadores internacionales reunidos en Caracas, Chávez obtuvo una victoria aplastante. El referéndum destinado a derrocarlo le proporcionó una abrumadora mayoría. Unas 5.800.600 personas (el 59,95 por 100 del electorado) votaron a favor de que Chávez siguiera siendo presidente, mientras que 3.989.000 (el 40,34 por 100) querían que se fuera. La victoria de Chávez fue la tercera derrota de la oposición en dos años. Protestaron inmediatamente que había habido «fraude», pero nadie les prestó mucha atención, especialmente después de que el resultado fuera respaldado por Jimmy Carter y los observadores de la OEA.

Chávez tenía que ser reconocido ahora como presidente sin discusión, y como para demostrar que el resultado del referéndum no era una casualidad, dos meses después fue seguido por una nueva victoria en las elecciones para alcaldes y gobernadores de estados. Como mostraban los resultados del 31 de octubre, 20 de los 22 estados votaron mayoritariamente por los candidatos chavistas. Juan Barreto, el candidato del gobierno, ganó en la gran Caracas, antes controlada por Alfredo Peña, mientras que Diosdado Cabello ganó en el vecino estado de Miranda, antes gobernado por Eugenio Mendoza. De los estados más importantes, sólo Zulia permanecía todavía en manos de la oposición.

Tras casi seis años en el poder, Chávez se hallaba ahora en una situación inexpugnable sin precedentes. Era un presidente respaldado por el voto popular, contaba con mayoría en la Asamblea Nacional y con el apoyo de casi todos los gobernadores estatales. Ése era el momento que había estado esperando tras largos años de esquivar los intentos de golpe de la oposición. Ahora tenía por fin una oportunidad para poner en práctica su programa y para planear una forma de gobierno más ordenada y menos improvisada. Rápidamente restableció su autoridad y sus credenciales revolucionarias.

En primer lugar, dio los últimos toques al control del gobierno sobre Petróleos de Venezuela, proceso iniciado el año anterior tras el fracaso de la huelga del petróleo. Puso a Rafael Ramírez, ministro de Energía y Minas, al frente de PdVSA, sustituyendo a Alí Rodríguez. La importancia del nombramiento residía en el hecho de que Ramírez mantuvo su puesto como ministro de Energía. Por primera vez, el representante del gobierno elegido democráticamente tenía el control directo sobre Petróleos de Venezuela y sobre el ministerio correspondiente. En cuanto a Alí Rodríguez, arquitecto de tantas reformas de la empresa petrolera y protagonista de tantas batallas, fue nombrado ministro de Asuntos Exteriores. Se le encargó una nueva política exterior basada en el petróleo, con nuevas iniciativas en muchos países, y la puesta en práctica de la reforma burocrática en un ministerio en el que todavía había innumerables hombres y mujeres de la era anterior.

A continuación, Chávez dirigió su atención a los gobernadores estatales recién elegidos. Se esperaba que prepararan planes de desarrollo para sus estados que serían estudiados por una nueva institución, el Ente Coordinador de la Presidencia, que elaboraría un programa para la siguiente etapa de la revolución bolivariana. Entretanto, se les urgió a avanzar en la reforma agraria, que permanecía estancada desde 2002.

El tercer cambio importante fue la nueva reforma del poder judicial. El Tribunal Supremo y su composición eran un tema controvertido entre gobierno y oposición desde que ese Tribunal decidió no procesar siquiera a los conspiradores de abril de 2002. La Asamblea Nacional acordó ampliar el Tribunal Supremo, nombrando diecisiete nuevos jueces y elevando así el total de veinte a treinta y dos. Con esa ampliación, el gobierno esperaba acelerar y limpiar el corrupto e ineficiente sistema judicial. Como cabía esperar, los portavoces de la oposición protestaron diciendo que eso conduciría al control gubernamental sobre el Tribunal Supremo, y los implicados en el golpe de abril comenzaron a consultar a sus abogados.

Un cuarto cambio en el frente interno fue una actitud más firme del gobierno frente a a la delincuencia de los medios de comunicación de propiedad privada. La Asamblea Nacional aprobó una nueva ley sobre los medios para regular el comportamiento de la radio, la televisión y los periódicos. La oposición y sus aliados internacionales expresaron su preocupación por la libertad de prensa, aunque las nuevas leyes sólo introducían en Venezuela normas similares a las de cualquier país de Europa occidental. Samuel Moncada, el ministro de Educación Superior, educado en Oxford, señaló que esas leyes estaban destinadas a crear un «control democrático sobre los medios».

Mientras la oposición y los medios debatían esos cambios, Chávez se retiró prudentemente de la escena doméstica en noviembre y diciembre de 2004, a fin de restablecer sus alianzas con amigos distantes en el negocio del petróleo. Viajó a España, Libia, Rusia, Irán y Qatar, tratando de consolidar el compromiso de la OPEP de mantener estable el precio del petróleo, y de confirmar que la recuperación por Vladimir Putin de la antigua industria petrolífera propiedad del estado soviético —privatizada en la era Yeltsin y entregada a mafias gangsteriles— supondría un apoyo al menos tácito a los objetivos de la OPEP. No se vio decepcionado. Rusia invertiría en la modernización de la industria petrolífera venezolana y también vendería helicópteros y fusiles de asalto a sus fuerzas armadas. Irán prometió mayor cooperación, mientras que España, con el nuevo gobierno socialista, también se mostró propicia a la colaboración. Los españoles deseaban borrar el recuerdo del apoyo del gobierno de Aznar al golpe de abril. En Qatar, Chávez visitó los estudios de Al Jazeera, la emisora de televisión árabe, tratando de obtener asesoramiento para el canal latinoamericano que pretendía poner en funcionamiento.

Chávez, con su interés declarado en un mundo multipolar, quería que Venezuela diversificara sus contactos diplomáticos y comerciales a fin de escapar finalmente de su eterna posición de dependencia con respecto a Estados Unidos. China era uno de los principales amigos potenciales, y en Beijing obtuvo un cálido recibimiento en diciembre, proclamando de nuevo su admiración hacia Mao Zedong, cuando dijo en su anterior visita en octubre de 1999:

> [Creo que] si Mao Zedong y Simón Bolívar se hubiesen conocido, hubiesen sido grandes amigos porque su pensamiento, a pesar de las distancias en el tiempo y en la geografía, en el fondo caen en la misma vertiente [...]. Su inspiración les venía del mismo lugar. Vinieron del humanitarismo [...]. Yo pienso que si Bolívar hubiera venido a China, se hubiera convertido en un socialista.

Los chinos escucharon cortésmente y firmaron una serie de intercambios económicos, incluyendo la compra de petróleo venezolano y la venta de un satélite para ser utilizado por el canal de televisión latinoamericano de Chávez.

Chávez tenía otra importante llamada que hacer a finales de 2004, a La Habana. Fidel Castro había invitado al desconocido coronel venezolano a Cuba diez años antes, en diciembre de 1994, para pronunciar una conferencia sobre Simón Bolívar en la Universidad de La Habana. Su apuesta por Chávez resultó ser una de las mejores inversiones de Castro en políticos extranjeros. Chávez acababa de salir de prisión en el momento de su primera visita y su futuro no estaba nada claro, pero Castro es muy perspicaz. Sabía perfectamente que Chávez era un oficial de izquierdas, en contacto con grupos izquierdistas procubanos en Venezuela, y que poseía un considerable atractivo popular. En la perenne búsqueda cubana de aliados en Latinoamérica, merecía la pena apostar por él.

Pero hasta el bien informado y perspicaz Castro debe de sentirse sorprendido por las rentas que obtuvo de su inversión. Los dos líderes se reunieron de nuevo en La Habana en diciembre de 2004 para celebrar el décimo aniversario de su primer encuentro. Presidieron un mitin en el teatro Karl Marx en el que Castro recordó a la audiencia el discurso franco y optimista de Chávez en la Universidad de La Habana diez años antes, y lo alabó por sus «cualidades como gran revolucionario»:

> Prometiste volver un día con propósitos y sueños realizados. Volviste y volviste gigante, ya no sólo como líder del proceso revolucionario victorioso de tu pueblo, sino también como una personalidad internacional relevante, querida, admirada y respetada por muchos millones de personas en el mundo, y de modo especial por nuestro pueblo.

Chávez y Castro criticaron a continuación el plan estadounidense para un Área de Libre Comercio de las Américas (ALCA), y propusieron su propio plan alternativo: la Alternativa Bolivariana para las Américas (ALBA). Con ella se eliminarían las barreras comerciales y los obstáculos arancelarios, y proporcionaría incentivos para la inversión y el aumento de la cooperación entre los respectivos bancos centrales.

Los dos líderes también firmaron un acuerdo que ponía de manifiesto su estrecha relación. Venezuela nunca podría sustituir a la antigua Unión Soviética como vaca lechera de la revolución cubana, pero la promesa de Chávez de financiar varios proyectos industriales e infraestructurales en Cuba fue muy bien recibida en un país cuya economía se ve todavía seriamente distorsionada por el embargo estadounidense, impuesto en noviembre de 1960 y reanudado un año tras otro desde entonces. Pero más significativa aún era la aportación a Cuba de petróleo venezolano, al precio de 27 dólares el barril (casi la mitad del precio mundial en aquel momento), atravesando el Caribe 53.000 barriles al día.

Cuba, por su parte, como señaló Chávez, ha proporcionado a Venezuela miles de médicos, repartidos por todo el país en las instalaciones sanitarias recientemente construidas. Esta extraordinaria iniciativa cubana desempeñó un importante papel en la victoria de Chávez en el referéndum.

Habían pasado sólo cinco años desde que Chávez y Castro se reunieron en el partido amistoso de béisbol descrito al principio de este libro. En ambos países se habían producido muchos acontecimientos durante ese periodo, y la estrecha amistad personal entre los dos líderes —uno de ellos un autócrata revolucionario con gran inteligencia y experiencia, y el otro un soldado revolucionario con una curva de rápido aprendizaje, una perspectiva pacifista y un sentimiento profundamente democrático— había desempeñado un importante papel en su desarrollo.

Los líderes de la oposición en Caracas suelen atacar a Chávez por tratar de «cubanizar» Venezuela, y es evidentemente cierto que Chávez ha extraído mucha inspiración del ejemplo de la revolución cubana, pero la trayectoria de la revolución bolivariana es notablemente diferente de la experiencia cubana. Venezuela, a diferencia de Cuba, tiene una fuerte tradición democrática en el siglo XX que ha sido preservada y respetada por Chávez. A diferencia de Cuba, Venezuela no mantiene un enfrentamiento con Estados Unidos durante casi dos siglos.

Pero las revoluciones en las antiguas colonias españolas en Latinoamérica tienen, evidentemente, ciertas semejanzas y complementariedades. Existe una experiencia histórica compartida de conquista y colonización, de esclavitud y exterminio, de lucha contra el racismo y el colonialismo. Los legados gemelos de Simón Bolívar y José Martí son reconocidos y apreciados en ambos países. Con sabiduría y buena suerte, Cuba puede algún día «venezuelizarse», abriéndose al tipo de práctica democrática que ha tenido tanto éxito en Venezuela. Si la «cubanización» de Venezuela condujera al establecimiento permanente de los programas sociales que han convertido a Cuba en un ejemplo legendario en todo el mundo, entonces todos los venezolanos, y no sólo la gran mayoría de los pobres, podrían llegar a apreciar sus ventajas.

Epílogo

La sociedad militar y la civil

El presidente Chávez está interesado en la educación y en el desarrollo económico, pero es primero y ante todo un soldado. Dos de las figuras históricas que ha situado en un pedestal, el propio Bolívar y Ezequiel Zamora, son inequívocamente militares: «Comprendo el alma del Ejército –me dijo una vez Chávez–, y formo parte de ese alma». Una de sus ambiciones es integrar a las fuerzas armadas en la vida de la sociedad civil.

Para mucha gente de fuera de Latinoamérica, particularmente en el cuarto de siglo transcurrido desde que el general Pinochet derrocó a Salvador Allende en septiembre de 1973, resulta casi imposible pensar en un líder militar sin que le surja la grotesca imagen de un *gorila,* el general y su Junta Militar con gafas oscuras presidiendo un régimen autoritario y represivo. Pocos recuerdan el puñado de gobernantes militares de izquierda que se pusieron de parte de los pobres y de los campesinos e impulsaron reformas radicales frente a la feroz oposición de las oligarquías locales y de Estados Unidos. Pocos recuerdan que Allende reclutó a oficiales progresistas para servir en su gobierno.

Chávez sabe bien que mucha gente, en Latinoamérica y otros lugares, se muestra renuente a apoyar un gobierno con una influyente participación militar, aun cuando haya sido elegido democráticamente. Recuerda que su generación de soldados venezolanos se vio auténticamente sorprendida por el golpe chileno, pero también por los gobiernos militares progresistas de Perú y Panamá. Chávez está orgulloso de sus antecedentes militares y cree firmemente que los militares tienen derecho a participar en la política, y que no deben verse permanentemente proscritos, encerrados en sus cuarteles. Quiere ver una revolución en las relaciones entre los sectores militar y civil de la sociedad. Le complace que los soldados tengan ahora derecho de voto y quiere comprometerlos en obras sociales y que participen en el gobierno.

José Vicente Rangel explicó en una ocasión que «Chávez forma parte de una generación atípica de oficiales, surgida en un periodo en que el ejército venezolano combatía a las guerrillas, en los años sesenta. Durante ese periodo el ejército venezolano –como todos los de la región– fue pentagonizado. La Escuela [estadounidense] de las Américas en Panamá, los "asesores" militares estadounidenses y la "doctrina de seguridad nacional" desempeñaron un importante papel en todo ello».

Durante la década de 1970, una vez que el fenómeno de la guerrilla se había desvanecido, esos oficiales «comenzaron a buscar nuevas motivaciones. Empezaron a estudiar en las universidades y a establecer relaciones con la sociedad civil». A medida que la situación económica y social del país empeoraba, «empezaron a experimentar la crisis social de primera mano». Ya que no seguían «encerrados en el gueto de los cuarteles», los oficiales de mayor graduación se vieron afectados por la extensión de la corrupción gubernamental, lo que supuso un factor decisivo adicional. Según Rangel,

La corrupción tuvo un impacto muy especial en las Fuerzas Armadas. Gran parte del cuerpo de oficiales se vio envuelto en ella. Creo que los indujeron los políticos civiles, que pudieron creer que corrompiendo a los oficiales de alta graduación se asegurarían su apoyo y neutralizarían su descontento. Puede que efectivamente neutralizaran a los escalones más altos, pero crearon un gran descontento más abajo, entre los oficiales que iban a la universidad y tenían contacto con estudiantes. Comenzaron a percibir que los mandos participaban en la bonanza, y que algunos de ellos se estaban enriqueciendo muy rápidamente.

Cuando discutí sobre esto con Chávez, él insistió en la humillación sufrida por los oficiales jóvenes de su generación: «La falta de equilibrio en el país afectó a los militares. En un extremo del péndulo estaban los gorilas, y en el otro los eunucos. Durante muchos años los militares venezolanos fuimos eunucos: no se nos permitía hablar; teníamos que mantener silencio mientras observábamos el desastre provocado por la corrupción y la incompetencia del gobierno. Nuestros mandos robaban, nuestras tropas apenas comían y teníamos que permanecer bajo una estricta disciplina. ¿Pero qué clase de disciplina era aquélla? Nos convertía en cómplices del desastre».

Chávez pretende integrar a los militares en la sociedad civil, «pero no como gorilas, no como Hitler o Mussolini, no, nada de eso. La idea es devolver a los militares a su función social básica, de forma que como ciudadanos y como institución se puedan incorporar a los proyectos de desarrollo democrático del país».

Durante los primeros años de gobierno de Chávez, los militares trabajaron en su propio proyecto social, el Plan Bolívar 2000, que se inició en el primer mes de presidencia de Chávez. La idea consistía en movilizar la capacidad no utilizada de las Fuerzas Armadas para vincularlas con las comunidades locales, de forma que juntos pudieran restaurar la infraestructura social cada vez más deteriorada del país. Se animó a los soldados a poner sus instalaciones a disposición de las comunidades locales: sus cuarteles, sus campos de deportes y sus cantinas. Debían ayudar a reparar las escuelas y las carreteras. Se enviaron hospitales de campaña móviles hasta pueblos y barrios remotos «como a una zona de guerra».

En la tragedia de diciembre de 1999 en el estado de Vargas esa metáfora se demostró incómodamente apropiada. «Gracias a Dios contábamos con la experiencia del Plan Bolívar», me dijo Chávez.

«Habíamos estado trabajando en él durante diez meses en el área de la costa y eso fue bueno, ya que los militares se sensibilizaron a esas cuestiones. Habían estado ya trabajando en tareas humanitarias en lo que iba a ser la zona del desastre; y no nos costó nada utilizar ese enorme potencial humano en la tarea de rescatar a la gente y salvar vidas.»

Chávez reconoce que los militares han estado haciendo algo más que trabajo social. Se han ido «incorporando ellos mismos, poco a poco, a la dirección política del país, aunque no a la política partidaria».

Sigue siendo encarnizadamente hostil a los dos partidos políticos que dominaron el país durante tantos años, y en realidad no le gustan en absoluto los partidos políticos, hostilidad que comparte con los teóricos políticos de La Causa Radical. Gran parte de esa agrupación izquierdista de los años setenta, que había desarrollado una ideología similar a la de los verdes alemanes y se mostraba crítica hacia los partidos establecidos de la Cuarta República, constituyó Patria Para Todos (PPT), que formó parte de la coalición que apoyó a Chávez en los años noventa. El propio partido del presidente, el Movimiento Quinta República, ha permanecido casi en la sombra, y los dos principales partidos que lo apoyan, el Movimiento al Socialismo y PPT, siguen enzarzados en sus querellas. Hasta el viejo Partido Comunista, que también forma parte de la coalición gubernamental, no es sino una sombra de sí mismo. En la práctica, la revolución bolivariana ha sido apoyada por una amplia coalición de organismos de base más que por un partido político organizado con activistas disciplinados y una ideología común.

Chávez también ha empleado a los militares para promover cierto internacionalismo. Apunta que los oficiales todavía «van a Estados Unidos, pero también van a Cuba, a Bolivia y a Brasil, a hablar del Plan Bolívar. Explican a la gente que las Fuerzas Armadas venezolanas ahora tienen una función social que cumplir».

Los periodistas siempre se han mostrado receptivos hacia los encantos de los fuertes líderes latinoamericanos de izquierdas, y yo no soy una excepción. Graham Greene «se enamoró» del fallecido general Omar Torrijos, el gobernante panameño que convenció a Jimmy Carter para que devolviera a Panamá el canal, y que es uno de los modelos de Chávez. Gabriel García Márquez nunca ha escondido su afecto hacía Fidel Castro, otro de los héroes de Chávez; y muchos intelectuales peruanos quedaron hipnotizados por el general Juan Velasco Alvarado, que inauguró la «vía militar el socialismo» en los años sesenta, un ejemplo que Chávez también aprecia. Chávez tiene el mismo carisma magnético que sus predecesores, pero su atractivo cuenta con una diferencia: su intento infructuoso de tomar el poder por la fuerza en 1992 fue subsiguientemente revalidado por el pueblo agradecido en las urnas, una y otra vez. A finales de 2004 Chávez había pasado por la prueba electoral ocho veces en seis años, un récord sin precedentes en Latinoamérica. Y espera volver a ganar las elecciones presidenciales en 2006.

Gran parte de su programa está todavía por desarrollar, pero ha abierto una perspectiva para el desarrollo de Sudamérica que también tiene implicaciones para Washington; pese a todo su hostilidad al neoliberalismo y la globalización, su apoyo a los derechos de los pueblos indígenas, su decisión de utilizar la renta del petróleo para educar y alimentar a la población y su búsqueda de una estrategia agrícola que permita a su pueblo alimentarse a sí mismo sitúan a Chávez en alianza tácita con los que protestan contra la globalización en todo el planeta desde la conferencia de la Organización Mundial del Comercio en Seattle en 1999. La globalización puede ser la enfermedad del nuevo milenio, pero se están creando lentamente anticuerpos para combatirla. Cuando habló al Foro Social en Porto Alegre en enero de 2005, Chávez puso por primera vez en la agenda venezolana la palabra socialismo.

Hugo Chávez ha demostrado ser una figura interesante y significativa, un hombre honrado que lleva en el corazón los intereses de su pueblo, y que espera cambiar la historia de su país para mejorarlo. Tras seis años de gobierno, lo conocemos por lo que ha demostrado ser. No es Mussolini ni el peligroso bonapartista tan brillantemente evocado por Marx. No es un dictador en ciernes, ni un reaccionario anacrónico que defienda las recetas económicas y políticas fracasadas de antaño.

Es un hombre de izquierdas, un radical que busca nuevas formas de hacer política y nuevas estructuras de organización económica. También pretende modificar las relaciones internacionales en Latinoamérica y entre las dos Américas. Su revolución bolivariana representa un posible futuro para Latinoamérica, una auténtica alternativa a la globalización y al neoliberalismo.

Posee evidentemente una perspectiva utópica, algo frecuente en aquel continente tan rico en utopías, y aunque sigue siendo posible que sus sueños acaben siendo traicionados, ha convocado a la mejor gente del país a su lado y ha establecido el marco necesario para una recuperación de la historia de Venezuela que puede conducir finalmente a un renacimiento cultural capaz de resistir al coloso estadounidense.

Con una actitud inteligente y matizada hacia la política del petróleo, y con una potente retórica dirigida contra los excesos del neoliberalsmo, ya ha puesto de nuevo en marcha la economía venezolana, de una forma que beneficia a la gran mayoría de la población pobre, que aún no goza de los adelantos del siglo XX.

En Latinoamérica, los líderes radicales suelen tener un final poco feliz. Las elecciones libres han ratificado a menudo a dirigentes demasiados izquierdistas como para ser fácilmente integrados por los gobiernos de Washington, pero éstos cuentan siempre con abundantes flechas en su carcaj con las que destruir los regímenes que desaprueban. Esas armas incluyen la amenaza de desestabilización con medios económicos y políticos, la financiación de grupos de oposición y la manipulación de campañas de prensa hostiles. En determinadas circunstancias pueden llegar al golpe de Estado, al magnicidio o a una invasión militar directa. Todos esos medios se han ensayado en Latinoamérica durante el último medio siglo, y algunos de ellos se han experimentado ya contra la revolución bolivariana, que permanece constantemente en riesgo y bajo amenaza.

Puede que esta gran experiencia revolucionaria se vea interrumpida pronto y quizá todo termine en lágrimas. Muchos proyectos radicales en Latinoamérica han quedado colgados como cadáveres al viento. Los propósitos del comandante Chávez y su revolución bolivariana merecen mejor suerte.

Un canto para Bolívar

Padre nuestro que estás en la tierra, en el agua, en el aire
de toda nuestra extensa latitud silenciosa,
todo lleva tu nombre, Padre, en nuestra morada:
tu apellido la caña levanta a la dulzura,
el estaño Bolívar tiene un fulgor Bolívar,
el pájaro Bolívar sobre el volcán Bolívar,
la patata, el salitre, las sombras especiales,
las corrientes, las vetas de fosfórica piedra,
todo lo nuestro viene de tu vida apagada,
tu herencia fueron ríos, llanuras, campanarios,
tu herencia es el pan nuestro de cada día, Padre.

Tu pequeño cadáver de capitán valiente
ha extendido en lo inmenso su metálica forma,
de pronto salen dedos tuyos entre la nieve
y el austral pescador saca la luz de pronto
tu sonrisa, tu voz palpitando en las redes.

De qué color la rosa que junto a tu alma alcemos
Roja será la rosa que recuerde tu paso.
Cómo serán las manos que toquen tu ceniza
Rojas serán las manos que en tu ceniza nacen.
Y cómo es la semilla de tu corazón muerto?
Es roja la semilla de tu corazón vivo.

Por eso es hoy la ronda de manos junto a ti.
Junto a mi mano hay otra y hay otra junto a ella,
y otra más, hasta el fondo del continente obscuro.
Y otra mano que tú no conociste entonces
viene también, Bolívar, a estrechar a la tuya:
de Teruel, de Madrid, del Jarama, del Ebro,
de la cárcel, del aire, de los muertos de España
llega esta mano roja que es hija de la tuya.

Capitán combatiente, donde una boca
grita libertad, donde un oído escucha,
donde un soldado rojo rompe una frente parda,
donde un laurel de libres brota, donde una nueva
bandera se adorna con sangre de nuestra insigne aurora,
Bolívar, capitán, se divisa tu rostro.
Otra vez entre pólvora y humo tu espada está naciendo.
Otra vez tu bandera con sangre se ha bordado.
Los malvados atacan tu semilla de nuevo,
clavado en otra cruz está el hijo del hombre.

Pero hacia la esperanza nos conduce tu sombra,
el laurel y la luz de tu ejército rojo
a través de la noche de América, con tu mirada mira.
Tus ojos que vigilan más allá de los mares,
más allá de los pueblos oprimidos y heridos,
más allá de las negras ciudades incendiadas,
tu voz nace de nuevo, tu voz otra vez nace:
tu ejército defiende las banderas sagradas:
la Libertad sacude las campanas sangrientas,
y un sonido terrible de dolores precede,

la aurora enrojecida por la sangre del hombre.
Libertador, un mundo de paz nació en tus brazos.
La paz, el pan, el trigo de tu sangre nacieron,
de nuestra joven sangre venida de tu sangre
saldrá paz, pan, trigo para el mundo que haremos.

Yo conocí a Bolívar una mañana larga,
En Madrid, en la boca del Quinto Regimiento.
Padre, le dije, ¿eres o no eres o quién eres?
Y mirando al Cuartel de la Montaña dijo:
«Despierto cada cien años cuando despierta el pueblo».

Pablo Neruda

APÉNDICE A

CHÁVEZ Y CASTRO EN LA HABANA

Palabras pronunciadas por el presidente de la República de Cuba Fidel Castro Ruz, en el acto de condecoración con la Orden «Carlos Manuel de Céspedes» al presidente de la República Bolivariana de Venezuela, Hugo Rafael Chávez Frías, en el X Aniversario de su primera visita a Cuba. Teatro «Carlos Marx», 14 de diciembre de 2004.

Querido hermano Hugo Chávez, presidente de la República Bolivariana de Venezuela;

Queridos miembros de la numerosa y prestigiosa delegación del Gobierno venezolano que lo acompaña;

Queridos participantes en este acto;

Queridos invitados:

Para saber quién es Hugo Chávez hay que recordar lo que dijo en el discurso pronunciado en el Aula Magna de la Universidad de La Habana el 14 de diciembre de 1994, hace hoy exactamente diez años. He seleccionado unos cuantos de sus párrafos. Aunque puedan parecer numerosos, verán cuánta riqueza de contenido y sentido revolucionario encierran.

Al referirse al hecho de que yo lo esperase en el aeropuerto, expresó con increíble modestia:

«Cuando recibí la inmensa y agradable sorpresa de ser esperado en el aeropuerto internacional "José Martí" por él mismo en persona, le dije: "Yo no merezco este honor, aspiro a merecerlo algún día en los meses y en los años por venir". Lo mismo les digo a todos ustedes, queridos compatriotas cubano-latinoamericanos: Algún día esperamos venir a Cuba en condiciones de extender los brazos y en condiciones de mutuamente alimentarnos en un proyecto revolucionario latinoamericano, imbuidos, como estamos, desde siglos hace, en la idea de un continente hispanoamericano, latinoamericano y caribeño, integrado como una sola nación que somos.

En ese camino andamos, y como Aquiles Nazoa dijo de José Martí, nos sentimos de todos los tiempos y de todos los lugares, y andamos como el viento tras esa semilla que aquí cayó un día y aquí, en terreno fértil, retoñó y se levanta como lo que siempre hemos dicho –y no lo digo ahora aquí en Cuba, porque esté en Cuba y porque, como dicen en mi tierra, en el llano venezolano, me sienta guapo y apoyado, sino que lo decíamos en el mismo ejército venezolano antes de ser soldados insurrectos; lo decíamos en los salones, en las escuelas militares de Venezuela–: "Cuba es un bastión de la dignidad latinoamericana y como tal hay que verla".

Sin duda están ocurriendo cosas interesantes en la América Latina y en el Caribe; sin duda que ese insigne poeta y escritor nuestro, de esta América Nuestra, don Pablo Neruda, tiene profunda razón cuando escribió que Bolívar despierta cada cien años, cuando despierta el pueblo.

Sin duda que estamos en una era de despertares, de resurrecciones de pueblos, de fuerzas y de esperanzas; sin duda, presidente, que esa ola que usted anuncia o que anunció y sigue anunciando en esa entrevista a la que me he referido antes, "Un grano de maíz", se siente y se palpa por toda la América Latina.

Nosotros tuvimos la osadía de fundar un movimiento dentro de las filas del Ejército Nacional de Venezuela, hastiados de tanta corrupción, y nos juramos dedicarle la vida a la construcción de un movimiento revolucionario y a la lucha revolucionaria en Venezuela, ahora, en el ámbito latinoamericano.

Eso comenzamos a hacerlo el año bicentenario del nacimiento de Bolívar. Pero veamos que este próximo año es el centenario de la muerte de José Martí, veamos que este año que viene es el bicentenario del nacimiento del mariscal Antonio José de Sucre, veamos que este año que viene es el bicentenario de la rebelión y muerte del zambo José Leonardo Chirinos en las costas de Coro, en Venezuela, tierra, por cierto, de los ascendientes del prócer Antonio Maceo.

El tiempo nos llama y nos impulsa; es, sin duda, tiempo de recorrer de nuevo caminos de esperanza y de lucha. En eso andamos nosotros, ahora dedicados al trabajo revolucionario en tres direcciones fundamentales que voy a permitirme resumir ante ustedes para invitarlos al intercambio, para invitarlos a extender lazos de unión y de trabajo, de construcción concreta.

En primer lugar, estamos empeñados en levantar una bandera ideológica pertinente y propicia a nuestra tierra venezolana, a nuestra tierra latinoamericana: la bandera bolivariana.

Pero en ese trabajo ideológico de revisión de la historia y de las ideas que nacieron en Venezuela y en este continente hace doscientos años, en ese sumergirnos en la historia buscando nuestras raíces, hemos diseñado y hemos lanzado a la opinión pública nacional e internacional la idea de aquel Simón Bolívar que llamaba, por ejemplo, a esa unidad latinoamericana para poder oponer una nación desarrollada como contrapeso a la pretensión del Norte que ya se perfilaba con sus garras sobre nuestra tierra latinoamericana; la idea de aquel Bolívar que desde su tumba casi, ya en Santa Marta, dijo: "Los militares deben empuñar su espada para defender las garantías sociales"; la idea de aquel Bolívar que dijo que el mejor sistema de gobierno es el que le proporciona mayor suma de felicidad a su pueblo, mayor suma de estabilidad política y seguridad social.

Esa raíz profunda, esa raíz bolivariana, que está unida por el tiempo, por la historia misma a la raíz robinsoniana, tomando como inspiración el nombre de Samuel Robinson o Simón Rodríguez, a quien conocemos muy poco los latinoamericanos porque nos dijeron desde pequeños: "El maestro de Bolívar", y allí se quedó, como estigmatizado por la historia, el loco estrafalario que murió anciano, deambulando como el viento por los pueblos de América Latina.

Simón Rodríguez llamaba a los americanos meridionales a hacer dos revoluciones: la política y la revolución económica. Aquel Simón Rodríguez que llamaba a la construcción de un modelo de economía social y un modelo de economía popular, que dejó para todos los tiempos de América Latina, como un reto para nosotros, aquello de que la América Latina no podía seguir imitando servilmente, sino que tenía que ser original y llamaba a inventar o errar. Ese viejo loco, para los burgueses de la época, que andaba recogiendo niños ya anciano y abandonado, y que decía: "Los niños son las piedras del futuro edificio republicano, ¡vengan acá para pulir las piedras para que ese edificio sea sólido y luminoso!".

Nosotros, como militares, andamos tras esa búsqueda, y hoy nos vamos más afianzados en la convicción y en la necesidad de que el ejército de Venezuela tiene que ser de nuevo lo que fue: un ejército del pueblo, un ejército para defender eso que Bolívar llamó las garantías sociales.

Sería una primera vertiente de trabajo bien adecuada, comandante: el próximo año del centenario de la muerte de José Martí, estrechar ese trabajo ideológico, ese binomio de Bolívar y Martí, como forma de levantar la emoción y el orgullo de los latinoamericanos.

La otra vertiente de nuestro trabajo, para la cual también necesitamos estrechar nexos con los pueblos de nuestra América, es el trabajo organizativo.

En la cárcel recibíamos muchos documentos de cómo el pueblo cubano se fue organizando después del triunfo de la revolución, y estamos empeñados en organizar en Venezuela un inmenso movimiento social: el Movimiento Bolivariano Revolucionario 200; y más allá, estamos convocando para este próximo año a la creación del Frente Nacional Bolivariano, y estamos llamando a los estudiantes, a los campesinos, a los aborígenes, a los militares que estamos en la calle, a los intelectuales, a los obreros, a los pescadores, a los soñadores, a todos, a conformar ese frente, un gran frente social que enfrente el reto de la transformación de Venezuela.

En Venezuela nadie sabe lo que puede ocurrir en cualquier momento. Nosotros, por ejemplo, que estamos entrando en un año electoral, 1995, dentro de un año, en diciembre, habrá en Venezuela otro proceso electoral, ilegal e ilegítimo, signado por una abstención —ustedes no lo van a creer— del 90 por ciento en promedio; es decir, el 90 por ciento de los venezolanos no va a las urnas electorales, no cree en mensajes de políticos, no cree en casi ningún partido político.

Este año nosotros aspiramos, con el Movimiento Bolivariano, con el Frente Nacional Bolivariano, polarizar a Venezuela. Los que van al proceso electoral –donde hay gente honesta también que respetamos, pero en lo que no creemos es en el proceso electoral–, ése es un polo; y el otro polo que nosotros vamos a alimentar, a empujar y a reforzar es la solicitud en la calle, con el pueblo, del llamado a elecciones para una Asamblea Nacional Constituyente, para redefinir las bases fundamentales de la república que se vinieron abajo; las bases jurídicas, las bases políticas, las bases económicas, las bases morales incluso, de Venezuela están en el suelo, y eso no se va a arreglar con pequeños parches.

Bolívar lo decía: "Las gangrenas políticas no se curan con paliativos" y en Venezuela hay una gangrena absoluta y total.

Un mango madura cuando está verde, pero un mango podrido jamás va a madurar; de un mango podrido hay que rescatar su semilla y sembrarla para que nazca una nueva planta. Eso pasa en Venezuela hoy. Este sistema no tiene manera de recuperarse a sí mismo.

Nosotros no desechamos la vía de las armas en Venezuela, nosotros seguimos teniendo –y lo dicen las encuestas del mismo gobierno– más del 80 por ciento de opinión favorable en los militares venezolanos, en el Ejército, en la Marina, en la Fuerza Aérea y en la Guardia Nacional.

A pesar de todo eso, ahí tenemos una fuerza y, además de todo eso, tenemos un altísimo porcentaje de los venezolanos, especialmente, queridos amigos, ese 60 por ciento de venezolanos –tampoco lo van a creer ustedes– en pobreza crítica.

Increíble, pero es cierto: en Venezuela se esfumaron 200 mil millones de dólares en 20 años. ¿Y dónde están? me preguntaba el presidente Castro. En las cuentas en el exterior de casi todos los que han pasado por el poder en Venezuela, civiles y militares que se enriquecieron al amparo del poder.

En esa inmensa mayoría de venezolanos, nosotros tenemos un tremendo impacto positivo y ustedes comprenderán que, al tener esas dos fuerzas, estamos dispuestos a dar el todo por el todo por el cambio necesario en Venezuela. Por eso decimos que no desechamos la vía de utilizar las armas del pueblo que están en los cuarteles para buscar el camino si este sistema político decide, como parece haber decidido, atornillarse de nuevo y buscar recursos para manipular y engañar.

Nosotros estamos pidiendo una Asamblea Constituyente y el año que viene —ya les dije— vamos a empujar esta salida como recurso estratégico de corto plazo.

Es un proyecto de largo plazo, es un proyecto de un horizonte de 20 a 40 años, un modelo económico soberano; no queremos seguir siendo una economía colonial, un modelo económico complementario.

Es un proyecto que nosotros hemos lanzado ya al mundo venezolano con el nombre de Proyecto Nacional "Simón Bolívar", pero con los brazos extendidos al continente latinoamericano y caribeño. Un proyecto en el cual no es aventurado pensar, desde el punto de vista político, en una asociación de Estados latinoamericanos. ¿Por qué no pensar en eso, que fue el sueño original de nuestros libertadores? ¿Por qué seguir fragmentados? Hasta allí, en el área política, llega la pretensión de ese proyecto que no es nuestro ni es original, tiene 200 años, al menos.

Cuántas experiencias positivas en el área cultural, en el área económica —en esta economía de guerra en la que vive Cuba prácticamente—, en el área deportiva, en el área de la salud, de la atención a la gente, de la atención al hombre, que es el primer objeto de la patria, el sujeto de la patria.

En esa área o en esa tercera vertiente, en el proyecto político transformador de largo plazo, extendemos la mano a la experiencia, a los hombres y mujeres de Cuba que tienen años pensando y haciendo por ese proyecto continental.

El siglo que viene, para nosotros, es el siglo de la esperanza; es nuestro siglo, es el siglo de la resurrección del sueño bolivariano, del sueño de Martí, del sueño latinoamericano.

Queridos amigos, ustedes me han honrado con sentarse esta noche a oír estas ideas de un soldado, de un latinoamericano entregado de lleno y para siempre a la causa de la revolución de esta América nuestra.»
[Aplausos]

Había un pensamiento político y económico revolucionario perfectamente estructurado, coherente, una estrategia y una táctica. Bastante antes de lo que entonces podía pensarse, el proceso bolivariano derrotaría a la oligarquía en limpia lid prácticamente sin recursos, y la convocatoria a la Asamblea Constituyente de la que nos habló Chávez se llevó a cabo. Una revolución profunda se iniciaba en la gloriosa patria de Bolívar.

Como pudieron apreciar, en aquel discurso él declaró con toda franqueza: «nosotros no desechamos la vía de las armas en Venezuela». En las largas horas de conversaciones e intercambios que sostuvimos durante su visita, este importante tema fue uno de los puntos abordados.

El líder bolivariano prefería la conquista del poder sin derramamientos de sangre. Tenía, sin embargo, gran preocupación de que la oligarquía, por su parte, acudiera al recurso del golpe de Estado con la complicidad del alto mando militar para detener el movimiento desatado por los oficiales rebeldes el 4 de febrero de 1992.

Recuerdo que me dijo: «Nuestra línea es evitar situaciones graves y derramamientos de sangre; nuestra perspectiva es crear alianzas de fuerzas sociales y políticas, porque podríamos en 1998 lanzar una vigorosa campaña con una importante fuerza electoral, el apoyo de la población y amplios sectores de las Fuerzas Armadas, para llegar al poder por esa vía tradicional. Creo que ésa es nuestra mejor estrategia».

No olvido el lacónico pero sincero comentario que le hice: «Ése es un buen camino».

Tal como él dijo, ocurrió: en 1998 el movimiento bolivariano, una alianza de fuerzas patrióticas y de izquierda creada y dirigida por él, con el apoyo del pueblo, la simpatía y la solidaridad de la mayoría de los militares, en especial de los oficiales jóvenes, en las elecciones de ese año obtuvo una contundente victoria. Toda una lección para los revolucionarios de que no hay dogmas ni caminos únicos. La propia revolución cubana fue también una prueba de ello.

Hace mucho tiempo albergo igualmente la más profunda convicción de que, cuando la crisis llega, los líderes surgen. Así surgió Bolívar cuando la ocupación de España por Napoleón y la imposición de un rey extranjero crearon las condiciones propicias para la independencia de las colonias españolas en este hemisferio. Así surgió Martí, cuando llegó la hora propicia para el estallido de la revolución independentista en Cuba. Así surgió Chávez, cuando la terrible situación social y humana en Venezuela y América Latina determinaba que el momento de luchar por la segunda y verdadera independencia había llegado.

La batalla ahora es más dura y difícil. Un imperio hegemónico, en un mundo globalizado, la única superpotencia que prevaleció después de la Guerra Fría y el prolongado conflicto entre dos concepciones políticas, económicas y sociales radicalmente diferentes, constituye un enorme obstáculo para lo único que hoy podría preservar, no sólo los más elementales derechos del ser humano, sino incluso su propia supervivencia.

Hoy la crisis que atraviesa el mundo no es ni puede ser de un solo país, de un subcontinente o de un continente; es también global. Por ello, tal sistema imperial y el orden económico que ha impuesto al mundo son insostenibles. Los pueblos decididos a luchar, no sólo por su independencia sino también por la supervivencia, no pueden ser jamás vencidos, incluso si se trata de un solo pueblo.

Es imposible ignorar lo que ha ocurrido en Cuba durante casi medio siglo y los enormes avances sociales, culturales y humanos alcanzados por nuestro país a pesar del bloqueo económico más prolongado que se conoce en la historia. Imposible ignorar lo ocurrido en Vietnam. Imposible ignorar lo que está hoy ocurriendo en Iraq.

Lo que ocurre hoy en Venezuela es otro impresionante ejemplo. Ni golpe de Estado, ni golpe petrolero, ni referendo revocatorio con el apoyo de la casi totalidad de los medios masivos, pudieron impedir una victoria aplastante del movimiento bolivariano que alcanzó casi un 50 por ciento más de votos a favor del no el 15 de agosto, y otro colosal triunfo en 23 de las 25 gobernaciones regionales, un hecho sin precedentes que el mundo contempla con asombro y simpatía. La batalla, además, se desarrolló dentro de las mismas normas y reglas que el imperio ha impuesto para debilitar y dividir a los pueblos e imponer su podrida y desprestigiada democracia representativa.

En aras del tiempo, no hablo sobre otros temas muy actuales e importantes, incluido nuestro Ejercicio Estratégico Bastión 2004, expresión de la resuelta decisión del pueblo cubano de luchar, como lo ha hecho durante 46 años de creación y de combate.

Permítaseme tan sólo expresarles que un día histórico tan simbólico y trascendente como éste, en que se cumplen diez años del primer encuentro de Chávez con nuestro pueblo, el Consejo de Estado de la República de Cuba ha decidido otorgarle una segunda condecoración [Aplausos]. Ya recibió la Orden «José Martí», nuestro Héroe Nacional, inspirador de los combatientes que en el centenario de su nacimiento quisieron tomar el cielo por asalto e iniciaron la lucha por la definitiva independencia de Cuba.

Martí, admirador de Bolívar, bolivariano hasta la médula, compartió con éste hasta la muerte su sueño de liberación y unión de los países de nuestra América: «… ya estoy todos los días en peligro de dar mi vida por mi país y por mi deber —puesto que lo entiendo y tengo ánimos con que realizarlo— de impedir a tiempo con la independencia de Cuba que se extiendan por las Antillas los Estados Unidos y caigan, con esa fuerza más, sobre nuestras tierras de América. Cuanto hice hasta hoy, y haré, es para eso», escribió horas antes de su muerte en combate. Para nosotros, José Martí fue como un Sucre: al servicio de la libertad alcanzó con su pensamiento lo que el gran mariscal de Ayacucho alcanzó con su gloriosa espada. Sentimos el orgullo de pensar que en 1959, 63 años después de su muerte, llevando los combatientes como estandarte sus ideas, emerge victoriosa la revolución cubana.

Hoy añadimos a la Orden «José Martí», entregada al presidente de la República Bolivariana de Venezuela, la Orden «Carlos Manuel de Céspedes», Padre de la Patria [aplausos], iniciador de la primera guerra por la independencia el 10 de octubre de 1868, que siendo dueño de tierras y una industria azucarera, liberó a los esclavos que en ambas laboraban el mismo día que se alzó en armas contra el coloniaje español.

De la gran patria de Bolívar, dijo Céspedes un día: «Venezuela, que abrió a la América española el camino de la independencia y lo recorrió gloriosamente hasta cerrar su marcha en Ayacucho, es nuestra ilustre maestra de libertad…».

Como colofón de este histórico acto, al cumplirse precisamente el décimo aniversario de la primera visita de Chávez a Cuba y de su discurso en el Aula Magna de la Universidad de La Habana, ambos gobiernos firmarán esta noche una Declaración Conjunta sobre el ALBA, concepción bolivariana de la integración económica, y un acuerdo bilateral para comenzar su aplicación, que harán historia.

Hugo: tú dijiste hace diez años que no merecías los honores que estabas recibiendo de quienes adivinamos en ti las cualidades de un gran revolucionario, cuando fueron llegando noticias de tu historia, tu conducta y tus ideas mientras guardabas prisión en la cárcel de Yare.

Tu capacidad organizativa, tu magisterio con los oficiales jóvenes, tu hidalguía y firmeza en la adversidad te hacían acreedor de aquéllos y otros muchos honores.

Prometiste volver un día con propósitos y sueños realizados. Volviste y volviste gigante, ya no sólo como líder del proceso revolucionario victorioso de tu pueblo, sino también como una personalidad internacional relevante, querida, admirada y respetada por muchos millones de personas en el mundo, y de modo especial por nuestro pueblo. [Aplausos]

Hoy nos parecen pocos los merecidos honores de que hablaste y las dos condecoraciones que te hemos otorgado. Lo que más nos conmueve es que volviste, como también prometiste, para compartir tus luchas bolivarianas y martianas con nosotros.

¡Vivan Bolívar y Martí! [Exclamaciones de: «¡Viva!»]

¡Viva la República Bolivariana de Venezuela! [Exclamaciones de: «¡Viva!»]

¡Viva Cuba! [Exclamaciones de: «¡Viva!»]

¡Que perduren para siempre nuestros lazos de hermandad y solidaridad! [Ovación]

Apéndice B

De los derechos de los pueblos indígenas

Artículo 119. El Estado reconocerá la existencia de los pueblos y comunidades indígenas, su organización social, política y económica, sus culturas, usos y costumbres, idiomas y religiones, así como su hábitat y derechos originarios sobre las tierras que ancestral y tradicionalmente ocupan y que son necesarias para desarrollar y garantizar sus formas de vida. Corresponderá al Ejecutivo Nacional, con la participación de los pueblos indígenas, demarcar y garantizar el derecho a la propiedad colectiva de sus tierras, las cuales serán inalienables, imprescriptibles, inembargables e intransferibles de acuerdo con lo establecido en esta Constitución y la ley.

Artículo 120. El aprovechamiento de los recursos naturales en los hábitats indígenas por parte del Estado se hará sin lesionar la integridad cultural, social y económica de los mismos e, igualmente, está sujeto a previa información y consulta a las comunidades indígenas respectivas. Los beneficios de este aprovechamiento por parte de los pueblos indígenas están sujetos a la Constitución y a la ley.

Artículo 121. Los pueblos indígenas tienen derecho a mantener y desarrollar su identidad étnica y cultural, cosmovisión, valores, espiritualidad y sus lugares sagrados y de culto. El Estado fomentará la valoración y difusión de las manifestaciones culturales de los pueblos indígenas, los cuales tienen derecho a una educación propia y a un régimen educativo de carácter intercultural y bilingüe, atendiendo a sus particularidades socioculturales, valores y tradiciones.

Artículo 122. Los pueblos indígenas tienen derecho a una salud integral que considere sus prácticas y culturas. El Estado reconocerá su medicina tradicional y las terapias complementarias, con sujeción a principios bioéticos.

Artículo 123. Los pueblos indígenas tienen derecho a mantener y promover sus propias prácticas económicas basadas en la reciprocidad, la solidaridad y el intercambio; sus actividades productivas tradicionales, su participación en la economía nacional y a definir sus prioridades. Los pueblos indígenas tienen derecho a servicios de formación profesional y a participar en la elaboración, ejecución y gestión de programas específicos de capacitación, servicios de asistencia técnica y financiera que fortalezcan sus actividades económicas en el marco del desarrollo local sustentable. El Estado garantizará a los trabajadores y trabajadoras pertenecientes a los pueblos indígenas el goce de los derechos que confiere la legislación laboral.

Artículo 124. Se garantiza y protege la propiedad intelectual colectiva de los conocimientos, tecnologías e innovaciones de los pueblos indígenas. Toda actividad relacionada con los recursos genéticos y los conocimientos asociados a los mismos perseguirán beneficios colectivos. Se prohíbe el registro de patentes sobre estos recursos y conocimientos ancestrales.

Artículo 125. Los pueblos indígenas tienen derecho a la participación política. El Estado garantizará la representación indígena en la Asamblea Nacional y en los cuerpos deliberantes de las entidades federales y locales con población indígena, conforme a la ley.

Artículo 126. Los pueblos indígenas, como culturas de raíces ancestrales, forman parte de la nación, del Estado y del pueblo venezolano como único, soberano e indivisible. De conformidad con esta Constitución tienen el deber de salvaguardar la integridad y la soberanía nacional.

El término «pueblo» no podrá interpretarse en esta Constitución en el sentido que se le da en el derecho internacional.

Apéndice C

Maravillas de una salsa

*Richard Gott saborea una extraña conexión entre
Worcestershire y Venezuela*

Reproducido de *The Guardian* (Londres),
11 de diciembre de 1976

A comienzos del siglo XX en Caracas, tras un concierto al aire libre, los ricos venezolanos de gustos europeos solían paladear una taza de chocolate, entonces uno de los principales productos del país, en «La India», el equivalente caraqueño de los reputados cafés vieneses Sacher o Demmel. Hoy día «La India» no es una cafetería, sino una empresa, la sucursal venezolana de la General Foods Corporation, una poderosa transnacional estadounidense. Su director, Bill MacClarence, se graduó en la Harvard Business School y lleva veinticinco años en General Foods.

Entre los condimentos que produce para el fino paladar de la clase media venezolana está la *Salsa Inglesa*. La etiqueta, para nosotros tan familiar, proclama desafiante «The original and genuine Lea & Perrins», y más abajo un nombre, impronunciable en español: «Worcestershire». La salsa la hace pues en Venezuela una empresa estadounidense que paga royalties a la compañía Lea & Perrins de Worcester, contribuyendo así a los «ingresos invisibles» que mantienen a flote la economía británica.

Ahora bien, si hay algo en lo que no andan escasos los países latinoamericanos es en medios y habilidad para producir una inmensa variedad de salsas, calientes y saladas, dulces y sabrosas. El material está a mano: pimientos rojos y verdes, chile, mangos, plátano y ají, para una cocina cultivada, protegida y enriquecida durante siglos por un campesinado oprimido pero lleno de recursos. Por eso resulta algo sorprendente que la demanda en Venezuela de Lea & Perrins sea tan grande.

Pero examinando los estantes de un supermercado en Caracas se podrá encontrar otra marca de *Salsa Inglesa,* «French's Worcestershire Sauce», fabricada esta vez por una empresa británica, Reckitt & Colman de Hull, a través de una sucursal, Atlantic Venezolana, que cuenta con licencia de la H. T. French Company de Rochester (Estados Unidos): una empresa británica que fabrica salsa Worcestershire en Venezuela pagando royalties a una empresa estadounidense por el privilegio de hacerlo. Atlantic Venezolana, quizá para delicia de las amas de casa venezolanas, también fabrica Brasso, Robinson's Barley Water y betún Cherry Blossom para los zapatos.

Dos empresas fabricando salsas Worcestershire en Venezuela podría parecer demasiado, pero no desde luego a aquéllos a quienes disgustan los monopolios y ensalzan las virtudes de la competencia. ¡Y vaya si hay competencia! En el mismo estante del supermercado hay todavía otra marca, «salsa Worcestershire McCormick», fabricada por McCormick de Venezuela, que al ser una sucursal de la McCormick Company de Baltimore no necesita licencia. El jefe de McCormick de Venezuela, Manuel Mosteiro Pérez, es un exiliado cubano que solía vender esa salsa y mayonesa en La Habana. La revolución puso fin al negocio, confiscando la sucursal cubana. Ahora Mosteiro distribuye su salsa por toda Latinoamérica.

Pero la historia no termina ahí. También está a la venta la «Royal Worcestershire Sauce» (quizá para acompañar platos servidos en vajillas Royal Worcestershire), producida por una sucursal de Standard Brands, cuyo presidente es Eduardo Pinilla Pocaterra. Como indica su apellido, no es un gran terrateniente, pero su familia posee muchos bancos. Estudió en la Escuela de Empresariales de la Universidad de Nueva York, donde aprendió sin duda a aprovechar el gusto venezolano por la salsa Worcestershire para hacer negocio.

Heinz, «la que te gusta», ha lanzado también una salsa Worcestershire al mercado venezolano. El jefe de Alimentos Heinz de Venezuela, Louis Pacini, proviene de Massachusetts y fue antes oficial de operaciones del cuerpo de contraespionaje del ejército estadounidense en Francia y Austria en la década de 1950. Ahora se limita a vender comida.

Así pues, en Venezuela se venden cinco marcas de salsas Worcestershire, la mayoría de ellas propiedad de empresas estadounidenses. Uno de los componentes básicos, el grano de soja, se tiene que importar. Venezuela ya no puede alimentarse a sí misma y tiene que pagar un importante factura anual por los comestibles que importa. Las empresas que obtienen beneficios son en su mayoría estadounidenses: Kraft, Kellogg, Del Monte, Great Plains Wheat de Venezuela (su dirección cablegráfica es USWHEAT), National Biscuit y Quaker. Tanto éstas como muchas otras están bien establecidas en Venezuela, aunque no fabriquen salsa Worcestershire.

¿Y qué pasa con Nelson Rockefeller, el estadounidense que parece controlar gran parte de Latinoamérica? Pues bien, es el propietario del supermercado, o al menos lo era hasta que Carlos Andrés Pérez, el presidente venezolano, decidió nacionalizarlo. ¿Y qué pasaría si se nacionalizara Lea & Perrins? No sería difícil darle un nuevo nombre: Lea y Pérez.

Bibliografía

Arvelo Ramos, Alberto, *El dilema del Chavismo: una incógnita en el poder,* Caracas, José Agustín Catalá, 1998.

Bilbao, Luis, *Chávez, después del golpe y el sabotaje petrolero,* Puerto La Cruz, Editorial Fuego Vivo, 2003.

Blanco Muñoz, Agustín, *Habla el Comandante: testimonios violentos,* Caracas, UCV, 1998.

Boustany, Nora, «Venezuela's Aspiring Innovator», *Washington Post,* viernes 24 de septiembre, 1999.

Bravo, Douglas y Melet, Argelia, *La otra crisis, otra historia, otro camino,* Caracas, Orijinal Editores, 1991.

Briceño Porras, Guillermo, *El extraordinario Simón Rodríguez,* Caracas, 1991.

Brito Figueroa, Federico, *Tiempo de Ezequiel Zamora,* Caracas, José Agustín Catalá, 1995.

Britto García, Luis, *El poder sin la máscara: de la concertación populista a la explosión social,* Caracas, Alfadil Ediciones, [2]1989.

Burgos, Elizabeth, «Base-ball: imposition impériale ou affirrnation du sentiment national?», *L'ordinaire latino-américain* 187, Université de Toulouse-le-Mirail (enero-marzo de 2002).

Buxton, Julia, *The Failure of Political Reform in Venezuela,* Aldershot, Ashgate, 2001.

— y Phillips, Nicola, *Case Studies in Latin American Political Economy,* Manchester, Manchester University Press, 1999.

Castañeda, Jorge, *Utopia Unarmed: the Latin American Left after the Cold War,* Nueva York, Random House, 1994.

CASTRO, Orlando, *Orlando Castro,* Caracas, Editora Anexo, 1998.

CHÁVEZ, Hugo, *The Fascist Coup against Venezuela: speeches and addresses, December 2002-january 2003,* La Habana, Ediciones Plaza, 2003.

—, *Discursos fundamentales: ideología y acción política. Año 1999,* vol. 1, Caracas, Foro Bolivariano de Nuestra América, 2004.

COPPEDGE, Michael, *Strong Parties and Lame Ducks: presidential partyarchy and factionalism in Venezuela,* Stanford, Stanford University Press, 1994.

CORONÍL, Fernando, *The Magical State: nature, money and modernity in Venezuela,* Chicago, University of Chicago Press, 1997.

DÍAZ RANGEL, Eleazar, *Todo Chávez: de Sabaneta al golpe de abril,* Caracas, 2002.

DIETERICH, Heinz, *Hugo Chávez: con Bolívar y el Pueblo, nace un nuevo proyecto latinoamericano,* Buenos Aires, Editorial 21, 1999.

ELIZALDE, Rosa Miriam y BÁEZ, Luis, *Chávez nuestro,* La Habana, Casa Editora, 2004.

ELLNER, Steve y HELLINGER, Daniel (eds.), *Venezuelan Politics in the Chávez Era: class, polarization and conflict,* Boulder, Lynne Rienner, 2003.

EWELL, Judith, *Venezuela: a century of change,* Londres, Hurst and Co., 1984.

GARRIDO, Alberto, *Guerrilla y conspiración militar en Venezuela,* Caracas, José Agustín Catalá, 1999.

—, *La historia secreta de la revolución bolivariana,* Mérida, 2000.

—, *Mi amigo Chávez: conversaciones con Norberto Ceresole,* Caracas, 2001.

GIORDANI, Jorge A., *La propuesta del MAS,* Caracas, UCV, 1992.

GOTT, Richard, *Guerrilla Movements in Latin America,* Londres, Thomas Nelson, 1971.

—, *In the Shadow of the Liberator: Hugo Chávez and the transformation of Venezuela,* Londres, Verso, 2000.

GRÜBER ODREMAN, Hernán, *Antecedentes históricos de la insurrección militar del 27-N-1992,* Caracas, 1993.

—, *¡Soldados, alerta!,* Caracas, 2004.

HARNECKER, Marta, *Hugo Chávez Frías: un hombre, un pueblo,* Bogotá, 2003.

HENRY, James, *Banqueros y lavadólares: el papel de la banca internacional en la deuda del Tercer Mundo, la fuga de capitales, la corrupción y el antidesarrollo,* Bogotá, Tercer Mundo Editores, 1996.

IGLESIAS, María Cristina, *Salto al futuro: conversaciones con Pablo Medina (y otros),* Caracas, Ediciones Piedra, Papel o Tijera, 1998.

KORNBLITH, Miriam, *Venezuela en los 90: las crisis de la democracia,* Caracas, Ediciones IESA, 1998.

KREHM, William, *Democracies and Tyrannies of the Caribbean,* Westport, Lawrence Hill & Co., 1984.

LANGUE, Frédérique, *Hugo Chávez et le Venezuela: une action politique au pays de Bolívar,* París, L'Harmattan, 2002.

LEDEZMA, Euridice, «Crisis política y nacionalismo en Venezuela, México y Perú: un estudio comparado», tesis inédita, Universidad Complutense de Madrid, 1998.

LÓPEZ MAYA, Margarita, «El ascenso en Venezuela de La Causa R», *Revista Venezolana de Economía y Ciencias Sociales 2-3,* UCV, Caracas, 1995.

— (ed.), *Lucha popular, democracia, neoliberalismo: protesta popular en América Latina en los años de ajuste*, Caracas, Editorial Nueva Sociedad, 1999.

McCaughan, Michael, *The Battle of Venezuela*, Londres, Latin America Bureau, 2004.

McCoy, J. (ed.), *Venezuelan Democracy under Pressure*, New Brunswick, North-South Centre, 1995.

Maringoni, Gilberto, *A Venezuela que se inventa: poder, petróleo e intriga nos tempos de Chávez*, São Paulo, Editora Fundaçao Perseu Abrarno, 2004.

Martín, Américo *et al.*, *Chávez y el movimiento sindical en Venezuela*, Caracas, Alfadil Editores, 2002.

Martínez Galindo, Román, *Ezequiel Zamora y la batalla de Santa Inés* (prólogo de Hugo Chávez), Caracas, Vadell Hermanos, 1992.

Medina, Pablo, *Rebeliones*, Caracas, 1999.

Mieres, Francisco *et al.*, *PDVSA y el golpe*, Caracas, Editorial Fuentes, 2002.

Moleiro, Moisés, *El poder y el sueño*, Caracas, Editorial Planeta Venezolano, 1998.

Müller Rojas, Alberto, *Relaciones peligrosas: militares, política y estado*, Caracas, Fondo Editorial Tropykos, 1992.

Naím, Moisés, *Paper Tigers and Minotaurs: the politics of Venezuela's economic reforms*, Washington, Carnegie Endowment, 1993.

Olavarría, Jorge, *El efecto Venezuela*, Caracas, Editorial Panapo, [3]1996.

—, *Historia viva: artículos publicados en El Nacional, marzo 1998-marzo 1999*, Caracas, 1999.

—, *Historia viva, 2002-2003*, Caracas, Alfadil Ediciones, 2003.

Peña, Alfredo, *Conversaciones con José Vicente Rangel*, Caracas, Editorial Ateneo de Caracas, 1978.

Petkoff, Teodoro, *Hugo Chávez, tal cual*, Madrid, Los Libros de la Catarata, 2002.

Ramírez Rojas, Kléber, *Historia documental del 4 de febrero*, Caracas, UCV, 1998.

Robinson, Max, *La raíz robinsoniana de la revolución bolivariana en Venezuela*, Caracas, 2004.

Rodríguez, Simón, *Sociedades americanas*, Caracas, Biblioteca Ayacucho, 1990.

Rodríguez-Valdés, Ángel, *Los rostros del golpe*, Caracas, Alfadil Ediciones, 1992.

Romero, Celino, «Pacific Revolution», *World Today*, vol. 25, núm. 10, Londres (octubre de 1999).

Sánchez Otero, Germán, *Cuba desde Venezuela*, Caracas, CONAC, 2004.

Santodomingo, Roger, *La conspiración 98: un pacto secreto para llevar a Hugo Chávez al poder*, Caracas, Alfadil Ediciones, 1999.

Sanz, Rodolfo, *Diccionario para uso de: Chavistas, Chavólogos y Antichavistas*, Caracas, 2004.

Stepan, Alfred, *The State and Society: Peru in comparative perspective*, Princeton, Princeton University Press, 1978.

Tarre Briceño, Gustavo, *El espejo roto: 4F 1992*, Caracas, Editorial Panapo, 1994.

Vivas, Leonardo, *Chávez: la última revolución del siglo*, Caracas, Editorial Planeta Venezolano, 1999.

Williamson, John (ed.), *The Political Economy of Reform*, Washington, Institute for International Economics, 1994.

Zago, Ángela, *La rebelión de los Ángeles*, Caracas, Fuentes Editores, 1992.

Zapata, Juan Carlos, *Los ricos bobos*, Caracas, Alfadil Ediciones, 1995.

ÍNDICE DE NOMBRES

ÍNDICE